実証

自治体行政代執行の
手法とその効果

宇那木正寛

は し が き

　筆者は、昭和62年（1987年）、岡山市に奉職し、市税滞納整理、例規審査、訟務、情報公開・個人情報保護、市長政策秘書、病院総務、政策法務、法務人材の育成、環境総務などの各業務を25年余りにわたり担当した。退職後、岡山大学大学院社会文化科学研究科での非常勤講師を経て鹿児島大学に着任し、現在に至っている。岡山市在職中は、併任や兼務の期間はあったものの、主に法務の担当を命じられた。三代にわたる市長からの眷顧にあずかり、とくに、通産官僚から若くして転身された萩原誠司市長（後に衆議院議員、現美作市長）の時代には、法務担当の政策秘書に任ぜられ、政策の立案、市政の重要案件への対応をはじめ、法務執行体制の改革、法務人材の育成など、当時30代前半であった筆者には過分ともいえる活躍の場を与えていただいた。萩原市長のもとで、昼夜を問わず、日々難問と向き合い、役職や立場を超えて先輩職員と議論し、市政の課題に取り組んだ数年間は、筆者の人生にとって何ものにも代えがたい貴重な時間であった。このような機会を与えてくださった萩原市長には感謝の言葉もない。

　自治体職員から研究者に転身された先輩方は少なくないが、そうした先輩諸氏は、生来の卓越した能力と長きにわたる地道な自己研鑽、そして高い志によって、自らの道を切り開いた方々である。他方、筆者は、40代前半までは、そうした方々のご活躍について憧憬の念を抱く自治体職員の一人であった。

　そうした筆者にとって最大の転機となったのは、宇賀克也先生（東京大学名誉教授、現最高裁判事）との出会いであった。

　宇賀先生との出会いは、先生が日本都市センターに設置された訴訟法務研究会の座長をお務めになったときであった。同研究会の委員として参加した筆者にとって、膨大な情報や各委員の意見を的確かつ即座に整理されたうえで、明快なご見解を示されるなどして、研究会を運営する姿は、まさに、圧巻であった。その後、岡山市政令指定都市移行の記念講演をご依頼したところ、快諾を

いただき、二度にわたり来岡いただいた。講演の内容は、いずれも、地方分権の必要性を改めて認識させるものであり、聴講した岡山市職員全てが勇気づけられる素晴らしい内容であった。このようにして宇賀先生に接する機会を得て、いつしか研究者として職を得たいと思うようになった。筆者が、職を辞すと決めた際にも、温かいことばで背中を押していただいた。鹿児島大学着任後も、行政法研究への投稿を勧めてくださり、また、行政判例百選〔第7版〕の分担執筆者としてご推薦いただくなどした。現在においても、公私にわたり、心遣いあふれるお優しいことばをくださり、宇賀先生の励ましに勇気づけられる日々である。

　また、北村喜宣先生（上智大学教授）との出会いも貴重であった。北村先生にお目にかかったのは、当時岡山市が被告となっていた廃掃法にかかわる訴訟遂行に関し、ご見解を求めて伺ったのが最初であった。その後、北村先生には、研究会への参加や報告の機会を与えていただいた。自治研究への最初の投稿に当たってご尽力をいただいたのも北村先生であった。投稿に当たって査読をお願いしたところ、原稿には、余白が埋め尽くされるほどのアドバイス、そして筆者へのエールが書き込まれていた。現在も折に触れてご指導を賜っている。

　宇賀先生、北村先生に加えて、広島大学在学中、法律学の基本をご教授くださった松本恒雄先生（一橋大学名誉教授、前独立行政法人国民生活センター理事長）、鹿児島大学採用時の法文学部長であった平井一臣先生、現学部長の松田忠大先生、鹿児島大学着任後、右も左もわからない筆者を様々な面で支えて下さった同じ行政法専攻の森尾成之先生をはじめ同僚の先生方、そして、個々のお名前をあげることはできないが浅学の筆者をこれまでご指導いただいている諸先生方、こうした多くの先生方のお導きがなければ、今日の筆者はないであろう。深く感謝を申し上げたい。

　本書は拙いものではあるが、筆者が研究者としての一歩を踏み出す勇気を与えていただいた宇賀先生、そして応援くださった北村先生、これまで筆者をお導きいただいた先生方への活動報告とさせていただきたい。

　筆者は、平成11年、都市計画法に違反して市街化調整区域に建築された大規模建築物に対する行政代執行の事務に法務担当職員として従事した（事案の詳

細は、本書第9章および岡山市行政代執行研究会編『行政代執行の実務』（ぎょうせい、2002年）参照）。この行政代執行は、準備に6か月、代執行の現場事務所で執行業務に従事した期間が約2か月の長期にわたるものとなった。この事例は岡山市にとって最初の行政代執行であったこと、違反規模も大きく、義務者側の執行妨害もあったことなどから、困難な執行であった。加えて、現実の行政代執行に必要となる臨床的知見について論及する文献が極めて少数であり、また、こうした知見を代執行経験を有する他の自治体から得た際も、直ちに、法的確信が得られず、確信を得るまで検討に多くの時間を費やすことになった。これらの貴重な経験が、行政代執行研究に対する強いモチベーションとなった。

かつて行政代執行は、抜かれることのない、あるいは、抜こうに抜けぬ伝家の宝刀などと揶揄されてきた。しかし、近年、空家等対策の推進に関する特別措置法の施行により、過去に実施経験のない自治体が除却等の代執行を行う例が各地で増えるなどして、そうした状況は大きく変わりつつある。空家代執行件数の増加に伴って、他の行政分野における行政代執行に対する心理的ハードルも下がり、活性化されつつあるといってよいであろう。

今後、行政代執行を適法に有効かつ効率的に実施するためには、まずは、行政代執行を各行政分野ごとに、いかなる課題があるのかを具体的事例に対する考察を通じて顕出される必要がある。そのうえで、これらの顕出された法的課題につき、その解決に必要とされる新たな知見が提供され、また、臨機に、新たな立法政策の展開が求められているのである。筆者は、このような視点に立ち、行政代執行の研究成果の公表を心掛けてきた。

そこで、「第1部　行政代執行の理論」では、これまで公表した成果のうち、行政代執行の総論的問題について論じた3本の論文を収載している。また、「第2部　行政代執行の実務と課題」では、各種の行政分野において現実の行政代執行を実施した自治体に対する調査を通じて顕出した行政代執行制度上の課題および当該課題に対する処方箋についての論文10本を収載している。

公表後、自身の研究によって新たに明らかになった点、改めた点などがある場合には、初出の内容に対し大幅な加筆、修正を行うとともに、収載論文相互における関連性も意識した。

　なお、収載論文は、次のとおりである。

　「第1部　行政代執行の理論」では、行政代執行制度における総論的テーマを取り上げる。「第1章　行政代執行法2条にいう『当該行政庁』の意義」により、代執行庁となりうるのは、当該命令を発出した行政庁か、あるいは、本来的代執行権限を有する行政庁のいずれかについて論ずる。「第2章　行政代執行における執行対象（外）物件の保管等およびその費用徴収の法的根拠」により、執行対象外物件および執行対象物件に対する保管義務の有無とその費用請求の根拠について論ずる。このテーマは、近年自身の研究で最も力を注いできたものである。「第3章　道路機能障害とその回復手法 —— 民事手法の優位的領域の発見」により、道路機能障害を回復する手法として、行政的執行と民事的執行のいずれもとりうる場合に、いずれの手法が優位かについて、道路管理者の視点に立ち、様々なケースに分類して論ずる。

　「第2部　行政代執行の実務と課題」では、現実の代執行事例に対する考察を通じて、行政の個別領域における代執行の諸課題について論ずる。具体的には、「第4章　急傾斜地法による緊急代執行の課題」により急傾斜地の崩壊による災害の防止に関する法律による緊急代執行を、「第5章　廃掃法に基づく行政代執行の課題」により同法に基づく代執行を、「第6章　水域管理三法による通常代執行の課題」により水域管理三法（河川法、漁港漁場整備法、港湾法）による代執行を、「第7章　港湾法に基づく略式代執行の課題」により港湾法に基づく略式代執行を、「第8章　土地収用法による行政代執行の課題」により土地収用法による代執行を、「第9章　都市計画法による行政代執行の課題」により都市計画法による代執行を、「第10章　空家法による行政代執行の課題」および「第11章　空家等除却代執行における残置物件等への対応と改正ガイドライン」により空家等対策の推進に関する特別措置法による行政代執行を、「第12章　ごみ屋敷対策条例による行政代執行の課題⑴」および「第13章　ごみ屋敷対策条例に対する行政代執行の課題⑵」によりごみ屋敷対策条例による代執行を、それぞれ考察の対象としている。

　以上が、本書の構成である。なお、引用文献はできる限り最新のものに改めたが、収載された論文における条文や自治体等への調査内容は執筆当時のもの

である。

　初出稿の整理や本書の構成、文言の確認などについては、広島大学の後輩である広島商船高等専門学校准教授の金子春生君、そして在学中、筆者のゼミの代表者を務め、代執行庁に対する調査のアシスタントとして研究を支えてくれた卒業生の児島優香さんにお願いした。お二人には、多忙な研究・教育や公務の合間を縫って、細部にわたりご確認をいただいた。衷心より感謝を申し上げる。

　本書の出版に際しては、第一法規株式会社制作局編集第二部の木村文男氏に格別のご厚情を賜った。また、筆者にとって最初の論文集ということで、本書の構成から内容の詳細に至るまで貴重なアドバイスをいただいた。木村氏とは、岡山市在職中からのお付合いであり、鹿児島大学着任後も研究生活を支えていただいている。記して、厚く御礼を申し上げる。

　50歳となる区切りの年を迎え、自治体職員から鹿児島大学の教員となった。研究者として職を得られたという喜びは大きかったが、鹿児島という未知の土地での生活、組織文化の違いによる戸惑いなどもあり、これまで必ずしも心穏やかに日々を過ごせたわけではない。また、校務において平成29年度および令和2年度の2度にわたり学部の入試を統括する入試委員長に任ぜられた。特に、令和2年度には、入試における新型コロナウイルス対策に苦心した。こうした環境の中で、頼りない筆者をいつも笑顔と言葉で励まし、勇気づけてくれたのは、ゼミ所属の学生達であった。彼らの多くは現在、官公庁に勤務し、公務員として活躍している。彼らのさらなる飛躍を祈念するとともに、本書を捧げたいと思う。

　　　令和4年4月

　　　　　　　　　　　　　　　　　　　　　　　　　　宇那木正寛

　なお、本書は、科学研究費助成事業・基盤研究（C）「行政代執行制度の実証的研究」【研究課題番号16K03297】の助成による研究成果の一部である。

実証　自治体行政代執行の手法とその効果——目次

はしがき

法令・判例文献略語表

第1部　行政代執行の理論

目　次

第 2 部　行政代執行の実務と課題

目　　次

カバー等デザイン：篠　隆二

【法令・判例文献略語表】

〔**法令**〕

行政代執行法	法
行政手続法	行手法
空家等対策の推進に関する特別措置法	空家法
急傾斜地の崩壊による災害の防止に関する法律	急傾斜地法
漁港漁場整備法	漁港整備法
建築基準法	建基法
公職選挙法	公選法
国税徴収法	国徴法
所有者不明土地の利用の円滑化等に関する特別措置法	所有者不明土地法
生活保護法	生保法
宅地建物取引業法	宅建業法
地方自治法	自治法
道路交通法	道交法
都市計画法	都計法
都市公園法	都園法
土砂災害警戒区域等における土砂災害防止対策の推進に関する法律	土砂災害防止法
土地収用法	収用法
廃棄物の処理及び清掃に関する法律	廃掃法
非訟事件手続法	非訟法
民事執行法	民執法
民事訴訟法	民訴法
民事保全法	民保法

〔**判例文献**〕

最高裁判所民事判例集	民集
最高裁判所判例解説	最判解
行政事件裁判例集	行集
訟務月報	訟月
判例時報	判時
判例地方自治	判自
判例タイムズ	判タ

第1部　行政代執行の理論

第1章　行政代執行法2条にいう「当該行政庁」の意義

第1節　問題の所在

　法2条は、「法律（法律の委任に基く命令、規則及び条例を含む。以下同じ。）により直接に命ぜられ、又は法律に基き行政庁により命ぜられた行為（他人が代つてなすことのできる行為に限る。）について義務者がこれを履行しない場合、他の手段によつてその履行を確保することが困難であり、且つその不履行を放置することが著しく公益に反すると認められるときは、当該行政庁は、自ら義務者のなすべき行為をなし、又は第三者をしてこれをなさしめ、その費用を義務者から徴収することができる」と定めている。

　このうち、「当該行政庁」の解釈をめぐっては、命令発出権限に基づいて命令を発出した行政庁であるとする説（以下、「命令発出権限者説」という）と法令に基づき代執行権限を本来的に有する行政庁一般を指すとする説（以下、「法定代執行権限者説」という）がある。このうち、命令発出権限者説は、「当該」を「前出の」、「その」という意味に解するものであって、「当該行政庁」とは現実に命令発出権限を行使した行政庁である。法令に基づく代執行権限を本来的に有する行政庁であるかどうかとは無関係である。これに対し、法定代執行権限者説は、「当該行政庁」を法令に基づき代執行権限を本来的に有する行政庁またはその行政庁から代執行権限を受任した行政庁と解するものである。したがって、法定代執行権限者説においては、現実に命令を発出した行政庁と法令に基づく代執行権限を本来的に有する行政庁が必ずしも一致するわけではない。

　一般的に、法令に基づく命令の発出権限を本来的に有する行政庁が、代執行権も有すると解されるから、基本的に、いずれの説をとった場合であっても差異が生ずるわけではない。しかしながら、自治法153条1項などの権限の委任の規定に基づき、ある法令を所管する行政庁が命令発出権限に限定して行政庁

に委任したに過ぎない場合には、重大な問題が生じる。すなわち、命令発出権限者説では、命令発出権限に限定して、これを委任したに過ぎない場合であっても、法2条の定めるところにより、命令発出権限を受任した行政庁が当然に代執行権限を行使しうることになる。これに対して、法定代執行権限者説では、法令に基づく代執行権限を本来的に有する行政庁から代執行権限が特別に委任されない限り、当然には代執行権限を行使することはできないという差異が生ずる。

このように、「当該行政庁」の解釈如何によっては、命令発出権限を受任した行政庁による代執行が無権限によるものと評価される場合もありうることから、「当該行政庁」の意義を明らかにする必要がある。

そこで、本章では、学説および行政実務ならびに関連する立法例に対する考察を通じて、法定代執行権限者説に合理性があることを明らかにする。

第2節　「当該行政庁」の解釈をめぐる学説および行政実務

第1　学　　説

芝池義一教授は、代執行の権限を有するのは、義務者に対して行為を命じた「当該行政庁」であるとし、命令発出権限者説の立場に立つ[1]。また、宇賀克也教授も、この「当該行政庁」は、「行政庁により命ぜられた行為」については、その命令を行った行政庁であることは明確である」とする[2]。他方、広岡隆博士は、各個の法令に基づいて、当該事務について管轄権を持ち、義務の履行を強制しうべき権限を有する国の行政官庁や自治事務などを執行する都道府県知事、市町村長その他の自治体の機関であるとして、法定代執行権限者説に立つ[3][4]。

第2　行政実務における扱い

行政実務も、命令発出権限者説および法定代執行権限者説に分類される。ま

（1）　芝池義一『行政法総論講義〔第4版補訂版〕』（有斐閣、2006年）203頁。
（2）　宇賀克也『行政法概説 I〔第7版〕』（有斐閣、2020年）251頁。
（3）　広岡隆『行政代執行法〔新版〕』（有斐閣、1981年〔復刻2000年。〕）50頁以下。
（4）　また、田中二郎『新版行政法上巻〔全訂第2版〕』（弘文堂、1974年）173頁、大浜啓吉『行政法総論〔第3版〕』（岩波書店、2012年）428頁も、法定代執行権限者説に立つと考えられる。

ず、命令発出権限者説に立つ広島県の例からみてみよう。広島県知事の有する港湾法56条の4第1項に基づく命令発出権限は、広島県地方機関の長に対する事務委任規則17条5号⑮により、広島県広島港湾事務所長（旧広島県広島港湾振興局長。以下同じ）[5]に委任されている。同委任規則には、知事が有する代執行権限を同事務所長に委任する規定はない[6]。にもかかわらず、平成25年1月24日に実施された行政代執行法に基づく放置船舶撤去の代執行では、港湾法56条の4第1項に基づき命令を発した旧広島県広島港湾振興局長が「当該行政庁」として代執行の手続を行っている。このように、広島県においては港湾法に定める命令発出権限を広島県知事から委任されている旧広島県広島港湾振興局長が、特別の委任を要せず、当然に「当該行政庁」として代執行権限も行使しうると解しているのである。

　また、国の行政機関においては、命令発出権限者説に立ち権限を行使している。たとえば、関東圏のA地方整備局[7]および西日本のB地方整備局は、いずれも、河川法の命令違反に対する代執行に関し、当該措置命令を発した地方整備局長が当然に代執行権を有すると解している[8]。

　これら命令発出権限者説に立つ行政実務に対し、法定代執行権限者説に立って代執行がなされている例がある。たとえば、急傾斜地法に基づく措置命令の緊急代執行[9]において、鹿児島地域振興局長[10]が知事の権限委任により同法8条1項に基づき措置命令を発している[11]。しかし、代執行権限について特

（5）　広島県広島港湾振興事務所（旧広島県広島港湾振興局）は、港湾、漁港および海岸に関する事務を分掌させるために広島県行政機関設置条例2条に基づき設置された自治法156条1項に定める行政機関である。

（6）　なお、港湾法56条の4第2項以下に定める略式代執行の事務については、広島県広島港湾振興事務所長に委任されている（広島県地方機関の長に対する事務委任規則17条5号⑯から⑲まで）。

（7）　地方整備局とは、国土交通省の所掌事務の一部を分掌するため、国土交通省設置法30条に基づき設置される地方支分部局である。

（8）　平成29年11月20日付けで、代執行の実績を多数有する関東圏のA地方整備局および西日本のB地方整備局に対して文書での照会を行い、回答を得た。なお、照会先については、照会先の希望によりA地方整備局、B地方整備局とそれぞれ匿名表記する。

（9）　事例の詳細については、第4章第3節参照。

（10）　鹿児島地域振興局は、地域振興局および支庁設置条例に基づき設置された自治法155条1項に定める総合出先機関である。

別の委任がなされていないため、急傾斜地法上、代執行権限を本来的に有する鹿児島県知事の名で戒告や代執行令書の手続がなされている[12]。

　次に同じく法定代執行権限者説の立場に立つ東京都の例を確認していこう。東京都建設事務所長委任規則1号(16)イは、東京都建設事務所長[13]に対し、都知事が有する道路法71条1項および2項の規定により処分をし、または、必要な措置を命ずる権限を委任している。加えて、同規則1号(16)ニは、命令発出権限とは別に、「行政代執行法（昭和23年法律第43号）に基づき、代執行を行い、その費用を徴収すること」を委任すると明記している。

　また、同規則2号(18)は、東京都建設事務所長に対し、都知事が有する①河川法75条1項または2項に規定する監督処分を行うこと、②同条3項の規定により過失がなくて必要な措置を命ずべき者を確知することができない場合に当該措置を自ら行い、または、その命じた者もしくは委任した者にこれを行わせ、同条4項の規定により当該措置により除却し、または除却させた工作物を保管し、同条5項の規定により当該工作物の所有者等に対し公示し、同条6項の規定により当該工作物を売却し、その売却代金を保管し、および同条7項の規定により当該工作物を廃棄することとともに、③「行政代執行法に基づき、代執行を行いその費用を徴収すること」を委任すると明記している。

　このように、東京都は、命令発出権限を有する行政庁が当然に行政代執行法に基づく代執行権限を有するものでないことを前提としているからこそ、東京都建設事務所長委任規則において、代執行権限を委任する旨を特別に定めているのである。

---

(11)　鹿児島県事務処理規則9条および別表6「砂防課」の部「急傾斜地の崩壊による災害の防止に関する法律（昭和44年法律第57号）の施行に関する事務」の款「(10)　違反者等に対する制限行為の許可の取消し等及び措置命令（法8①）」の項参照。

(12)　鹿児島県事務処理規則5条および別表1「各課等共通事項の決裁」の部「34　その他の事務」の款「(1)　代執行の決定」の項参照。

(13)　東京都建設事務所は、自治法156条1項にいう地方行政機関ではなく東京都建設局所属の「本庁行政機関」として置かれている（東京都組織規程5条、31条）。

第3節　命令発出権限と代執行権限を分離する立法例

　法律の定めるところにより命令発出権限を有する行政庁は、命令の強制的実現の手段である代執行権限も当然に有すると解される。しかし、命令発出権限と代執行権限の質的相違を考慮し、命令発出権限は有するが、代執行権限は有しないとする立法例もある。たとえば、消防法3条である。

　消防法3条1項は、①消防長（消防庁をおかない市町村については、市町村長。以下同じ）、②消防署長、③その他の消防吏員は、屋外において火災の予防に危険であると認める行為者または火災の予防に危険であると認める物件もしくは消火、避難その他の消防の活動に支障になると認める物件の所有者、管理者もしくは占有者で権原を有する者に対して、火災の発生のおそれのある設備もしくは器具の使用その他これらに類する行為の禁止、停止もしくは制限などの必要な措置をとるべきことを命ずることができると定める。

　そのうえで、消防法3条4項は、①消防長、または、②消防署長は、第1項の規定により必要な措置を命じた場合において、その措置を命ぜられた者がその措置を履行しないとき、履行しても十分でないとき、または、その措置の履行について期限が付されている場合にあって履行しても当該期限までに完了する見込みがないときは、行政代執行法の定めるところに従い、当該消防職員または第三者にその措置をとらせることができるとしている。消防法3条4項の規定は、法2条に定める要件を緩和する規定であるとともに、代執行権の行使を消防長および消防署長に限定するものである。

　すなわち、消防長および消防署長以外の消防吏員は、命令発出権限を有するが代執行権限は有しないとするものである。これは、代執行による措置は、自由や財産に対する重大な侵害行為であり、その代執行権限の行使については、高度な行政判断が求められることが少なくないから、より職階の高い消防長および消防署長に限定しているのである。

　なお、道路管理者が道路監理員に命令発出権を行使させる制度がある（道路法71条4項）。この場合における道路監理員は、道路管理者の代理機関[14]として権限を行使するに過ぎないのであって、その法的効果は道路管理者に帰属す

るものである(15)。よって、命令発出権限者説、法定代執行権限者説のいずれ
の立場であっても、道路監督員は、「当該行政庁」には該当しない。

第4節　両説における具体的相違点

法律の定めるところにより命令発出権限および代執行権限を共に有する行政
庁が両権限をあわせて他の行政機関へ委任する場合、あるいは両権限をともに
委任しない場合には、命令発出権限者説、法定代執行権限者説のいずれであっ
ても、消防法3条に定めるような特別の定めのない限り、結果的に命令発出権
限を行使した行政庁＝「当該行政庁」となることから特段の問題は生じない。

しかし、法律の定めるところにより命令発出権限および代執行権限を共に有
する行政庁が、命令発出権限のみを他の行政機関に委任した場合には大きな差
異が生ずる。すなわち、命令発出権限者説では、「命令発出権限を行使した行
政庁」＝「当該行政庁」であり、代執行権限の委任を意図しない場合であって
も、当然に命令発出権限を受任した行政庁が代執行権限を行使しうることにな
る。これに対し、法定代執行権限者説では、当然には、「命令発出権限を行使
した行政庁」＝「当該行政庁」とはならない。このため、命令発出権限を受任
した行政庁が代執行権を自己の名で行使するためには、当該受任庁は法律上、
代執行権限を有する行政庁より代執行権限も併せて受任しなければならないの
である。

ところで、国の機関については、各省庁の大臣の有する権限は、各法令の権
限委任の規定により、原則として、大臣が所管する法令上の権限が一括して地
方支分部局の長に委任されている。たとえば、河川法98条および河川法施行令
53条により、これらの法令に基づく国土交通大臣の権限の多くは地方整備局長
および北海道開発局長に委任されている。また、道路法97条の2および道路法
施行令39条により、これらの法令に基づく国土交通大臣の権限は、地方整備局
長および北海道開発局長に委任されている。

河川法や道路法のように、命令発出権限はもとより代執行権限も含め法令上

---

(14)　代理機関の意義については、宇賀克也『行政法概説Ⅲ〔5版〕』（有斐閣、2019年）47頁参照。
(15)　道路法令研究会編『改訂第5版　道路法解説』（大成出版社、2017年）640頁。

の権限が包括的に委任されるタイプのものでは、命令発出権限者説、法定代執行権限者説のいずれにおいても、本章で取り上げる問題は生じないであろう。

第5節　法定代執行権限者説の合理性

命令発出権限者説では、命令発出権限を他の行政機関に委任すれば、結果的に代執行権限も委任したことになり、命令発出権限と代執行権限の分離委任ができないという問題が生ずる。「当該行政庁」は、代執行権限を行使する際、その不履行を放置することが著しく公益に反するといった公益要件の該当性を判断しなければならないが、この判断は容易でない場合も多い。また、何より、代執行権限を発動するために必要な要件を充足する場合であっても、実施決定の際には、その方法や時期などについて高度な行政判断や全組織的対応が求められる場合もある。たとえば、高齢者や障害者が居住する建築基準法違反の建築物の除却代執行を行う場合には、建築行政の視点だけではなく、居住者への福祉的観点も含めて、自治体行政の総合的視点から代執行を実施するか否かを決定しなければならないといった点である。

これらの点を考慮すれば、法定代執行権限者説の立場に立ち、代執行権限を行使しうる「当該行政庁」とは、法令に基づく代執行権限を本来的に有する行政庁あるいは、その行政庁から代執行実施能力ありとして代執行権限を受任した行政庁に限定して代執行権限を適法に行使しうると解するのが合理的である。代執行とその前提となる義務を賦課する命令は公益実現プロセスを構成する一連のものではあるが、もともとそれぞれ異なる法律効果を目的とする別個独立の行政行為である[16]。よって分離委任したからといって不都合が生ずるとは考えられない。

なお、法令により直接に義務が課せられている場合[17]には、命令発出権限を行使する行政庁は存在しない。このため、「当該行政庁」を命令発出権限を有する行政庁と解することはできず、法令に基づく代執行権限を本来的に有す

---

(16)　名古屋地判平成20・11・20判自319号26頁。
(17)　広岡・前掲注（3）62頁は、この例として、火薬の製造業者または販売業者に残火薬の廃棄を求める火薬取締法22条の規定を挙げている。

る行政庁と解さざるをえない[18]。

　ところで、法令用語上、「当該行政庁」という場合の「当該」とは、前出の行政庁を具体的に指す場合だけではなく、その事務についての権限または職責を有するといった意味で使われる場合がある[19][20]。

　前出の行政庁を具体的に指す例としては、「行政庁が審査請求がされた後法令の改廃により当該審査請求につき裁決をする権限を有しなくなったときは、当該行政庁は」と定める行政不服審査法14条の例、「行政庁は、申請がその事務所に到達してから当該申請に対する処分をするまでに通常要すべき標準的な期間（法令により当該行政庁と異なる機関が当該申請の提出先とされている場合は……）」と定める行政手続法6条の例など多数である。

　他方で、その事務についての権限または職責を有するといった意味で使われる場合もある。たとえば、「当該行政庁は、この法律の施行に必要な限度において、次に掲げる者に、その管理する浄化槽の保守点検若しくは浄化槽の清掃又は業務に関し報告させることができる」と定める浄化槽法53条の例、「当該行政庁は、第75条の6第1項に定めるもののほか、第1条の目的を達成するため必要があると認めるときは、次に掲げる者に、道路運送車両の所有若しくは使用又は事業若しくは業務に関し報告をさせることができる」と定める道路運送車両法100条の例、さらには、戦前の立法例であるが「当該行政官庁ハ法令又ハ法令ニ基ツキテ為ス処分ニ依リ命シタル行為又ハ不行為ヲ強制スル為左ノ処分ヲ為スコトヲ得」と定める旧行政執行法（明治33年法律第84号）5条といった例がある[21]。

　このように法定代執行権限者説は、法解釈上もなんら問題はないのである。

---

(18)　宇賀・前掲注（2）251頁は、「当該行政庁」について、法律により直接命ぜられた行為の場合には、当該法律を所管する行政機関の長であることが一般的であろうとする。

(19)　角田禮治郎ほか編『法令用語辞典〔第10次改訂版〕』（学陽書房、2017年）581頁。

(20)　自治法242条の2第1項前段にいう「当該職員」の意義に関し、「当該訴訟においてその適否が問題とされている財務会計上の行為を行う権限を法令上本来的に有するものとされている者及びこれらの者から権限の委任を受けるなどして右権限を有するに至った者を広く意味」すると解した判決がある（最判昭和62・4・10民集41巻3号239頁）。

(21)　山田洋一郎『行政執行法』（新光閣、1940年）102頁以下、加々美武夫・有光金兵衛『行政執行法論』（良書普及会、1923年）116頁参照。

第6節　今後の課題

　これまで論じてきたように、代執行制度の適正かつ合理的運用の面から、法定代執行権限者説が支持されるべきである。「当該行政庁」とは、消防法3条のような法律上特別の定めがない限り、法律に基づく代執行権限を本来的に有する行政庁である。法律により各行政機関に与えられた権限は、当該各行政機関自らが責任を持って行使すべきであるが、必要性があれば、国においては各個別法令を根拠に、また、自治体においては自治法153条1項を根拠に、命令発出権限に加えて、代執行権限を適法に委任することは当然可能である。その際には、代執行権限についての特別の委任が必要である。

　権限の委任については、公示を必要要件とする説[22]と公示は必要要件ではないとする説[23]がある。いかなる行政機関がどのような権限を行使しうるかについて、国民に対し、あらかじめ明確に示すことは重要であり、特に、私人の財産権に対する侵襲度合いが高い代執行権限の行使に関する事項であれば自由主義的観点から欠くことはできないはずである。したがって、法令に基づく代執行権限を本来的に有する行政庁がこれを他の行政機関に委任するのであれば、その旨をあらかじめ公示すべきである。現実の行政実務においても、権力的な権限であるか否かにかかわらず、委任機関の定立する規範により、委任の内容および受任庁を公示するのが一般的実務の扱いとなっている。

---

(22)　佐藤功『行政組織法〔新版・増補〕』（有斐閣、1987年）233頁は、「権限の委任は、外部的な変更であり、したがって法令、すなわち、法律・命令のほか公示を要する府令・省令・規則または告示の根拠を要する」とする。また、大阪地判昭和50・12・25判時808号99頁は、「権限の委任一般についていえば、公示を要する法形式（例えば告示）によるか、あるいは訓令による場合には、その訓令を官報等に掲載して公示しなければならないと解されている」と判示する。なお、同判決は、そのように判示したうえで、「懲戒権は、行政組織内部における人事に関する権限であるから、人民に対する対外的権限でないことは明らかであり、したがつて、懲戒権の委任には公示を必要としない」としている。

(23)　松本英昭『新版逐条解説地方自治法〔第9次改訂版〕』（学陽書房、2017年）545頁は、権限の委任の根拠を定めた自治法153条1項の規定について、直接住民とかかわりのあるような事務については、あらかじめ住民に対して周知する方法をとっておくようにすることが適当であるが、同条には、委任の形式についてはなんらの制限はないから委任の内容が明らかにされれば足り、適宜の方法で差支えないとする。

　本章は、行政実務上、これまで、あまり意識されなかった「当該行政庁」の意義を明らかにしようとするものであった。法令に基づく代執行権限を本来的に有する行政庁は、その権限を委任するのであれば、受任庁が代執行可能な行政資源を有しているかどうかを見定め、かつ、代執行権限を委任した旨を事前に公示することが必要である。

　近い将来、行政代執行の実施を予定している行政庁だけではなく、既に代執行を実施した経験を有する行政庁においても、「当該行政庁」の意義をあらためて確認して欲しい。

第2章　行政代執行における執行対象(外)物件の保管等およびその費用徴収の法的根拠

第1節　行政代執行法の課題

　行政代執行研究における我が国の第一人者であった広岡隆博士は、昭和56年に発刊された『行政代執行法〔新版〕』において、法制定後30年の運用により行政代執行法の抽象的解釈論は明瞭にはなってきたが、細かな問題解決の法理論を一層緻密に構築しなければならないと私感を述べている[(1)]。

　かつて行政代執行は、抜かれることのない、あるいは、抜こうに抜けぬ伝家の宝刀などと揶揄されてきた[(2)]。しかし、近年、空家法の施行により、過去に実施経験のない自治体が除却等の代執行を行う例が各地で増えるなどして[(3)][(4)]、そうした状況は変わりつつある。空家代執行件数の増加に伴って、空家代執行における固有の課題だけではなく、行政代執行全般に共通する法的課題も明らかになってきた。これにより、そうした法的課題の解決に必要とされる新たな知見の提供やこれまでの理論の再構築が必要な状況にある。

（1）　広岡隆『行政代執行法〔新版〕』（有斐閣、1981年〔復刻2000年〕）254頁。

（2）　日本都市センター編『行政上の義務履行確保等に関する調査研究報告書』（2006年）17頁は、行政代執行が活発に実施されない理由として、次の5つの点を挙げる。すなわち、①法2条に定める「他の手段によつてその履行を確保することが困難」、あるいは「その義務履行を確保することが著しく公益に反すること」の要件が抽象的であること（国、自治体）、②行政代執行の際の物件の管理方法の規定がないため、保管・処分等に多額費用を要すること（国、自治体）、③義務者からの費用徴収が困難であること（自治体）、④マンパワーやノウハウの不足（自治体）、⑤強権的発動のイメージが強いこと（自治体）、である。

（3）　空家代執行の実施状況や実施例についての詳細な報告書として、総務省「空き家対策に関する実態調査」（2019）〔http://www.soumu.go.jp/menu_news/s-news/hyouka_190122.html#kekkahoukoku（令和3年11月15日閲覧）〕がある。

（4）　現実に空家代執行を行った自治体職員による論考が多数存在する。たとえば、吉野智哉＝海老原佐江子「所有者の判明している特定空家等の除却事例——空家等対策の推進に関する特別措置法に基づく行政代執行」判例地方自治408号（2016年）91頁以下、大石貴司「自治体における代執行の例——横須賀市の例」自治実務セミナー660号（2017年）23頁以下などがある。

　行政代執行法の定めるところにより執行される代執行（以下、「通常代執行」という）の内容は一様ではなく、その法的課題も多様であるが、やはり、行政庁が代執行に当たって最も重視すべきは、公益実現と私有財産保護とのバランスの問題であろう。これに関連して、次のような問題をあげることができる。すなわち、特定空家等（空家法2条2項）の除却代執行を行う際に、当該特定空家等に残置されている物件など直接の執行行為の対象ではない物件（以下、「執行対象外物件」という）を財産保護の観点から、どのように取り扱うべきかという問題である。また、道路法、河川法、港湾法などの公物管理法に反して放置されている物件など直接の執行対象となっている物件（以下、「執行対象物件」という）についても執行行為完了後において、同様の問題がある。

　右のような問題[5]があることについては、「行政代執行法における課題――執行対象動産の管理を中心に」[6]において問題提起を行うとともに、私見を提示した。これを受け、本章は、さらなる理論の精緻化を目的とするものである。

　なお、本書では、引用等を除き、有体物については、民法上の概念である「動産」ではなく、「物件」と表記する。また、執行対象外物件と執行対象物件を統合した概念については執行対象（外）物件と表記する。

第2節　執行対象外物件の保管

第1　問題の所在

執行対象外物件の例としては、建築基準法、都市計画法などの法令に違反す

（5）　雄川一郎＝金子宏＝塩野宏＝新堂幸司＝園部逸夫＝広岡隆『行政強制』ジュリスト増刊（1977年）64頁〔小松原茂郎発言〕は、「この保管の問題についての考え方が確立されると、代執行をやる上での問題点は大部分片づきます。これが一番心配なんです」とする。また、西津政信『行政規制執行改革論』（信山社、2012年）87頁は、自治体に対する行政代執行制度改革についてのアンケートにおいて、行政代執行に伴い必要となる物件等の保管についての制度改善が必要であるとの意見があったことを紹介している。さらに、山本和彦「平成15年民事執行法改正」日本都市センター・前掲注（2）63頁以下は、平成15年の民事執行法の改正を参考に執行対象（外）動産の売却制度の創設を提言する。加えて、鈴木庸夫「地方公共団体における義務履行確保に関する法律要綱試案覚書」千葉大学法学論集23巻1号（2008年）32頁は、こうした執行対象（外）物件の問題を解決するための法律私案を提示している。

（6）　宇那木正寛「行政代執行法における課題――執行対象外動産の管理を中心に」行政法研究11号（2015年）71頁以下。

る建築物を除却する際、当該建築物内に存置されている物件、あるいは、特定空家等に対する除却を行う際、残置された物件などがこれに当たる。執行対象外物件は、直接の執行対象ではなく、また、執行行為着手直後または執行行為中に、その財産としての価値を保全する目的で搬出された後、保管行為が開始されるのが一般的である。この点で、その保管行為が執行行為完了後に開始される執行対象物件とは異なる。

　こうした執行対象外物件は、執行行為に際し、代執行庁がその財産的価値を保全するため、搬出、保管するのであるが、これは、法的義務に基づくものであるか否か、そして、当該搬出および保管に要した費用の請求根拠をどこに求めるかは、通常代執行を実施するうえで、重要な論点である。こうした論点に関し、以下、学説および裁判例を概観するとともに、行政実務の扱いについて検討を加えたうえで、自説を提唱したい。なお、執行対象外物件のうち、財産としての価値が明らかに認められない物件については、廃棄されるため、保管の問題は生じない(7)。

　なお、本書において保管行為とは、執行対象（外）物件に対して自然的または人為的滅失・毀損からの保護を図り、財産的価値（経済的交換価値をいう。以下同じ）を現状のまま維持する行為をいう。

第2　執行対象外物件の保管義務に関する学説

　従来の学説は、代執行庁の保管義務の有無に関し、執行対象外物件と執行対象物件とを区別して論じていない。おそらくは、区分して論じる必要性がないとの理解がその前提にあるためであろう。このため、その記述から、特に執行対象外物件の保管を念頭においているであろう広岡説と北村説を代表学説として取り上げる。広岡説は保管義務を否定するものであり、北村説はこれを認めるものである。

（7）　この廃棄についての性格であるが、執行行為とは別の事実上の行為または事務管理と解さざるをえないであろう。なお、不動産の引渡し等の強制執行においては、目的外動産（＝執行対象外動産）のうち、客観的な交換価値が認められない動産は、特別の事情がない限り、廃棄処分に付される（浦野雄幸編『基本法コンメンタール　民事執行法』（日本評論社、1986年）425頁〔小林昭彦〕）、山本和彦＝小林昭彦＝浜秀樹＝白石哲編『新基本法コンメンタール　民事執行法』（日本評論社、2014年）420頁〔大濱しのぶ〕）。

　まず、広岡説についてである。広岡隆博士は、まず、解体資材および存置物件の保管について、代執行は、義務者の命ぜられている義務（たとえば、建築物の除却）を代替的に執行する作用であり、それに尽きるとする。そのうえで、解体資材、動産などの物件については、作業の開始前または終了後に、所有者にそれを引き取るべき旨を通知し、所有者みずからこれを占有管理しうべき状態におくことを条件として、行政主体は原則として保管義務を免れるが、代執行の実行中、執行責任者が事実上右物件を占有し、所有者みずからがこれを占有管理することができない場合については、行政主体の側に保管責任があり、行政主体は、事務管理者として要求される程度の注意義務をもって保管しなければならないとする[8]。

　広岡説は、代執行が義務者の命ぜられている義務を代替的に執行する作用であって、保管行為は代執行の内容ではないとしていること[9]、また、引渡しができない場合には、事務管理者として保管するとしていることから、代執行庁の保管義務を否定するものと解される。

　次に北村説である。北村喜宣教授は、建築物除却代執行の際における物件の保管、処分等は、代執行の延長にあり、行政の側には、条理[10]上、善管注意義務があるから、この点で事務管理の成立要件は満たされないとする[11]。さらに、北村教授は、管理者が何の関与もしていない場面に対して、善意に基づき関与するのが事務管理であることを強調し、行政活動により発生した物件の保管・処分を義務者との関係で事務管理というのは、この法理の根本哲学に適合しないように思うとして、行政が安易に事務管理法により権力的事務を執行することに対しては、否定的な見解を示している[12]。

　なお、北村教授は、保管すべき物件がある場合、当該物件の所有者への引渡

（8）　広岡・前掲注（1）183頁以下。同「行政代執行の研究(3)」自治研究36巻10号（1960年）112頁および同『行政上の強制執行の研究』（法律文化社、1961年）344頁。

（9）　雄川ほか・前掲注（5）62頁〔広岡隆発言〕。

（10）　条理とは、物事の道理であるが、法源の一つである（星野英一『法学入門』（有斐閣、2010年）165頁）。また、広岡隆『新版　行政法総論』（ミネルヴァ書房、1992年）13頁は、総則的の規定がない行政法の分野において条理の支配する余地が大きいとする。

（11）　北村喜宣「行政による事務管理（二）」自治研究91巻4号（2015年）36頁。

（12）　北村・前掲注（11）36頁。

しをもって代執行が終了するとし[13]、解体工事によって生じた廃材、存置物件などの執行対象外物件の保管は代執行の一部であり、保管に要した費用は法5条にいう代執行に要した費用（以下、「代執行費用」という）に含まれるとする[14][15]。

第3　執行対象外物件の保管に関する裁判例

(1) 裁判例概観

執行対象外物件の保管に関する主な裁判例としては、違法建物除却損害賠償請求事件横浜地裁判決、違法建物除却損害賠償請求事件長崎地裁判決および物件保管費用請求事件岡山地裁判決の3件を挙げることができるが、いずれであっても代執行庁の保管義務を否定し、あるいは特に言及することなく、事務管理の成立を認めている。なお、岡山地裁判決は執行行為（＝違法建築物の除却）終了後の保管行為に限定し、その成立を認めるものとなっている。

(2) 違法建物除却損害賠償請求事件横浜地裁判決

本事件は、横浜市長が道路法に反する道路敷地上の違法建築物を行政代執行法に基づき除却する際、存置物件（蒲団）を代執行現場近くに放置し、特段の配慮をしなかったため、当該存置物件の中に営業資金として保管されていた20万円が紛失したとして、横浜市に対し、損害賠償請求がなされたものである。

横浜地判昭和29・2・4国家賠償例集686頁[16]は、①原告不在の状態で建物の施錠を破壊し代執行に着手したこと、②その際、屋内の物件類を前面の道路上に運び出したこと、③代執行の開始から終了までの間、これらの物件類は第三者の立入禁止の縄張りを施し、応援を求めた警察官らの整備監視等により紛失防止の措置がとられていたこと、④代執行終了後、保管に特段の措置が講ぜられることもなく、道路上に置かれていたことなどの事実を認定した。

横浜地裁判決は、上記認定事実を前提として、横浜市長の行った代執行は、

---

(13)　北村喜宣「代執行はいつ終わる？――物件保管費用の扱い」同『自治力の挑戦』（公職研、2018年）61頁以下。

(14)　北村・前掲注（13）62頁。

(15)　これに対し、雄川ほか・前掲注（5）62頁〔広岡隆発言〕は、保管料は代執行費用に含まれないとする。

(16)　井上登ほか編『判例体系　行政法第2巻（Ⅱ）』（第一法規、1956年）720頁以下も参照。

原告の不法な道路使用に基づくものであるから、執行に当たり、横浜市長において解体資材や撤去建物内にある物件の保管をするような別個の負担を引き受けなければならないとする法律上、条理上の根拠はないとし、横浜市に対する損害賠償請求を棄却した。

このように、横浜地裁判決は、代執行庁は執行対象外物件についての保管義務を負担すべき法律上、条理上の根拠はないと明確に判示している。

(3)　違法建物除却損害賠償請求事件長崎地裁判決

本事件は、昭和22年頃、当時施行されていた戦災都市における建築物の制限に関する勅令に違反する建築物に対して、長崎県知事が建築物除却の代執行を実施した際に、移動飲食店営業用の屋台およびその道具一式を撤去したところ、十分な保管義務を履行しなかった等のため、当該物件が損傷したなどとして、賠償請求がなされたものである。

長崎地判昭和37・1・31判タ128号139頁は、①建物内より搬出した物件を道路上の一か所に集め、かつ、その周囲に縄張りを施したこと、②県吏員等がこれを監視することによって盗難および紛失等の予防につき相当の注意を払ったこと、③県吏員は原告等に対し、再三再四右物件を引き取るよう懇請し、右引取りについては長崎県所有の貨物自動車による運搬の便宜を与える旨勧告したこと、④原告らがこれを拒否したため、被告において長崎県所有の倉庫および民間の倉庫でその保管をなしたこと、⑤保管につき相当の注意を怠らなかったこと等の事実を認定した。そのうえで、次のように判示し、長崎県に対する請求を棄却した。

すなわち、「前記認定のとおり被告は原告等に対する関係においても適法に本件建物除却の代執行を為し原告等主張の県吏員も適法にこれを実施したものであり、且つ右代執行によって搬出した原告等所有の物件の保管についても事務管理として要求されるところの相当の注意を怠らなかったものであることが認められるので、本件代執行に従事せる前記県吏員に不法行為はなく右紛失ないし破損した物件について被告が損害賠償の責に任ずべき理由はないものといわなければならない」とした。

このように、長崎地裁判決は、代執行庁に執行対象外物件の保管義務がない

ことを前提として、代執行庁の保管行為を事務管理と解し、事務管理者として求められる相当の注意を怠らなかったとしている。

(4)　物件保管費用請求事件岡山地裁判決

　本事件は、岡山市が都市計画法に違反して市街化調整区域に建築された建物の所有者に対し、当該建物除却代執行の際[17]に行った執行対象外物件の保管等に関する費用（ただし、執行行為終了後に要した費用に限る）を事務管理に要した費用として償還請求を行った事件である。岡山地判平成13・2・27[18]判例集未登載（章末の〔参考資料〕を参照）は、岡山市の主張する請求原因事実および保管の必要性を証拠などによって認定したうえで、請求に理由があるとだけ述べて、その請求を認容している。

　岡山地裁判決は、保管義務の有無についての具体的判断は示していないものの、執行行為（＝違法建物の除却）が終了したのちの執行対象外物件の保管は事務管理であるとする岡山市主張の法律構成（**図表2-1**）に沿うものとなっている。

図表2-1　岡山市における物件保管等の費用区分

			事務の法的性格	費用区分	徴収の方法
建物除却費用			執行行為	代執行費用	国税滞納処分の例
物件	搬出費用（除去終了前）		執行行為の一部	代執行費用	国税滞納処分の例
	保管費用	除却終了前	執行行為の一部	代執行費用	国税滞納処分の例
		除却終了後	事務管理	事務管理費用	民事手続
	廃棄費用	除却終了前	執行行為の一部	代執行費用	国税滞納処分の例
		除却終了後	事務管理	事務管理費用	民事手続

第4　行政実務における扱い

(1)　事務管理単独型

執行対象外物件の保管について、行政実務の扱いをみると、概ね、事務管理

---

(17)　事例の詳細については、第9章第2節参照。

(18)　同判決を解説するものとして、北村喜宣＝須藤陽子＝中原茂樹＝宇那木正寛『行政代執行の理論と実践』（ぎょうせい、2015年）115頁〔宇那木正寛〕。

19

単独型と執行行為・事務管理併用型に分類することができる。

このうち、事務管理単独型は、代執行庁には執行対象外物件を保管する義務はないことを前提に、これを事務管理により保管するという対応である（**図表2－2**）。前述の横浜市違法建物除却損害賠償請求事件における横浜市の例、長崎県違法建物除却損害賠償請求事件における長崎県の例などがある。

図表2－2　事務管理単独型

①：執行行為の開始
②：執行対象外物件の搬出＝保管の開始＝事務管理開始通知（民法699条）
③：事務管理による保管義務の消滅＝管理をすることができるに至る日（民法700条）

(2)　執行行為・事務管理併用型

執行行為・事務管理併用型とは、執行対象外物件の保管のプロセスを執行行為と事務管理の併用によるものとしたうえで、執行行為終了時前の保管行為は、代執行庁が条理上の保管義務に基づき行う執行行為の一部であり、執行行為終了後、保管義務が消滅したにもかかわらず行政庁が任意に行う保管行為は事務管理として対応するものである（**図表2－3**）。なお、保管行為について、これを執行行為の一部と事務管理によるものとを時間的に区分する執行行為終了時とは、違法建物の除却代執行を例にすると、当該違法建築物の解体工事が終了したときのごとく、義務者が命じられた執行行為それ自体が完了したとき（＝代執行終了宣言時）である。

図表 2 − 3　執行行為・事務管理併用型

①：執行行為の開始
②：執行対象外物件の搬出＝保管の開始＝引取催告（民法699条の準用）
③：執行行為の終了＝保管義務の消滅＝事務管理による保管の開始＝事務管理開始通知（民法699条）
④：事務管理による保管義務の消滅＝管理をすることができるに至る日（民法700条）

　執行行為・事務管理併用型による対応は多くはないと考えられるが、こうした対応が行われた例として、都市計画法に違反して市街化調整区域に建築された違法建築物の除却代執行の際における前述の岡山市の例がある。また、福井県や福岡県の空家対策マニュアルでも、執行行為・事務管理併用型による対応が推奨されている[19]。

第 5　事務管理単独型の問題点

⑴　事務管理の意義および成立要件

　㋐　事務管理の意義

　事務管理単独型には重大な問題点がある。この点を明らかにするために、まず、事務管理の意義、要件および効果について確認しておこう。まず、意義についてである。事務管理とは、義務なくして、他人のために事務の処理を開始した場合に、これを適法な行為として是認し、管理者に管理義務および管理の継続義務を負わせ事務管理によって生じた管理者と本人の間の財産的利益の混交を本人の管理者に対する移転・引渡請求権、管理者の本人に対する有益費用償還請求権および損害転嫁請求権によって調整する制度である[20]。

---

(19)　福井県『福井県空き家対策マニュアル』（2015年）3 頁以下および福岡県空家対策連絡協議会適正管理部会『特定空家等対応マニュアル』（2016年）18頁参照。

(20)　四宮和夫『事務管理・不当利得・不法行為（上）』（青林書院、1981年）4 頁以下。

　事務管理が成立するためには、①他人の事務の管理を始めること、②他人のためにすること、③法律上の義務（権限）がないこと、④本人の意思および利益に不適合ではないこと、が必要である（民法697条）。

　　(イ)　成立要件（その1）――「他人の事務」、「他人のために」、「本人の意思に反しない」

　事務管理の成立要件のうち、「事務」の内容としては、違法なものは許されないが、一時的かどうか、財産管理的なものかどうか、高度に技術的なものかどうかは問われない。また、事務の他人性については、原則、その事務の客観的性質によって決まる。たとえば、自宅の修繕なら自己の事務であるし、他人の留守宅の修繕なら他人の事務となる。この事務は、私法上の行為から生じたものだけではなく、行政行為から生じたものであってもよい。たとえば、住民税を滞納している者のために滞納住民税を納付することも他人の事務を処理することになる。

　次に、「他人のために」とは、事務処理行為の結果を管理者自身ではなく、管理者以外の者の利益を図る意思で行うことである。この場合、同時に管理者の利益を図るための意図や公共の利益を実現する意図が含まれていてもよい。また、本人がだれであるかを確知している必要はない。

　さらに、「本人の意思」に反しないことも必要である。ただし、「本人の意思」は、適法かつ公序良俗に反していないものであることが必要である。このため、違法建物を本人のために除却する場合のように、本人の意思（＝違法建物の存続）が違法なものである場合には、本人の意思に反して始められても事務管理の成立は妨げられないとされる[21]。

―――――――――

(21)　不法投棄された産業廃棄物の代執行を行う際に、豊田市が実施した調査に要した費用を事務管理費用として償還請求した事件において、名古屋高判平成20・6・4判時2011号120頁は、「民法は、義務なく他人のために事務を管理する行為について、社会生活における相互扶助の下、他人の合理的な利益を図ろうとする行為であることに照らして、これを適法な行為とするものであることからして、管理者の管理行為が本人の意思又は利益に反するような場合であっても、本人の意思が強行法規や公序良俗に反するなど社会公共の利益に反するときには、このような本人の意思又は利益を考慮すべきではな」いとしたうえで、仮に控訴人の意思または利益に反するものであったとしても、これは、社会公共の利益に反するものであり、本件においてはこれを考慮すべきではなく、事務管理の成立は妨げられないとした。なお、同事件に対する評釈である平田健治「判批」私法リマークス39号（2009年）34頁も参照。

　㈡　成立要件（その 2）──「義務がない」

　「義務がない」との要件についての検討は、本章の結論を左右する重要なものである。「義務がない」とは、管理者が「本人」に対して当該事務処理に関する契約または法律上の義務を負っていないことをいう。この義務は当該「本人」に対する義務でなければならない[22]。したがって、管理者が国や自治体との関係で公法上の義務を負っているからといって、事務管理成立の妨げとなるものではない[23]。なぜならこうした義務は、公益実現のためのものであって、本人の「事務」に対してはこれを助長・促進する機能を有するにすぎないからである[24]。たとえば、船員法14条に定める遭難船舶等の救助義務は、船長が国に対して負担する職務あるいは業務遂行における公法上の義務であって、私人に対する個別の救護義務を直接に負っているわけではない。このため、同条の存在は海難救助の事務管理（商法800条）の成立を妨げるものではないとされる[25]。

　他方、職務あるいは業務遂行における公法上の義務を定める法令の中には、これに加えて特定の私人に対する個別の義務を含む場合がある。たとえば、道交法72条 1 項に定める救護義務である。同項は、交通事故を自ら惹起した者は、国に対する関係で負傷者に対する救護義務を負うものであるが、この救護義務は、同時に当該負傷者個人に対する個別の救護義務としての性格も有する[26]。また、船舶事故を自ら惹起した船長は、船員法13条に基づき、国に対する関係で被衝突船に対する救護義務を負うが、当該義務は被衝突船に対する個別の救護義務も含むと解されている[27]。これらの場合には、被救護者に対する個別の義務が存在するため、他人の事務について義務なくして行う事務管理は成立しない。

---

(22)　澤井裕『テキストブック　事務管理・不当利得・不法行為〔第 3 版〕』（有斐閣、2001年）12頁。

(23)　我妻榮『債権各論下巻 1 』（岩波書店、1972年）909頁。

(24)　澤井・前掲注（22） 7 頁、潮見佳男『基本講義　債権各論Ⅰ〔第 3 版〕』（新世社、2017年）303頁。

(25)　中村眞澄＝箱井崇史『海商法〔第 2 版〕』（成文堂、2013年）377頁以下。

(26)　石崎泰雄＝渡辺達徳『新民法講義 5 』（成文堂、2011年） 6 頁〔芦野訓和〕、澤井・前掲注（22） 7 頁。

(27)　石崎＝渡辺・前掲注（26） 6 頁〔芦野訓和〕、澤井・前掲注（22） 7 頁。

　　㈕　事務管理の効果

　事務管理が成立すると、管理者は事務の性質に従い、「最も本人の利益に適合する方法」（民法697条1項）によって事務管理を行わなければならない。事務管理における注意義務レベルについては、法律の定めはないが、民法の委任（644条）と同様に善管注意義務であるとされている[28]。善管注意義違反がある場合には、管理者は債務不履行責任を負う[29]。管理者が支出した有益費は、すべて本人に対してその償還を請求することができる（民法702条1項）。

　事務管理を開始した場合には、本人またはその相続人もしくは法定代理人が管理をすることができるに至るまで、事務管理を継続しなければならない（民法700条）。なお、「管理をすることができるに至るまで」[30]とは、本人らが管理に着手したかどうかとは関係なく、本人側において管理が期待できる状態になればよい。

　事務管理を行う場合、受任者による受取物の引渡し等の規定（民法646条）が準用されているから（民法701条）、事務管理者は、事務を処理するに当たって受け取った金銭その他の物を「本人」に引き渡さなければならない義務を負う。引き渡さなければならない受取物は、第三者から受け取った物だけではなく、「本人」から受け取った物も含む[31]。この義務は、所有権、占有権に基づく物権的返還請求権に対応する義務として規定したものではなく、債権的請求権に対応する義務として規定されたものである[32]。

　処分行為が事務管理として認められるか否かについて、学説は積極的に解する[33]。たとえば、生鮮食料品に対する事務管理の場合には、当該生鮮食料品が長期保存により、その価値を失わないうちに処分（売却）を行い、この売却代金を保管すべきであり、こういった処分行為が、「最も本人の利益に適合す

---

(28)　加藤雅信『新民法体系V　事務管理・不当利得・不法行為〔第2版〕』（有斐閣、2005年）15頁。

(29)　加藤・前掲注（28）14頁以下参照。

(30)　本人側の管理可能性をもって管理義務が消滅する理由について、窪田充見編『新注釈民法(15)　債権(8)』（有斐閣、2017年）50頁〔平田健治〕参照。

(31)　加藤雅信『新民法体系IV　契約法』（有斐閣、2007年）425頁。

(32)　幾代通＝広中俊雄編『新版注釈民法(16)　債権(7)』（有斐閣、1989年）242頁〔明石三郎〕。

(33)　我妻・前掲注（23）901頁、谷口知平・甲斐道太郎編『新版注釈民法(18)　債権(9)』（有斐閣、1993年）161頁〔高木多喜男〕。

る方法」であることは明らかであろう。なお、売却に当たっては、事務管理者に代理権はないことから[34]、事務管理者が売買契約の当事者とならざるをえない。

(2) 小　　　括

事務管理とは、推測される本人の意思を尊重し同人の利益を図るために、本来許されない他人の財産管理への介入を許容する制度であって、そもそも社会公共の利益実現を主な目的とする制度とはいえない。とはいえ、通常代執行のプロセスにおける法の欠缺が生じている場合に、公益実現のために、これを補完するものとして事務管理のスキームが利用されることは否定されるべきではなかろう[35]。

しかしながら、事務管理の要件をみたさない以上、これによることができないのは当然である。事務管理単独型は、代執行庁に執行対象外物件に対する保管義務がないことを前提とするものであるが、後述のように、代執行庁は、他人である被命令者（以下、「相手方」という）の「事務」としてではなく、代執行を開始した代執行庁自身の義務に基づく「事務」として保管しなければならないのである。

以上により、代執行庁による執行対象外物件の保管行為は、義務なく、他人の事務を管理することをその成立要件とする事務管理と解することができないことは明らかである。

第6　執行行為・事務管理併用型の問題点

次に執行行為・事務管理併用型の問題点についてである。執行行為は、代替

---

(34)　最判昭和36・11・30民集15巻10号2629頁。

(35)　塩野宏『行政法Ⅰ〔第6版〕』（有斐閣、2015年）48頁は、本人の意思に反して一方的に管理者の利益（公共の利益）を図るために本人の支配領域に介入するものではないから法律の留保論は適用されないとする。そのうえで、比例原則等行政法の一般法源のもとで民事法の法技術を行政対私人の関係の処理に用いることについては積極的に解している。他方、窪田編・前掲注（30）11頁〔平田健治〕は、事務管理と行政法などの規範調整の観点から、「一見、事務管理の諸要件を充足するように見える場合であっても、他の諸制度において、より詳細に、より適正に当該紛争処理ができる場合には、事務管理規範の適用は劣後すべき」であり、「訴訟当事者の法律構成に影響されて、事務管理の成立を承認することは、より適正な評価を与えている規範の適用を回避する結果になりかねない」とする。

的義務の強制的実現をその内容とするものであり、他方、保管行為は、執行対象外物件の財産的価値の保存を目的とするものであって執行行為そのものではない。このように両者の目的は明らかに異なるにもかかわらず、保管行為を執行行為の一部と解する執行行為・事務管理併用型には問題がある。より問題なのは、仮にこのように解した場合、執行行為の終了に伴って保管義務が消滅することになる。これでは、執行行為期間の長短によって代執行庁が保管義務を負担する期間が不相当に短期間となることも考えられ、執行対象外物件の財産的価値を保全する観点からすると妥当ではない。

　この点に関し、民事の強制執行手続では、どのように扱われているか。行政代執行法に基づく代替的作為義務の強制執行に相当するものとして、代替執行（民執法171条）がある。代替執行の内容が建築物の除却である場合、除却対象建築物内の物件の保管について、民事執行法上の定めはない。この場合、民事執行実務では、不動産の引渡し等の強制執行の規定（民執法168条5項から8項まで[36]）が類推適用され、執行されている[37]。類推適用される不動産の引渡し等の強制執行では、執行対象外物件の保管や売却は、強制執行の一部ではなく、強制執行に伴う付随処分として強制執行の完了とは無関係に保管あるいは売却手続が行われる[38]。

　こうした民事の代替執行における動産保管との比較においても、代執行に伴う執行対象外物件の保管義務が当該執行行為の終了とともに随伴的に消滅すると解するのは合理的とはいえない。

---

(36)　執行対象外物件に相当する目的外動産については、原則、債務者等に引き渡さなければならないが（民執法168条5項前段）、これができないとき、執行官は、保管を要しないで売却をすることができる（同項後段）。執行官は、引渡しまたは売却をしなかった動産があるときは、これを保管しなければならならず（同条6項）、動産の保管に要した費用は、執行費用とされ（同条7項）、動産を売却したときには、執行官は、その売得金から売却および保管に要した費用を控除し、その残余を供託しなければならない（同条8項）。

(37)　大阪地裁執行実務研究会編『不物件明渡・引渡事件の実務』（新日本法規出版、2009年）347頁以下、深沢利一＝園部厚補訂『民事執行の実務（下）〔補訂版〕』（新日本法規出版、2007年）836頁、最高裁判所事務総局民事局監修『執行官提要〔第5版〕』（法曹会、2008年）327頁参照。

(38)　山本ほか編・前掲注（7）420頁〔大濱しのぶ〕。

第7　執行付随行為・事務管理併用型の提唱

　これまで述べてきたように、事務管理単独型および執行行為・事務管理併用型のいずれにも看過しがたい理論上の問題点があり、また、これらを採用すべき合理的理由も見い出しがたい。そこで、執行対象外物件の保管行為を執行行為の一部ではなく執行行為に付随する行為と事務管理の併用による執行付随行為・事務管理併用型（**図表2－4**）を提唱したい。

図表2－4　執行付随行為・事務管理併用型

　①：執行行為の開始
　②：執行対象外物件の搬出＝保管の開始＝引取催告通知（民法699条の準用）
　③：引取請求期限（＝代執行庁の保管義務の消滅）＝事務管理による保管の開始＝
　　　事務管理開始通知（民法699条）
　④：事務管理による保管義務の消滅日＝管理をすることができるに至る日（民法700条）

　執行付随行為・事務管理併用型とは、執行対象外物件の保管等のプロセスを、執行行為に付随する行為（以下、「執行付随行為」という）と事務管理の併用であると解するものである。執行行為・事務管理併用型との最も大きな違いは、執行対象外物件の保管を執行行為の一部とは解さない点である。これは、執行行為が行政庁により命じられた義務の内容を義務者に代わって当該行政庁が代替的に執行するものであるところ、命令の内容に含まれていない執行対象外物件の搬出や保管行為は執行行為自体の内容とは解されないからである。ただし、執行対象外物件の搬出や保管行為は、執行行為から完全に独立した行為ではなく、執行行為を行うために必要な準備的行為であることから、執行行為に「付随」する行為として位置づけている。なお、執行付随行為[39]としての保管と

---

(39)　執行付随行為とは、執行行為からは独立した行為ではあるが主たる行為である執行行為なしには存在しえない行為である。

事務管理としての保管とを時間的に区分するのは相当期間経過日である。相当期間とは、通常人を基準として、当該物件の物理的状況、引取りに必要な費用および労力などを考慮し、客観的に引取りに必要と考えられる期間である。

　代執行庁は、執行行為に着手した効果として、相手方の財産である執行対象外物件に対する占有を取得するに至ったものであるから、信義則上[40][41]、相手方に対して当該占有の対象となるに至った執行対象外物件についての引渡義務を負うと解すべきである。なぜなら、行政庁は、一旦代執行を開始した以上、当該代執行の実施に当たっては、比例原則および権利濫用禁止の原則が適用され、代執行という目的を達成するうえで相手方の財産に対し過剰な執行方法をとってはならず、特に、執行行為を適法に着手した効果として自らの占有下に入った執行対象外物件については、違法行為の原因である相手方が占有していた財産であるからといって、懲罰的意図をもって、返還を拒むといった対応は許されず、執行対象外物件を相手方に引き渡す義務を負う[42]と解することが憲法29条の趣旨に適うものだからである[43]。

　このように、代執行庁が信義則上、特定物である執行対象外物件に対する引

---

(40)　芝池義一『行政法総論講義〔第4版補訂版〕』（有斐閣、2006年）は、信義則について、法の一般原則として行政法の分野にも適用があるとする。

(41)　四宮和夫＝能見善久『民法総則〔第9版〕』（弘文堂、2018年）23頁以下は、信義則について、社会共同生活の一員として互いに相手の信頼を裏切らないように誠意をもって行動することを要求するルールであるとし、権利義務関係がないところに、新たな法規範を創設する役割も果たすものであるとする。なお、同書では、新たな法規範創設の例として、契約関係に入ろうとする者に対して相手方がこれから締結しようとする契約の重要な内容を説明しなかった場合の説明義務を挙げる。

(42)　こうした執行対象外物件に対して所有者は、所有権に基づく引渡請求権を有するのはもちろんである。しかし、当該引渡請求権の行使がなければ、執行対象外物件に対する代執行庁の返還義務は発生しない（たとえば、遺失物法4条1項は、拾得者が当然に返還義務を負担するものではないことを前提に、「拾得者は、速やかに、拾得をした物件を遺失者に返還し」なければならないという返還義務を創設している）。代執行庁に、相手方（＝代執行の義務者）からの返還請求がなければ返還義務が発生しないと考えることは不合理である。よって、相手方に対する公法上の引渡義務を信義則により創設する必要がある。

(43)　信義則の規範創設機能により公法上の義務が創設されている例として、安全配慮義務がある。なお、安全配慮義務について、最判昭和50・2・25民集29巻2号143頁は、「国が公務遂行のために設置すべき場所、施設もしくは器具等の設置管理又は公務員が国もしくは上司の指示のもとに遂行する公務の管理にあたって、公務員の生命及び健康等を危険から保護するよう配慮すべき義務」であるとしている。

渡義務を負担することから、当該義務を負う相当期間内にあっては、民法400条に準じて執行対象外物件の保管義務を負うことになる。保管義務のレベルは、事務管理に準じて善管注意義務である。保管義務は、特定の個人の財産に対する価値の保全を目的とするものであって、国や自治体に対して負担する職員の職務遂行における公法上の義務にとどまるものではない。保管義務は、相手方が保管物件を引き取ることが客観的に可能な状況に至った日、すなわち、相当期間が経過した日以後には、引渡義務とともに消滅する（**図表２－５**）[44]。

図表２－５　執行対象外物件の保管プロセス

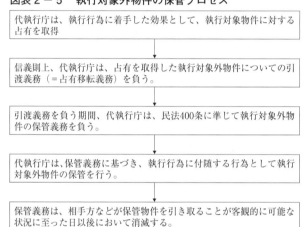

代執行庁は、執行行為に着手した効果として、執行対象物件に対する占有を取得

信義則上、代執行庁は、占有を取得した執行対象外物件についての引渡義務（＝占有移転義務）を負う。

引渡義務を負う期間、代執行庁は、民法400条に準じて執行対象外物件の保管義務を負う。

代執行庁は、保管義務に基づき、執行行為に付随する行為として執行対象外物件の保管を行う。

保管義務は、相手方などが保管物件を引き取ることが客観的に可能な状況に至った日以後において消滅する。

　私見は、代執行庁に保管義務があるとする点で憲法29条の趣旨にも適うものである。また、保管義務が執行行為の完了とは関係なく、当該執行対象外物件に応じて引渡しまでに必要とされる合理的な期間が満了するまでの間継続する

---

(44)　筆者は、かつて執行対象外物件に対する保管義務については、代執行庁が代執行に着手することにより信義則上、当該代執行庁が負担する義務と解していたが（宇那木正寛「行政代執行法における課題──執行対象外動産の管理を中心に」行政法研究11号（2015年）101頁）。しかし、現在では、まず、執行対象外物件に対する引渡義務が信義則上発生し、当該引渡義務に付随する義務として引き渡すまでの間、民法400条に準じて保管義務が生ずると解するに至った。というのも、他人物が代執行に着手したことに伴い自己の占有下に入ったからといって、当然に、代執行庁が保管義務を負担するとは解しがたいと考えたからである。私見をこのように改めたことにより、執行対象外物件の引渡義務が信義則上発生することになり、相手方がこれを引き取らない場合、行政主体は、引渡義務を免れることを目的として、これを弁済供託により対応することも可能となる。

という点で相手方の財産権の保護に配慮したものである。これらにより、事務管理単独型および執行行為・事務管理併用型が抱える問題点を克服しうる。

ところで、こうした保管義務に関連して、行政庁は、除去命令のみではなく執行対象外物件に対する搬出および保管命令を併用的に課すことにより、執行行為の一部として搬出し、保管しうるか否かが問題となる[45][46]。結論的には、困難であると考える。なぜなら、義務者自らが除却をする場合に、いかなるプロセスを選択するかは、違法なものでない限り、相手方の裁量に属するものであって除却対象物件内に存置あるいは残置された物件を搬出しないで除却したとしても何ら問題ないからである。代執行庁が相手方のことを慮って、存置物件や残置物件の搬出命令を発出することはパターナリスティックな介入であり、また、除去という目的達成のために必要とはいえない過剰な命令であるともいえ、比例原則の観点から問題があろう。

第3節　執行対象物件の保管

第1　問題の所在

執行対象物件の例としては、土地収用法に基づく土地明渡しの代執行において直接の執行対象となっている移転対象物件、あるいは、道路法、河川法、港湾法などの公物管理法に基づき直接に撤去・移動命令の対象となっている違法放置物件などがこれに当たる。執行対象物件は、執行対象外物件とは異なり、執行行為の執行客体そのものであり、また、その保管行為は執行行為が完了したのちに開始されるものである。

こうした通常代執行の客体たる執行対象物件について執行行為完了後に代執行庁が保管義務を負担するのか、また、当該保管行為に要した費用の請求についての法的根拠を何に求めるかは、代執行を実施するうえで、重要な論点であ

---

(45)　柏崎市が実施した特定空家等の略式代執行では、措置内容として「内部の動産を搬出し当該特定空家等を除却すること」とされている（第10章第2節第2）。

(46)　北村喜宣「とんだオジャマ虫！？——空家法代執行と残置動産への対応」自治実務セミナー675号（2018年）37頁は、空家法14条1項に基づく助言または指導の段階から、特定空家等に係る措置と併せて、物件の搬出と適正処理をその内容とすれば、当然に動産の管理費用も代執行費用として請求できるとする。

る。そこで、まずは、執行対象物件に対する保管義務の有無についての学説および裁判例を概観し、行政実務の扱いについて検討を加えたうえで、私見を示す。なお、執行対象物件のうち財産的価値が認められないものについては、特段の事情がない限り、保管する必要なく、直ちに、廃棄することも可能である[47]ため、保管義務の問題は生じない。この点は、執行対象外物件の場合と同様である。

第2　執行対象物件の保管義務に関する学説

保管義務の有無に関し、執行対象外物件と執行対象物件とを区別して論じている学説はないようである。このため、その記述から、特に執行対象物件についての保管を念頭においていると考えられるものを取り上げる。保管義務なしとするものが多数だが、保管義務があるとする説もある。

曽和俊文教授は、代執行によって撤去・除却した執行対象物件を行政庁が保管する場合、当該保管行為は、民法702条に基づく事務管理であるとする[48]。保管義務がないことを前提とするものであろう。また、小高剛教授は、土地収用に基づく土地明渡しの代執行に関し、執行対象物件である家財道具等を義務者本人が引き取らない場合、代執行庁は、当該執行対象物件の保管義務を負担しないとする[49]。さらに、小澤道一氏も、代執行手続としての執行行為は移転すべき物件の除去をもって終了し、行政代執行法上、代執行庁には土地明渡しの代執行により対象土地上から移転された解体資材、物件等の執行対象物件については保管義務を負担しないとする[50]。加えて、津田和之氏も、執行行為終了後の物件の保管については、行政庁にその義務はないとしている[51]。

こうした保管義務がないとする説に対し、これを認めるものもある。中原茂

---

(47)　この廃棄についての性格であるが、執行行為とは別の事実上の行為または事務管理と解さざるをえないであろう。

(48)　曽和俊文『行政法総論を学ぶ』（有斐閣、2014年）371頁。

(49)　小高剛『特別法コンメンタール　土地収用法』（第一法規、1980年）554頁。

(50)　小澤道一『逐条解説　土地収用法〔第4次改訂版〕（下）』（ぎょうせい、2019年）553頁。なお、義務者が除去物件の搬入等を拒否する場合には、事務管理として保管をすることが望ましいとしている（同頁）。

(51)　津田和之「行政代執行手続をめぐる法律問題（2・完）」自治研究87巻10号（2011年）65頁以下。

樹教授は、具体的な法的根拠については述べていないが、執行行為終了後、執行対象物件について、代執行庁は保管義務を負担するとしている[52]。

第3　保管義務に関する裁判例

(1)　裁判例概観

執行対象物件の保管義務に関する裁判例として、弁済物競売許可申請事件大分地裁決定、違法係留小型船舶移動・撤去損害賠償請求事件さいたま地裁判決、物件保管費請求事件福岡地裁行橋支部判決およびその控訴審である物件保管費償還請求事件福岡高裁判決を挙げることができる。これらのうち、執行対象物件についての保管義務を認めているのは、物件保管費請求事件福岡地裁行橋支部判決のみであり、残りは、いずれも代執行庁の保管義務を否定し、あるいは、特に保管義務について言及することなく事務管理の成立を認めている。

(2)　弁済物競売許可申請事件大分地裁日田支部決定

本事件は、大分県知事が土地明渡しの代執行として土地上の物干し竿や生犬等を移転し、保管を開始したところ、相手方が受領しなかったため、民法497条、旧非訟事件手続法83条および81条（非訟法95条および94条）の定めるところにより競売許可の申立てをした事件である。

大分地日田支決昭和42・11・9訟月13巻12号1547頁は、申請人は民法701条、646条によって右保管物件を被申請人に引き渡す義務があるところ、被申請人に対し再三にわたりこの引取りを催告し履行の提供をなしたが被申請人が受け取らず、また、保管物件はいずれも供託に適せずまた保存するには過分の費用を要するものであるとして、競売許可決定を行っている。

このように、大分地裁日田支部決定は、事務管理であることを前提とする大分県知事の主張に沿って弁済物競売許可申請を認容したものである。

(3)　違法係留小型船舶移動・撤去損害賠償請求事件さいたま地裁判決

本事件は、埼玉県知事が河川法に基づき撤去した違法係留小型船舶の保管義務を十分に尽くさなかったため、当該小型船舶が破損したとして損害賠償請求

---

(52)　北村ほか・前掲注（18）40頁〔中原茂樹〕は、執行行為終了後の執行対象物件に関し、代執行庁は保管義務を負担するとし、合理的期間内の保管に要した費用を代執行費用として請求できるとする。

がなされたものである。

さいたま地判平成16・3・17訟月51巻6号1409頁は、①義務者らは、旧河川法24条に基づく許可を受けないで小型船舶等を係留し、河川内の土地を占用したこと、②埼玉県知事が河川法および行政代執行法に基づき当該不法係留船舶等を移動・撤去し、陸揚げのうえ保管したこと、③保管については、県有地に保管場所を確保して、フェンスと赤外線センサーにより24時間可能な機械警備を警備会社に委託していたこと、などの事実を認定し、次のように判示し、埼玉県に対する請求を棄却している。

すなわち、さいたま地裁判決は、まず、執行行為により移動・撤去された物件等の保管行為については、本来行政代執行の作用に含まれるものではないとする。これにより、代執行庁が事務管理による物件の保管に着手した場合であっても、代執行開始前または終了後、直ちに引き取ることを求める請求をした場合には保管義務を免れるとしている。さらに、所有者自ら直ちに引取りができない場合のような特段の事情がある場合には、事務管理者として要求される程度の注意義務をもってそれを保管する義務があるが、義務者本人に引き取るべき旨を通知し、相当期間が経過した後は、保管義務を免れるとした。

そのうえで、同判決は、平成9年9月18日になされた撤去の代執行後における埼玉県知事の保管は県有地に船舶の保管場所を確保して、フェンスと赤外線センサーによる24時間監視可能な機械警備を警備会社に委託し、事務管理として要求される水準以上の注意義務をもって保管・管理しており、また、被告知事は、原告らに対し、平成9年10月20日付けの通知で、同年11月11日から同月19日までに船舶等を引き取るよう通知しているとした。そして、原告らにおいて引取りが困難であったような特段の事情も本件証拠上窺えないものの、遅くとも[53]引取通知により引取期限とされた平成9年11月20日以降は、被告は事務管理者としての保管・管理責任も免れると判示している。

以上のように、さいたま地裁判決は、義務者において引取りに応じず任意放置している場合において、なお代執行庁が執行行為により移動・撤去された物

---

(53) 「遅くとも」とは、仮に「特段の事情があったとしても」という趣旨である。

件等の保管行為については、本来行政代執行の作用に含まれるものではないとして、代執行庁の保管義務を認めなかったのである[54]。

(4) 物件保管費償還等請求事件福岡地裁行橋支部判決

本事件は、福岡県知事が土地明渡しの代執行としての土地上の物件を撤去したのち、当該物件の保管費用を事務管理に要した費用として請求したものである。

福岡地行橋支判平成29・7・11判自439号106頁は、次のように判示し、その訴えを却下した。

すなわち、「明渡裁決の対象となる土地又は物件上に義務者の目的外動産[55]があり、このような目的外動産を所有して明渡裁決の対象となる土地又は物件を占有しているときに、都道府県知事が明渡裁決について、行政代執行をし、自ら義務者のなすべき行為をした場合、明渡裁決の土地の明渡し又は物件の引渡しを完了するためには、同土地等上にある目的外動産の占有を排除しなければ、土地の明渡しや物件の引渡しが完了しない。一方、都道府県知事は、このような目的外動産の所有権を取得しない以上、他人の所有する目的外動産を義務者に引き渡すまでは自ら物件を処分できる権限も有していないのであるから、行政代執行のために目的外動産の占有を取得した場合にはこれを保管すべき義務を負う」とした。

そのうえで、当該保管に要した費用は、代執行費用に該当するから、民事上の手続によりその請求を求める訴えは不適法であるとした。

なお、同判決は、「占有」について、「土地収用法に基づく行政代執行の効果として占有を取得している」ものであるから、「事実上その占有を継続して保持しているにとどまる」ものではないとしている。

以上のように、福岡地裁行橋支部判決は、土地収用法に基づく代執行の効果として占有を取得し、代執行庁が当該物件の処分権を有しない以上、相手方に

---

(54) 本判決の分析については、第6章第4節第1および第2参照。

(55) 同判決は、執行対象物件を「目的外動産」と表記しているが、土地明渡しの代執行において土地上の物件は、全て執行対象となる物件であるから、「目的外動産」ではなく「目的動産」との表記が適切であるといえよう。

引き渡すまでの間、福岡県知事は保管義務を負わざるをえないとした。

(5)　物件保管費償還等請求事件福岡高裁判決

　福岡地裁行橋支部判決の控訴審判決である福岡高判平成29・12・20判自439号103頁は、移転対象物件を保管する義務はなく事務管理による保管であるとする福岡県の主張を全面的に認め、次のように判示し、原判決を取り消し、その請求を認容した。

　すなわち、「本件明渡裁決により被控訴人が命じられた義務は、本件対象土地の引渡し及び同土地にある被控訴人の所有物件（中略）の移転であることが明らかであり、本件行政代執行も上記義務を執行するものであるから、上記義務の執行行為をもって終了することになる。そうすると、被控訴人は、本件行政代執行において、本件対象土地の引渡義務及び被控訴人所有物件の移転義務に係る代執行を受忍し、かつ、本件対象土地から除去された被控訴人所有物件を受領する義務を負っており、控訴人知事に被控訴人所有物件の保管義務はない」とした[56]。

　そのうえで、「行政代執行の終了にもかかわらず、義務者が除去された物件の引取りに応じないため、代執行庁において同物件の占有を開始して保管するに至った場合には、代執行庁は、同物件の受領義務を負う義務者のために、事務管理者として上記物件を保管する義務を負うことになるが、その保管義務を免れるに至るときまで、事務管理者として要求される程度の注意義務をもって保管すれば足りるものというべきである」としている。

　以上のように福岡高裁判決は、当該執行行為の終了をもってその代執行は終了することから、代執行庁は執行対象物件の保管義務を負うことはなく、代行政庁が執行行為終了後、あえて執行対象物件の占有を開始し、保管するに至った場合には、事務管理として保管することになるとしている[57]。

---

(56)　江原勲＝榎本洋一「行政代執行で搬出した動産の保管、自治体の義務か事務管理か」判自442号（2019年）7頁は、「行政代執行は、行政上の義務が代替的に執行された時点で終了する以上、その後に発生する物件の保管義務を代執行庁に負わせる理由」はないことを理由に、福岡高裁判決を支持する。

第4　行政実務における扱い

行政実務は、事務管理単独型（**図表2−6**）により対応している。これは、代執行庁には執行対象物件を保管する義務はなく、あえて代執行庁が保管を開始した場合には、事務管理が成立し、善管注意義務のもとで、その保管義務が消滅するまでの間、これを保管するものであって、多数説と同様である。

図表2−6　事務管理単独型

①：執行行為の開始
②：執行対行為の移転終了＝保管の開始＝事務管理開始通知（民法699条）
③：事務管理による保管義務の消滅＝管理をすることができるに至る日（民法700条）

事務管理単独型による事例として、たとえば、港湾法違反を原因として通常代執行により撤去した放置艇の保管を行った神戸市の事例[58]、漁港漁場整備法違反を原因として通常代執行により撤去した放置船舶の保管を行った広島県の事例[59]、土地収用法の定めるところにより土地明渡しの代執行で撤去した物件の保管を行った前述の福岡県の事例[60]などがある。

第5　事務管理単独型の問題点

事務管理単独型は代執行庁が執行対象物件の保管義務を負担しないことを前提とするものである。しかし、後述のように、代執行庁は執行行為完了後であっても当該執行対象物件の所有者等の権利を不当に侵害することがないように、

---

(57)　なお、福岡高裁判決に対しては、被収用者から上告および上告受理の申立てがなされていたが、最高裁は、平成30年7月5日、上告については民訴法312条1項または2項所定の事由がないことを理由に棄却し、上告受理の申立てについては、「法令の解釈に関する重要な事項を含む」事件（民訴法318条1項）には該当しないとして不受理とした。この結果、執行対象物件の保管義務の有無についての最高裁の判断は示されないまま、福岡高裁の判決が確定することになった。

(58)　事案の詳細については第6章第3節第3参照。

(59)　事案の詳細については第6章第3節第2参照。

(60)　事案の詳細については第8章第3節参照。

自身の事務として保管しなければならない義務を負担する以上、義務なく他人の事務を行うことをその成立要件とする事務管理は成立しないと解すべきである。

よって、代執行庁に保管義務があるにもかかわらず、事務管理による保管を行うとする事務管理単独型には理論上看過しがたい問題点があり、また、このように対応すべき合理性を見いだすこともできない。

なお、民事執行に関してではあるが、樹木収去土地明渡しの強制執行に際し、執行対象として収去した樹木が債務者に引き渡す前に枯死したことから、その損害賠償が求められた事件において、岐阜地判昭37・7・14訟月8巻8号1341頁は、およそ執行吏が土地明渡しの強制執行をするに際には、収去により執行行為が完了した立木を動産として債務者に引き渡すべきものであるから、その枯死を防ぐためできるだけ十分な注意を払ってこれを保管する義務があるとしている[61]。

第6　執行牽連行為・事務管理併用型の提唱

このような事務管理単独型については、看過しがたい法的問題点がある。そこで、執行牽連行為・事務管理併用型を提唱したい。執行牽連行為・事務管理併用型とは、執行対象物件の保管のプロセスを執行行為と牽連する行為（以下、「執行牽連行為」という）と事務管理の併用によるものであって、相当期間経過日前の執行対象物件の保管行為[62]については、代執行庁が保管義務に基づき行う執行牽連行為とし、同日以後、保管義務が消滅したにもかかわらず行政庁があえて行った保管行為については、事務管理として対応する説である（**図表2－7**）。

---

(61)　同判決を支持するものとして、中野貞一郎「判批」民商法雑誌56巻3号（1967年）153頁、深沢＝園部補訂・前掲注（37）764頁がある。

(62)　執行対象物件の保管行為は執行行為に引き続いて行われる行為であり、両者の間には強い関連性がある。

図表2－7　執行牽連行為・事務管理併用型

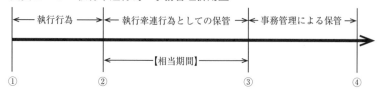

①：執行行為の開始
②：執行行為の完了＝保管の開始＝引取催告（民法699条の準用）
③：引取請求期限（＝行政庁の保管義務の消滅）＝事務管理による保管の開始＝事務管
　　理開始通知（民法699条）
④：事務管理による保管義務の消滅日＝管理をすることができるに至った日（民法700条）

　代執行庁は、代執行に着手したことを原因として、執行対象物件に対する占有を取得するものであるから、信義則上、相手方に対して当該執行対象物件の引渡義務を負うと解すべきである。なぜなら、代執行庁は、一旦代執行を開始した以上、当該代執行の実施に当たっては、比例原則および権利濫用禁止の原則が適用され、代執行という目的を達成するうえで相手方の財産に対し過剰な執行方法をとってはならず、特に、執行行為を適法に開始した効果として占有するに至った執行対象物件については、違法行為の原因者である相手方の財産であるからといって、懲罰的意図をもって、その返還を拒むといった対応は許されず、撤去物件を相手方に引き渡す義務を負うとすることが憲法29条の趣旨に適うものだからである。

　こうして、特定物たる執行対象物件に対する引渡義務が代執行庁に生ずる[63]以上、執行行為完了後、相当期間にわたり、すなわち、相手方が保管物件を引き取ることが客観的に可能な状況に至る日までの間、民法400条に準じ

---

[63]　こうした執行対象物件に対して所有者は、所有権に基づく引渡請求権を有するのはもちろんである。しかし、当該引渡請求権の行使がなければ、執行対象外物件に対する代執行庁の返還義務は発生しない（たとえば、遺失物法4条1項は、拾得者が当然に返還義務を負担するものではないことを前提に、「拾得者は、速やかに、拾得をした物件を遺失者に返還し」なければならないという返還義務を創設している）。代執行庁に、相手方（＝代執行の義務者）からの返還請求がなければ返還義務が発生しないと考えることは不合理である。よって、代執行庁の相手方に対する公法上の引渡義務を信義則により創設する必要がある。

て執行対象物件の保管義務を負担することになる（**図表 2 − 8**）[64]。

図表 2 − 8　執行対象物件に対する保管義務発生のプロセス

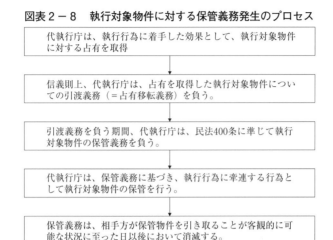

代執行庁は、執行行為に着手した効果として、執行対象物件に対する占有を取得

信義則上、代執行庁は、占有を取得した執行対象物件についての引渡義務（＝占有移転義務）を負う。

引渡義務を負う期間、代執行庁は、民法400条に準じて執行対象物件の保管義務を負う。

代執行庁は、保管義務に基づき、執行行為に牽連する行為として執行対象物件の保管を行う。

保管義務は、相手方が保管物件を引き取ることが客観的に可能な状況に至った日以後において消滅する。

　現実の実務では、代執行庁は、代執行による撤去後の保管も踏まえ、当該執行対象物件の保管に適切な場所を決定したうえで、当該保管場所へ撤去するための実施計画を立てるのである。行政実務では、こうした保管は事実上のものであって保管義務に基づくものではないと説明されることが多い。しかし、適切な保管場所が存在することを代執行実施の重要な要素と考える行政庁のこうした実務対応は、当該引渡義務に伴って生ずる保管義務を意識していることの証左に他ならない。

　このように引渡義務に伴い生ずる保管義務は、特定の私人の財産に対する個

---

(64)　筆者は、かつて執行対象物件に対する保管義務については、代執行庁が代執行に着手することにより信義則上、当該代執行庁が負担する義務と解していた（宇那木正寛「行政代執行法における課題——執行対象外動産の管理を中心に」行政法研究11号（2015年）101頁）。しかし、現在では、まず、執行対象物件に対する引渡義務が信義則上発生し、当該引渡義務に付随する義務として引き渡すまでの間、民法400条に準じて保管義務が生ずると解するに至った。というのも、他人物が代執行に着手したことに伴い自己の占有下に入ったからといって、当然に、代執行庁が保管義務を負担するとは解しがたいと考えたからである。私見をこのように改めたことにより、執行対象物件の引渡義務が信義則上発生することとなり、相手方がこれを引き取らない場合、行政主体側は引渡義務を免れることを目的として、これを弁済供託することにより対応することも可能となる。

別の義務であって、国や自治体に対して負担する職員の職務遂行における公法上の義務にとどまるものではない。特に保管義務は代執行庁が執行行為に着手することにより生ずる義務であって、事務管理を開始することにより生ずる義務ではない。保管義務のレベルは、事務管理に準じて善管注意義務である。保管義務は、相当期間経過後、引渡義務とともに消滅する。この点は、執行対象外物件の保管における場合と同様である。

　執行行為は行政庁により命じられた義務の内容を当該行政庁が代わってこれをなすものであり、執行対象物件の保管は、行政庁により命じられた義務の内容ではないから、少なくとも執行行為の一部ではない。また、執行対象物件の保管行為は、執行行為完了後これに連続して行われるものであることから、執行対象外物件の搬出、保管行為のように必要に応じて執行行為に付随して行われるものでもない。このため、執行対象物件の保管行為は、執行行為完了後、これに牽連性を有する執行牽連行為として位置づけている。

第7　執行対象物件に対する特別管理スキーム

　平成7年の河川法改正[65]により、小型船舶の違法係留の対策として相手方が確知できない場合の略式代執行の制度が定められ（河川法75条3項）、また、平成9年の河川法の改正[66]では、略式代執行で撤去した工作物について次のような管理スキームが定められた。

　すなわち、河川管理者は、撤去した工作物の保管義務[67]を負い（河川法75条4項）、当該工作物について権原を有する者に対し当該工作物を返還するため、政令で定める事項を公示し（同条5項）、保管した工作物が滅失し、もしくは破損するおそれがあるとき、または公示の日から起算して3月を経過してもなお当該工作物を返還することができない場合において、評価した当該工作物の価額に比し、その保管に不相当な費用もしくは手数を要するときは、当該工作物を売却し、その売却した代金を保管することができ（同条6項）、売却につき買

---

(65)　河川法の一部を改正する法律（平成7年法律第64号）による改正。

(66)　河川法の一部を改正する法律（平成9年法律第69号）による改正。

(67)　河川法研究会『改訂版　逐条解説河川法解説』（大成出版社、2010年）453頁は、同項に定める「保管義務」について、物を自己の勢力範囲に保持して、その滅失毀損等を防ぐなどして善良なる管理者の注意をもって保持する義務であるとする。

受人がないとき、あるいは価額が著しく低いときは、当該工作物を廃棄することができ（同条7項）、売却した代金を売却に要した費用に充てることができる（同条8項）。工作物の除却、保管、売却などの措置に要した費用は、当該工作物の返還を受けるべき所有者等その他当該措置を命ずべき者の負担とされ（同条9項）、公示の日から起算して6月を経過してもなお保管した工作物を返還することができないときは、当該工作物の所有権は、国または都道府県に帰属する（同条10項）。

相手方が確知できない略式代執行の場合において上記のような執行対象物件の管理スキームを採用しているのは、河川法だけではない。港湾法56条の4第3項から9項まで、漁港整備法39条の2第5項から11項までにも同様の物件管理スキームが定められている。また、道路法44条の2第2項[68]から8項までのように道路法独自の代執行（同条1項1号）や即時執行（同条1項2号）の対象となった物件について、あるいは、道交法81条2項から12項までのように同法に定める即時執行（同条2項）の対象となった物件についても、それぞれ同様の管理スキームを定められている。

このように法律により執行対象物件の管理スキームが定められている場合、当該執行対象物件については、執行行為完了後の保管義務が規定されている。こうした規定の趣旨はいかなるものであろうか。私見では、通常代執行の場合と同様に、移転、撤去の執行を開始したことにより当然に生ずる保管義務について確認的に置かれた規定であり、略式代執行の場合に限って新たに執行対象物件に対する保管義務を創設するものではないと考える。なぜなら、制定法上の根拠がなければ、保管義務は生じない性格のものであるとすると、たとえば、同じ河川法違反の物件であるにもかかわらず、行政代執行法の定めるところにより行う通常代執行の場合には保管義務がなく、略式代執行による場合には保管義務があるということになり、極めて不合理だからである。

---

(68)　道路法令研究会『改訂第5版　道路法解説』（大成出版社、2017年）390頁は、道路法44条の2第2項に定める「保管義務」について、違法放置物件の占有者の権利を不当に侵害することがないように当該違法放置物件の種類に応じて必要とされる保管場所で、適切な方法により保管する必要があるとする。

　したがって、義務者が直ちに引取りが可能な場合を除き、執行対象物件の財産的価値の保全を図るべく保管を行う義務は、通常代執行の場合であっても、代執行庁が負担すべきである。河川法75条4項や道路法44条の2第2項など保管義務を定める規定は義務を創設するための規定ではなく、こうした保管義務を確認した規定であると解さなければならない。

第4節　執行対象（外）物件の保管プロセス

第1　相当期間の意義

　行政庁が執行対象（外）物件について保管義務を負う相当期間とは、通常人を基準として、当該物件の物理的状況、引取りに必要な費用、労力などを考慮し、客観的に合理性が認められる期間と解すべきである。この相当期間は、義務者の主観的事情は全て捨象した客観的概念である。この点、保管を継続すべき期間を考えるうえで、本人またはその相続人もしくは法定代理人において管理が期待できる状態（民法700条）か否かといった本人側の主観的事情を考慮しなければならない事務管理における保管期間とは異なる。

　執行対象（外）物件は、その種類が多種多様であり、相当期間を個別具体的に定めることは容易ではないであろう。そこで、相当期間を定めるうえで参考になるのが、略式代執行により保管した物件の売却手続を認める河川法75条6項、港湾法56条の4第5項、漁港整備法39条の2第7項などの規定の存在である。これらの規定では、物件種類およびその量に関係なく、3月を経過し、引取りがない場合には、売却することが認められているが、これらの規定を参照し、概ね3月を基本に相当期間を定めることになろう。

第2　搬出催告および引取催告の内容、時期等

(1)　執行対象外物件

　通常代執行において、執行行為着手前における執行対象外物件の搬出を促す搬出催告および保管行為開始後の引取催告は、具体的にどのような内容を記載し、また、いかなる時期に行うべきであろうか。

　まず、内容についてであるが、搬出催告については、執行行為の妨げとなる存置物件や残置物件などについて具体的搬出期限を定めて搬出を促すことで足

りよう。これに対して、引取催告については、相手方の執行対象物件引取りの便宜を図るため、①保管した物件の名称または種類、形状および数量、②物件の保管を始めた日時、③保管場所、④引取期限（＝相当期間満了日）、⑤行政側の連絡先などの事項を具体的に明記すべきである。

　次に、搬出催告および引取催告の時期についてである。まず、搬出催告は、その性格上、代執行を決定しその概要および日時を告知する代執行令書において、執行対象外物件の搬出を求める趣旨の文言を付記することにより行うことが適切であろう。さらに、引取催告については、民法699条に準じて、保管行為開始後、直ちにこれを行うべきである。なお、引取期限の1月程度前には、再引取通知により、当初の引取期限までの自発的引取りを促すことが適切である。

(2)　執行対象物件

　通常代執行において、撤去、移動などの執行行為完了後に保管を開始した執行対象物件の引取りを促す引取催告の内容については、執行対象外物件の場合とほぼ同様である。すなわち、相手方の執行対象物件受領の便宜を図るため、①保管した物件の名称または種類、形状および数量、②保管した物件が執行前にあった場所、③物件の保管を始めた日時、④保管場所、⑤引取期限（＝相当期間満了日）、⑥行政側の連絡先などの事項を具体的に明記すべきである[69]。

　次に、引取催告の時期については、保管行為開始後、民法699条に準じて、直ちにこれを行うべきである。なお、引取期限の1月程度前には、執行対象外物件の場合と同様に、再引取通知により、当初の取引期限までの自発的引取りを促すことが適切である。

---

(69)　たとえば、河川法施行令39条の2は、略式代執行により撤去した執行対象物件について、①保管した工作物の名称または種類、形状および数量、②保管した工作物の放置されていた場所および当該工作物を除却した日時、③当該工作物の保管を始めた日時および保管の場所、④その他保管した工作物を返還するため必要と認められる事項を公示すべきとしている。

第5節　代執行費用の範囲とその徴収

第1　代執行費用の範囲

⑴　代執行費用の意義

　代執行費用について、法2条は、当該行政庁が「自ら義務者のなすべき行為をなし」、または「第三者をしてこれをなさしめ」た場合において、その費用を当該義務者から徴収することができると規定する。これにより、代執行を民間事業者などの第三者に委託した場合はもちろんのこと、行政庁自らが実施した場合であっても、当該行政庁がその費用を一般の行政経費として負担することなく、相手方に請求することができる[70]。

　代執行の実施に関連するいかなる範囲の費用が代執行費用に含まれるかについては、行政庁を悩ませる問題である。この点に関し、学説はどのように解しているか。広岡博士は、行政庁が義務者から徴収すべき金額は、代執行の手数料ではなく、実際に代執行に要した費用であるとしたうえで、人夫の賃金、請負人に対する報酬、資材費、第三者に支払うべき補償料等は含まれるが、義務違反の確認のために要した調査費用[71]は含まれないとしている[72]。

　また、小澤氏は、土地収用法による代執行を念頭に、「除却作業の請負代金（これに依らず執行するときは、人夫賃、資材購入費等）、代執行責任者の派遣費用等、執行行為に直接要する費用に限定され、事前の調査・確認に要する費用、代執行手続に従事した知事部局職員の人件費、警備に要する費用等は含まれない」とする[73]。

---

(70)　このことに関連してではあるが、行政主体が民間事業者など第三者に執行行為を委託して行う場合、その執行は確実かつ適正に実施することが求められるため設計金額が高くなる。これに伴い、競争入札の手続を経ても、契約金額が、民間が発注する場合と比較して高額になるのが一般的である。この場合、現実に行政主体が受託者に支払った契約金額の全てを請求できるかが問題になる。いかなる内容の契約を締結するかについては、行政側に裁量があるから、当該委託費用が不当に多額であるとか、極めて安価な委託契約の締結が可能であるなどの特段の事情がない限り、委託契約費用は、全額適法な代執行費用として義務者に対し、請求できると解される。

(71)　このうち、「義務違反の確認のために要した調査費用」とは、代執行の前提となる命令発出のために要した調査費用などのことであって、代執行を現実に行うために必要な調査費用まで否定する趣旨ではなかろう。

(72)　広岡・前掲注（1）191頁。

　さらに、阿部泰隆教授は、代執行は義務者が自分で行うべきものを代わりに行うのであるから、義務者が自分で行えばかかる費用は徴収できるが、義務者が自分で行う場合でも行政が負担する費用は代執行費用には入らないとしたうえで、代執行に要した備品類の費用、職員に対する時間外手当、弁当代、除却物件・動産類の運搬費・保管費などは、義務者が自分で義務を履行する際にも必要とされる費用であるから代執行費用であり、他方、義務を命ずる費用や代執行の際の警備費は、一般行政費で賄うべきであるとする[74]。

　どのような範囲の費用を代執行費用とするかについての規範を定立することは容易ではないが、次のように定義したい。すなわち、代執行費用とは、執行行為に直接の関連を有し、かつ、必要または有益な費用のうち、行政が法令などの定めにより自身で行うことが義務付けられている事務に要する費用を除いたものである。このうち、「執行行為に直接の関連性を有し、かつ、必要または有益な費用」とは、違法物件の除去や撤去など直接執行に要した費用のみならず、執行現場の警備費など執行行為に付随する行為についての費用を含む。また、「行政が法令などの定めにより自身で行うことを義務付けられている事務に要する費用」とは、措置命令や戒告、代執行令書、納付命令など代執行の実施に当たって法令上必要な行政手続に要した費用のほか、自治法234条の定めるところにより行う入札手続など代執行の事務を第三者に委託する契約を締結するために要した費用、同法234条の2第1項に従ってなされる契約の履行確保のためになされる監督、検査などに要した費用なども含まれる。代執行費用に該当しない費用については、これを請求する法律上の根拠を有するものを除き、一般の行政経費で賄わざるをえない。

　以下、代執行において特に実務上問題となる、調査費用、職員給与、物品購入費用等、物件保管費用について、具体的に検討する。

（2）調　査　費　用

　行政庁が自ら代執行を実施する、あるいは、行政庁が第三者をして代執行を実施するに当たって必要となる調査に係る費用は、執行行為に直接の関連性を

---

(73)　小澤・前掲注（50）555頁以下。

(74)　阿部泰隆『行政法解釈学Ⅰ』（有斐閣、2008年）573頁。

有し、かつ、必要または有益な費用であるから代執行費用に該当する。たとえ
ば、岡山市長は都市計画法に違反して市街化調整区域内に建築された大規模な
違反建築物に対する除却の代執行において、周辺住民の家屋調査（除却工事前
および除却工事後における周辺家屋の損壊状況の有無についての調査）に要した費用
を代執行費用として請求している。なお、行政代執行法には立入調査権限を定
める規定が存在しないこともあり、実務では、代執行まで視野に入れた命令を
なす場合、当該命令の根拠法令に定めのある立入調査権限のもとで、当該命令
発出のための調査と同時に代執行実施に備えて必要な調査も行うことが少なく
ない。この場合であっても、現実に代執行に必要な調査の性格を含むものであ
れば、代執行費用として請求できると解される[75]。

　加えて、代執行の実施に必要な調査だけではなく、代執行をより効率かつ安
全に執行するための調査に要した費用も代執行費用に含まれると解される。た
とえば、事業者が急傾斜地法に違反する工事を施工したことに伴い、崩落した
崖地の応急対策工事をその執行内容とする緊急代執行[76]において、鹿児島県
知事は、当該代執行に要した地盤伸縮計の設置およびそのデータの観測に係る
費用を代執行費用として相手方に請求している。確かに、地盤伸縮計の設置の
主たる目的は、二次災害の発生を事前に予測調査することであって、地盤伸縮
計による調査がなされなければ、緊急代執行による応急対策工事ができないと
いうわけではない。しかし、地盤伸縮計の設置およびそのデータ観測に要した
費用は、緊急代執行としての応急対策工事をより効率的、かつ、安全に進める
観点から、有益なものであり、代執行費用として認められよう。

(3)　職　員　給　与

　次に、行政庁自らが違法物件の除去や撤去などの執行行為を実施した場合に
おける当該執行に従事した職員の給料、手当などの職員給与についてである。

---

[75]　不法投棄をした産業廃棄物を行為者に代わって自治体が代執行を実施するための調査費用を、
　　事務管理に要した費用として認める裁判例として、名古屋高判平成20・6・4判時2011号120頁が
　　ある。しかし、この調査費用は、措置命令の内容を具体的にどのように代執行するのかといった内
　　容を含む調査であり、代執行を実施するために必要な費用の性格も有するものであると解されるか
　　ら、代執行費用として請求しえた事例である。

[76]　事例の詳細については、第4章第3節および第4節参照。

これらについては、原則、執行行為に直接の関連を有し、かつ、必要または有益な費用であることから代執行費用として請求しうる。ただし、通常の勤務時間内に代執行の実施を担った職員の給料については、代執行以外の業務にも従事することもあるため、その算出が技術的に困難である。このため、現実に請求しうるのは、時間外手当や特殊勤務手当といった執行行為との対応関係が明らかで、客観的資料に基づき具体的に費用が算出しうるものに限られよう。

　他方、措置命令や戒告、代執行令書、納付命令の発出や受託業者に対する監督業務など代執行の実施に当たって法令上必要な手続業務に係る給与は、代執行費用には該当しない。

　たとえば、岡山市が平成11年に実施した都市計画法に反する違法建築物除却の代執行においては、自治法234条の2第1項の定めるところにより実施した除却の委託業者に対する監督や代執行現場周辺の住民対応のために現地に赴いた際の職員の時間外手当や特殊勤務手当は、一般の行政経費とされている[77]。

　これに対し、同じく岡山市が行った産業廃棄物の撤去に係る代執行[78]では、産業廃棄物対策課職員が受託業者に対する監督などのために執行現場に赴いた際の時間外手当、産廃課職員特殊勤務手当（危険作業手当）が代執行費用として請求されている。しかし、これらの職員給与は、自治法234条の2第1項の定めるところにより、産業廃棄物の撤去業務を受託した業者の履行状況を執行現場において監督し、履行内容を検査するためのものであるから、代執行費用とはいえない。一般の行政経費とすべきである。

(4)　物品購入費用等

　行政庁が自ら代執行を実施するに当たって必要となった物品の購入費用は、執行行為に直接の関連性を有し、かつ、必要または有益な費用であるから、代執行費用に該当する。他方、同じく物品の購入に要した費用であっても、委託業者に対する監督、検査業務のためのものであれば、当該費用は法令上必要とされる事務のために要する費用であり、代執行費用には該当しない。たとえば、岡山市が実施した前記産業廃棄物撤去の代執行において、委託業者の執行行為

(77)　事例の詳細については、第9章第2節参照。
(78)　事例の詳細については、第5章第4節参照。

が契約上適切に行われているかどうかを監督、検査するために要した代執行現場へ赴くための公用自動車の燃料費、ケミカルスーツ3着、直結式ガスマスクが代執行費用として請求されている。しかし、これらについては、主に、自治法234条の2第1項の定めるところにより、産業廃棄物の撤去業務を受託業者の履行状況を執行現場において監督し、検査を行うために要した物品購入費用等であるから、代執行費用とは解されない。

(5)　物件保管費用

　行政庁が執行行為を開始したことに伴い生ずる執行対象（外）物件の保管義務に基づき、相当期間これを保管する場合、当該保管に要した費用は、代執行費用として請求しうるであろうか[79]。これは、執行対象（外）物件に対する保管義務の有無とともに、本章の中心的テーマの一つである。

　まず、執行対象外物件の保管行為については、義務者が法令に反し公共に危険をもたらしていることに起因して行われるものであり、かつ、相手方が事前の搬出等を拒否したために、私有財産保護の観点から、代執行庁が執行付随行為として行うものである。したがって、執行対象外物件の保管行為に要する費用は、執行行為に直接の関連を有し、かつ、必要または有益な費用であるから、代執行費用として請求しうる。

　次に、執行対象物件の保管行為についてである。執行対象外物件の場合とは異なり、執行行為に必要なものとはいえず、また、既に執行行為が完了してい

---

[79]　学説（執行対象物件と執行対象外物件に区分して論じるものはない）は、肯定説と否定説に分かれる。阿部泰隆『行政の法システム（下）〔新版〕』（有斐閣、1997年）419頁、同『行政法解釈学Ⅰ』（有斐閣、2008年）573頁は、除却物件・物件類の運搬費・保管費は、義務者が自分で義務を履行する際にもかかる費用であるとして、代執行費用に含めるべきであるとする。また、北村・前掲注（11）53頁は、「撤去した物件の保管・処分は執行行為の一環とみるべきであり、本来、事務管理という構成ではなく行政代執行費として徴するべきである」とする（なお、北村喜宣「行政代執行の実施と事務管理」自治実務セミナー685号（2019年）54頁も参照）。他方、曽和・前掲注（48）371頁は、執行対象物件の保管について、「代執行によって撤去・除却した対象物件を代執行庁が保管する場合があるが、保管に要した費用については代執行費用に含まれないために、別途、民事上の請求を行う（民法702条に基づく事務管理費用の償還請求）ことになる」とする。また、雄川ほか・前掲注（5）62頁〔広岡隆発言〕は、「たとえば家屋を解体するのであれば、解体するところまでが代執行であって、解体したあとの資材の保管は代執行の内容ではありませんね。したがって、保管料は代執行費用に含まれませんね」とする。

る物件に対するものであることから、これに要した費用は、執行行為に直接の
関連性を有するものであるとまではいえない。しかし、執行対象物件の保管は、
執行行為の結果として保管義務に基づいて行わざるをえないものであり、また、
執行対象物件の保管義務の履行に要する費用は、公益実現のための費用として
一般の私債権よりも優先的に徴収しうる代執行費用と解することが理に適うも
のである。よって代執行費用に含まれると解したい。

　このように、執行対象（外）物件の保管に要した費用が代執行費用であると
解する場合、代執行令書において、除却、移動・撤去に必要な費用の概算額に
加えて、直ちに引取りを行わない場合には保管費用を要する旨の文言を付記す
ることが必要である（法3条2項）。

　以上のとおりであるから、執行対象（外）物件の相当期間内における保管費
用については、代執行費用として徴収することができる。なお、保管義務が消
滅したにもかかわらず、代執行庁があえて事務管理による保管を行ったことに
要した費用は、民事手続により回収する。このように、執行対象（外）物件の
保管費用についての徴収手続が二系統になることに対しては、徴収手続上、煩
雑であるという批判がありえよう。確かに多少煩雑ではあるが、相当期間内の
保管費用を国税滞納処分の例により優先的に徴収しうるメリットは少なくない。

第2　不当利得法と物件保管費用

　行政庁は、執行対象（外）物件を占有することから、占有者による費用償還
請求権（民法196条1項）の規定に基づき、保管費用を請求しうるかが問題とな
る。同規定は、占有者が占有物に費用を支出した場合における占有者と回復者
との関係を規律し、占有者が占有物を返還する場合には、その物の保存のため
に支出した金額その他の必要費を回復者から償還させる制度を定めるものであ
る。必要費とは、物の保存・改良に必要な費用であって、悪意の占有者であっ
ても直ちに償還を求めることができる[80]。償還義務を負う回復者とは、所有
権のみではなく所有権以外の本権に基づいて占有物の返還を請求する者も含ま
れる[81]。民法196条1項は、全ての不当利得の類型に適用される特則ではなく、

---

(80)　川井健『民法概論(2)　物権〔第2版〕』（有斐閣、2005年）124頁

(81)　川島武宜＝川井健編『新版　注釈民法(7)』（有斐閣、2007年）236頁〔田中整爾〕。

現物返還の場合に限り適用される規定であると解されている[82]。

このような性格を有する民法196条 1 項の規定であるが、同項の規定は、民法189条から191条までとともに物権的請求権の付随規範として位置づけられており、その性格は、不当利得や事務管理といった法定外債権債務関係に関する民法の規定を補足し、修正する規定である[83]。このため、占有の回復を求める者と占有者との間に契約がある、あるいは、他の法律により費用の償還関係について具体的に規定されている場合には、当該契約または法律が適用され、民法196条 1 項に基づく償還請求権は発生しないと解される。したがって、執行対象（外）物件の費用徴収については、代執行費用または事務管理に要した費用として、それぞれ法 2 条または民法702条 1 項を根拠として請求しうるから、民法196条 1 項に基づく償還請求権は発生しないと解される。

なお、執行対象（外）物件の保管行為に要した費用を一般の不当利得としての返還（民法704条、705条）できるかどうかについても問題となるが、執行対象（外）物件の保管費用にかかる法律関係は、行政代執行法に基づく執行行為の着手により行政庁が執行対象（外）物件の占有を取得することに伴い生ずるものあって、不当利得の成立要件である「法律上の原因がない」とはいえない。よって、一般の不当利得として保管の費用の請求をすることもできないと解される。

第 3　代執行費用の徴収

行政主体は、代執行費用について、国税および地方税に次ぐ順位の先取特権を有し（法 6 条 2 項）、国税徴収法の例により債務名義を要さず、自力で強制執行することができる（同条 1 項）。特に、債権に対する滞納処分の場合においては、質権その他第三者の権利の目的となっているケース、あるいは、差押えが競合するケースは稀で、差押え後直ちに取立てを行うことができるなど優位に徴収を進めることができる。

自治体における歳入の場合、条例の定めがあれば14.6％の延滞金を徴収できる[84]。さらに、公課間での差押先着手や交付要求先着手あるいは、担保を徴

---

(82)　滝沢聿代『物権法』（三省堂、2013年）139頁以下。

(83)　川島＝川井編・前掲注（81）235頁〔田中整爾〕。

した場合の優先弁済権（国徴法12〜14条まで）を有し、財産調査では、質問検査権および財産捜索の権限（同法141条、142条）も有する。代執行費用は公法上の債権として、時効の援用を要せず、5年で時効消滅し（自治法236条1項・2項）、債権管理上有利である。

第6節　相当期間内に引き取られない保管物件への対応

第1　問題の所在

これまで、代執行により生ずる代執行庁の保管義務に基づく執行対象（外）物件の保管について、論じてきた。では次に、相手方が執行対象（外）物件を保管義務が継続する相当期間内に引き取らない場合には、どのように対応すべきか。自説である執行付随行為・事務管理併用型および執行牽連行為・事務管理併用型を前提にすれば、代執行庁は保管行為を終了するか、あるいは、事務管理としての保管行為に移行するかどうかの選択をしなければならない。

代執行庁が保管義務を負う相当期間内に引取りがなされない執行対象（外）物件の多くは、相手方が引き取る意思がないことが客観的に明らかになったものである。よって、これらの物件を廃棄したとしても行政主体側が損害賠償責任を負うことはないであろう。

他方、現金、有価証券、宝石をはじめ高い財産的価値が認められる執行対象（外）物件については、相手方が引き取らないものであっても、代執行費用回収の観点から、事務管理による保管をすべきであろう。

こうして、事務管理により執行対象（外）物件の保管を開始した以上、開始した旨を通知したうえで（民法699条）、本人またはその相続人もしくは法定代理人が管理をすることができるに至るまで、事務管理を継続しなければならない（民法700条）。

この場合の対応としては、公売による対応、弁済供託による対応、遺失物法による対応、売却による対応が考えられる。なお、これの対応については、代執行に伴い生ずる保管義務の期間中も可能な場合がある（**図表2−9**）。

---

(84)　このような条例として、岡山市分担金その他収入金の督促および延滞金の徴収に関する条例5条などがある。

図表2－9　相当期間内に引き取られない保管物件への対応可能性

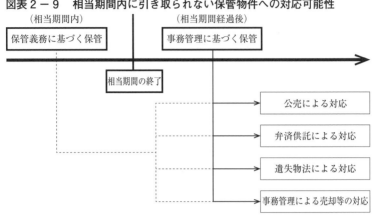

第2　公売による対応

　まず、国税徴収法の定めるところにより、公売による処分を行うことができる。代執行庁が、執行付随行為または執行牽連行為として相当期間にわたり執行対象（外）物件の保管を終了したのち、高い財産的価値を有するものについては、事務管理として保管を開始する。その際、事務管理中の執行対象（外）物件を差し押さえ、これを公売することにより、当該物件を処分することができる。

第3　弁済供託による対応

(1)　弁済供託の意義

　事務管理を開始した代執行庁は、受け取った金銭その他の物を「本人」に引き渡さなければならない債務を負う（民法701条により準用される民法646条）ことから、弁済供託による対応も考えられる。

　供託制度は、公法関係、私法関係を問わず、様々な目的に資する手法であるが、当事者間の権利義務関係に変動を及ぼす行為であることからその根拠は法律で定められる。供託目的によって、①弁済供託（民法494条以下）、②担保（保証）供託（民訴法76条、宅建業法25条など）、③執行供託（民執法156条など）、④没収供託（公選法92条など）および⑤保管供託（銀行法26条など）に分類される。

　このうち、弁済供託とは、金銭その他の財産の給付の義務を負っている者が

債務を弁済しようとしても、弁済をなすために必要な債権者が確知できない、あるいは、債権者の協力が得られないため弁済をすることができない場合に、債務者の債務不履行による法的責任を免れるための手段である。供託は、債務の履行地の供託所にしなければならない（民法495条１項）。債務の履行地とは、弁済をすべき場所について別段の意思表示がないときは、特定物の引渡しは債権発生のときにその物が存在した場所であり、その他の弁済は債権者の現在における住所である（民法484条）。弁済義務は、契約に基づき発生した義務はもとより事務管理、不当利得、不法行為などから生じた義務を含む。弁済供託の法的性格は、供託者と供託所との間で締結される「第三者のためにする寄託契約」であり、供託の結果、債権者は本来の債権と同一内容の供託物還付請求権を供託所に対して取得するものと解されている[85]。

　このように、弁済供託は、主に、債務者の私法上の弁済義務からの解放を目的とするものであるが、公法関係から発生した義務を免れる法的効果を有するものがある。たとえば、不用物件[86]の所有者が確知することができない場合における不用物件の供託（道路法94条３項）、替地を受けるべき者がその受領を拒んだとき、または替地の譲渡もしくは引渡しを受けることができないとき、もしくは起業者が差押えまたは仮差押えにより替地の譲渡または引渡しを禁じられた場合に、起業者が行う替地の供託（収用法95条５項）などがある。

　弁済供託は、前述のように、債務の履行地の供託所にするが（民法495条１項）、供託所について特に法令上特別の定めがない場合、裁判所に対して供託所の指定および供託物の保管者の選任を請求することができる（同条２項）。なお、前述の替地の供託について、民法の供託手続の規定を準用する定めが置かれている（収用法99条２項）。これは、収用裁決という行政行為によって発生する公法上の義務を免れるものであることから、念のために定められた確認規定であると解される[87]。準用規定がなければ、公法関係から生じた債務について弁済供託の規定が適用されないわけではない。不用物件の供託について民法

---

(85)　潮見佳男『プラクティス民法　債権総論〔第５版補訂〕』（信山社、2020年）304頁。

(86)　道路の供用の廃止または道路の区域の変更があった場合に、当該道路を構成していた不用となった敷地、支壁その他の物件である（道路法92条）。

の供託手続の準用を定める規定（道路法94条4項）も同種の確認規定である。

　供託の対象物件は、原則として弁済の目的物である。金銭または有価証券を供託する場合には、法務局もしくは地方法務局もしくはこれらの支局または法務大臣の指定するこれらの出張所が供託所とされている（供託法1条）。これに対して、金銭または有価証券以外の物品を目的とする供託は、法務大臣が指定する倉庫営業者または銀行に対して行わなければならない（供託法5条1項）。しかし、法務大臣の指定を受けている倉庫営業者または銀行は全国的に極めて少数であり、かつ、当該指定を受けている倉庫営業者または銀行は当該営業の部類に属する物であって保管が可能な数量に限って保管義務を負うに過ぎない（同条2項）。このため、金銭または有価証券以外の供託について、弁済者が債務の履行地へ供託することは困難な場合が多いようである。目的物が供託に適さず、また、その物について滅失毀損のおそれがあるときには、民法497条の定めるところにより、裁判所の許可を得てこれを競売し、その代価を供託することができる。

(2)　執行対象（外）物件の弁済供託

　代執行庁の保管義務が消滅したのちに、改めて保管行為を行う場合には、義務なくして他人の事務を行うものであるから、当該保管行為は事務管理となる。事務管理による保管を行う場合、受任者による受取物の引渡し等の規定（民法646条）が準用されているから（民法701条）、事務管理者は、事務管理を処理するに当たって受け取った金銭その他の物を「本人」に引き渡さなければならない義務を負う。これにより弁済の提供をしたにもかかわらず、義務者が執行対象（外）物件の引取りを拒否する場合には、これらの物件の返還義務を免れることを目的として弁済供託をなしうる[88]。

---

(87)　小澤・前掲注（50）474頁は、起業者の払渡しまたは供託の義務は、裁決という行政処分によって発生する公法上の義務であり、私法上の債務の履行に関する民法495条の規定が直ちに適用されることになるかについて疑義なしとしないことから、民法の供託規定（民法495条）を準用する規定が定められたとする。

(88)　小澤・前掲注（50）540頁、土地収用法令研究会『土地収用法の解説と運用 Q&A〔改訂版〕』（ぎょうせい、2014年）336頁は、義務者が存置物件の引取りを拒否する場合、代執行庁は、民法494条の規定により弁済供託ができるとする。

　また、執行対象（外）物件が「弁済の目的が供託に適さない」場合には、当該物件の引渡しという弁済義務を免れるために、義務の履行地（執行対象（外）物件は特定物であるからその引渡義務の履行地は保管場所である）の裁判所の許可を得て[89]競売申立てを行い、売却後、当該換価代金を供託することができる[90]。この場合、行政主体は、代執行費用についての債権を有しているので、相手方が供託所に対して有する供託金取戻請求権を滞納処分により差し押さえ、その取立てを行い、代執行費用に充当することも可能である[91]。

　なお、前述の弁済供託の手法において売却の見込みがないとして裁判所の競売許可が得られなかった場合、あるいは、競売許可を得て競売手続を行ったにもかかわらず競落に至らない場合どのように対応しうるか。この場合、民事執行手続を通じて執行対象（外）物件の財産的価値がないことが客観的に明らかになったわけであるから、当該執行対象（外）物件を廃棄することが可能であると解される。

第 4　遺失物法による対応

　民法240条は、「遺失物は、遺失物法（平成18年法律第73号）の定めるところに従い公告をした後 3 箇月以内にその所有者が判明しないときは、これを拾得した者がその所有権を取得する」と定め、遺失物の所有権帰属スキームなどの詳細については遺失物法に委ねている。

　現行の遺失物法は、明治32年に制定された旧遺失物法の全部改正により、平成19年に施行されたものである。拾得者による遺失物等の警察署長等への差出

---

(89)　裁判所の許可については、非訟法94条 1 項、2 項および 4 項の規定が準用される（非訟法95条）。なお、この手続に要する費用は債権者の負担とされる（非訟法95条による同法94条 4 項の準用）。

(90)　撤去した放置艇につき、このような対応が行われた広島県の例がある。詳細は、第 6 章第 3 節第 2 参照。

(91)　広島県広島港湾振興事務所は、このような方法は迂遠であるとし、換価代金の供託前に代執行費用債権を自働債権とし、換価代金請求権を受働債権として相殺（民法505条）するという指針を定めている（広島港湾振興事務所『行政代執行により撤去した小型船舶の競売・供託・廃棄処分等に係る事務処理マニュアル＜暫定版＞』（2011年）7 頁）。この点に関し、弁済者が必ず供託をしなければならないのか、あるいは、供託せず、相殺できるかが問題になるが、供託しなければならないとするのが多数説である（中川善之助ほか編集代表〔注釈民法(12)　債権(3)〕（有斐閣、1976年）330頁〔甲斐道太郎〕）。

し、遺失者による報労金の支払いといった基本的枠組みは維持されたまま、拾得物の所有権を取得できる期間が6か月から3か月に短縮されるなど（民法240条、遺失物法7条4項）制度の合理化が図られている。

遺失物法が適用される「遺失物」には、狭義の遺失物とこれに準ずる遺失物（準遺失物）がある。このうち、「狭義の遺失物」は、警察庁による有権解釈である「遺失物法等の解釈運用基準について」（平成19年警察庁丙地発第22号。以下、「解釈運用基準」という）によれば、他人が占有していた物であって、当該他人の意思に基づかず、かつ、奪取によらず、当該他人が占有を失ったもので、それを発見した者の占有に属していないものをいい、民法240条に規定する「遺失物」と同義である（解釈運用基準第2－1－(1)）[92]。

次に、「準遺失物」とは、「誤って占有した他人の物」、「他人の置き去った物」および「逸走した家畜」である（遺失物法2条1項）。このうち、「誤って占有した他人の物」とは、他人が占有していた物であって、自己の過失によりその占有に属したものとされ、間違えて持ち帰った他人の傘、履き違えた他人の靴等が該当する（解釈運用基準第2－1－(3)）。また、「他人の置き去った物」とは、他人が占有していた物であって、当該他人の意思に基づくか否かにかかわらず、かつ、奪取によらず、当該他人が占有を失い、自己の占有に属することとなったもので、誤って占有した他人の物以外のものである（解釈運用基準第2－1－(3)）[93]。具体的には、玄関に放置されていた心当たりのない小包などである。「他人の置き去った物」を「準遺失物」とし、遺失物法の対象としているのは、他人の置き去った物にあっては、置去者が不明であり、当該置去物の占有者がこれを置去者に返還することが不可能な場合において、不安定な状態にある当該置去物の権利関係を確定させるためであるとされる[94]。

遺失物および準遺失物の概念について前述の有権解釈を前提にすると、執行対象（外）物件は代執行開始により代執行庁により占有が奪取されたものであ

(92)　藤山信『注解遺失物法』（東京法令出版、2010年）109頁、遺失物法研究会『地域・当直・民間遺失物』（立花書房、2010年）9頁以下も参照。

(93)　藤山・前掲注（92）142頁、遺失物法研究会・前掲注（92）31頁以下も参照。

(94)　藤山・前掲注（92）142頁。

るから「狭義の遺失物」とは解されない。また、執行対象（外）物件は、「誤って占有した他人の物」とはいえず、代執行庁により占有が奪取されたものであるから「他人の置き去った物」にも当たらない[95]。よって、準遺失物とも解されない。

　そもそも遺失物法は、不明な動産の権利関係を確定させ、私的財産秩序を維持するためのスキームを定めるものである。このことからすると、代執行庁が保管義務を負担するか否かにかかわらず、代執行の実施に伴って保管した執行対象（外）物件を遺失物法のスキームにより対応することは、同法の予定するところではなかろう。

第5　事務管理による売却等の対応

　事務管理者は、義務なく他人のために事務の管理を始めた者は、最も本人の利益に適合する方法によって、その事務の管理をしなければならない（民法697条1項）。このことから、保管費用が増大し、当該保管に係る執行対象（外）物件の価値を超えた場合には、「最も本人の利益に適合する方法」として、事務管理として当該執行対象（外）物件を任意に売却したうえで、当該売却代金を供託することも可能である。こうした事務管理のスキームによる売却は、前述の「弁済の目的が供託に適さない」として裁判所の許可を得て競売し、その売却代金を供託するといった慎重な手法に対して、簡易な対処方法である。個々の物件として財産的価値が低い大量の保管物件を一括して処理する場合に適したものといえよう。

　たとえば、岡山市は、平成11年に実施した都市計画法に違反する建築物の除却代執行の際に搬出・保管した執行対象外物件のうち、当該建築物に存置されていた日常生活用品について、保管費用（＝民間倉庫の賃貸料）が増加し、明らかに、当該執行対象外物件の価値よりも保管に要する費用のほうが大きくなるであろうと判断した時点で任意の売却を行っている[96]。

---

(95)　藤山・前掲注（92）147頁は、「例えば、建築基準法の規定に基づき、代執行により家屋を除却したところ、当該家屋の居住者の家財が遺留され、かつ、当該居住者がこれを回収しないときは、当該家財」は、「他人の置き去った物」には該当しないとする。

(96)　岡山市行政代執行研究会編『行政代執行の実務——岡山市違法建築物除却事例から学ぶ』（ぎょうせい、2002年）124頁以下参照。

　なお、事務管理としての保管中の執行対象（外）物件について買い手がなく、任意での売却に至らなかった場合どのように対応しうるか。この場合、任意での売却手続を経て当該執行対象（外）物件の財産的価値がないことが客観的に明らかになったわけであるから、当該執行対象（外）物件を事務管理の一環として廃棄することも選択肢となりうるであろう。

第 6　事務管理に要した費用の徴収

　執行対象（外）物件に対する行政庁の保管義務が消滅した後、事務管理による保管行為を行う場合、当該保管行為に要した費用は一般の私債権として民事手続により徴収することになる。相手方が支払いを拒否すれば、債務名義（民執法22条）を取得したうえで、民事執行手続により回収を図らなければならない。

　この場合、簡易に債務名義を得る方法として督促手続（民訴法382〜402条）がある[97]。督促手続は、請求金額が140万円以下の場合には相手方の普通裁判籍の住所地を管轄する簡易裁判所（同額を超える場合には、地方裁判所）に対して申立てを行う（裁判所法33条 1 項、民訴法382条）。督促手続は、簡易に債務名義を取得する方法として有効な方法であるが、相手方の住所居所が不明で公示送達によらなければ支払督促を送達できない場合には利用できない（民訴法382条）。被申立人からの異議により、通常訴訟に移行した場合には、相手方の普通裁判籍の住所地を管轄する簡易裁判所または地方裁判所で訴訟が係属される。このため、相手方が遠方である場合には、訴訟係属による旅費その他の費用が必要となる。この点、通常訴訟では義務履行地の裁判籍が認められているので（民訴法 5 条 1 号）、当初から督促手続ではなく、義務履行地の裁判籍で訴えを提起することが有利な場合もあろう[98]（**図表 2 −10**）。

---

(97)　支払督促手続とは、金銭その他の代替物または有価証券の一定数量の給付請求について、簡易・迅速、かつ、低廉な費用により、債権名義（私法上の給付請求権の存在とその内容を公証し、法が強制執行により請求権の内容を実現する効力（執行力）を認めた文書（確定判決、裁判上の和解調書、執行証書、仮執行宣言付支払督促等。民執法22条等参照）を得させて、事件の処理をすることを目的とする略式訴訟の一つである（園部厚『書式　支払督促の実務〔全訂 9 版〕』（民事法研究会、2014年） 1 頁）。なお、督促手続を利用するに当たっては、同書および裁判所職員総合研修所監修『民事実務講義案Ⅲ』（司法協会、2017年）も参照。

図表 2 −10　事務管理費用回収に必要な債務名義の取得方法

	訴額（元本を基準）	管轄	公示送達	口頭弁論	その他
支払督促手続	なし	債務者の普通裁判籍の所在地を管轄する簡易裁判所	×	なし	相手方が異議を述べた場合、訴えの提起があったとみなされ、通常訴訟へ移行(注)
少額訴訟手続	60万以下	義務履行地を管轄する簡易裁判所	×	あり（1回）	少額訴訟の判決に対しては、控訴することはできない（民訴377条）。
通常訴訟手続	140万以下	義務履行地を管轄する簡易裁判所	○	あり	
	140万円超	義務履行地を管轄する地方裁判所			

（注）この場合には、議会の議決が必要とされる（最判昭和59・5・31民集38巻7号1021頁）。

第 7 節　相続財産管理制度を利用した執行対象（外）物件の保管、処分等

第 1　問題の所在と相続財産管理制度

　空家法による特定空家等の除却代執行に際して、当該特定空家等の所有者であった者の相続人が不存在である場合、あるいは、相続人全員が相続放棄をしている場合には、当該特定空家等の残置物件への対応は容易ではない。こうした事例への対応策として相続財産管理制度の利用が考えられる[99]。

　相続財産管理制度[100]とは、相続人のあることが明らかでないとき[101]に相

---

(98)　請求額が60万円以下の場合には、義務履行地の裁判籍によることができる少額訴訟の制度（民訴法368〜381条）も考えられる。しかし、代執行に伴う事案の場合、その複雑性ゆえに職権で通常訴訟へ移行する場合も少なくないであろう（民訴法373条3項4号）。なお、少額訴訟手続とは、訴額が少額の民事上の紛争について紛争額に見合った時間と費用（経済的負担）と努力で、効果的に紛争解決を図ることができるように、手続をできる限り簡素にして迅速な解決を可能にしたものであり、簡易裁判所の訴訟手続の特則である（裁判所職員総合研修所・前掲注（97）32頁）。少額訴訟を利用するに当たっては、同書および加藤俊明『書式　少額訴訟の実務〔第 4 版〕』（民事法研究会、2009年）を参照。

続財産を法人とすることにより、権利義務の主体を創設し、その管理人を定め、これにより、相続財産をめぐる法律関係を処理する制度である（民法951～959条）。手続的には、利害関係人等が、被相続人の最後の住所地の家庭裁判所へ申立てを行い、申立てを受けた家庭裁判所が相続財産管理人を選任し、選任された管理人が相続財産を換価するなどして債権者や受遺者に弁済が行われる。余剰がある場合には、家庭裁判所の審判により特別縁故者に対し、財産分与がなされる。これらのプロセスを経てもなお、残余がある場合には、当該残余財産は国庫に帰属する。

　相続財産管理人は、裁判所の許可を得て財産法人の相続財産を処分できることから、相続財産管理人の選任がなされれば、除却対象となった特定空家等内における残置物件を管理人と協議して廃棄を行い、または管理人に引き渡すことにより対処することが可能である。

　市町村長が利害関係人として適法に申立てを行うためには、相続財産管理制度が相続財産にかかわる権利義務関係を清算する制度であることから、利害関係を有することが必要である（民法952条 1 項）。具体的には、市町村が租税の債権者である場合、あるいは、本人のために空家に対する保全措置を事務管理により行ったことにより生ずる費用償還請求権（民法702条）に係る債権者であ

---

(99)　財産管理人制度を活用した空家問題の解決についての最近の論考として帖佐直美「民法による空家問題解決の可能性――財産管理人制度の活用を例にして」高崎経済大学地域科学研究所編『空き家問題の背景と対策』（日本評論社、2019年）142頁以下がある。また、所有者所在不明・相続人不存在の空家対応についての詳細な実務マニュアルとして、川口市空家問題対策プロジェクトチーム『所有者所在不明・相続人不存在の空家対応マニュアル』（2017年）がある。なお、同マニュアルは、WEB 上で公開されている。

(100)　相続財産管理人制度、不在者財産管理人制度を利用する場合に参考となる実務書として、野々山哲郎＝仲隆＝浦岡由美子編『Q&A 相続人不存在・不在者　財産管理の手引』（新日本法規、2017年）、水野賢一『相続人不存在の実務と書式〔第 2 版〕』（民事法研究会、2013年）、正影秀明『相続財産管理人、不在者財産管理人に関する実務』（日本加除出版、2018年）、松木利史『事例でわかる！空き家対策実務マニュアル　「財産管理制度」と「略式代執行」の使い方』（ぎょうせい、2021年）がある。

(101)　「相続人のあることが明らかでない」とは、相続人が 1 人もいない場合はもちろん、相続人全員が相続放棄をして、結果として相続する者がいなくなった場合も含まれる（潮見佳男『詳解　相続法』（弘文堂、2018年）96頁）。なお、相続放棄をした者は、その放棄によって相続人となった者が相続財産の管理を始めることができる日まで自己の財産におけるのと同一の注意をもって財産管理を継続しなければならない（民法918条 1 項）。

る場合などが考えられる。

　これに関し、市町村が空家法に基づく除却を求めることができる立場で、この制度を利用できるのかという問題がある。こうした公益実現を目的とする申立てについては、検察官がその役割を担うものであるとも考えられるが、現実には、公益実現のために川口市や松戸市が行った申立てが認められた例も報告されている[(102)]。なお、この点に関し、平成30年11月１日に施行された所有者不明土地法38条の規定[(103)]により、市町村長は、所有者不明土地を適切に管理することを目的として、家庭裁判所に対し、民法952条１項の規定にかかわらず、相続財産管理人の選任の請求をすることができるようになった。このため、所有者不明土地の特定空家等に係る申立てについては、前述のような疑義は解消された。

第2　相続財産管理制度の活用による通常代執行の優位性

　相続財産を構成する特定空家等の除却については、「略式代執行」、「相続財産管理制度」、「相続財産管理制度＋通常代執行」、のいずれかによる対処が考えられる。

　このうち、「略式代執行」は、最も迅速な対応が可能であるが、特定空家等の残置物件のうち廃棄が可能なものと保管すべきものとの判断を代執行庁自身が判断せざるをえず保管行為に至った場合、その対応は容易ではない。なお、略式代執行に要した費用は、一般の私債権として徴収することになる[(104)(105)]。

---

(102)　釼持麻衣「特定空家等に対する行政代執行と費用回収」高崎経済大学地域科学研究所編・前掲注（99）115頁参照。

(103)　本条の趣旨について、所有者不明土地法制研究会編『所有者不明土地の利用の円滑化等に関する特別措置法解説』（大成出版社、2020年）155頁は、「不法投棄や雑草の繁茂により、不在者等が所有する土地が周辺に悪影響を与えているなど、土地を適切に管理する必要性が高い場合に、地方公共団体等が利害関係人として財産管理人の選任等を請求することができるか否かは必ずしも明らかではなかったことから、地方公共団体からは、不在者等が所有する土地の管理のため、地方公共団体に財産管理人選任等の請求権を付与することを求める要望があった。本条は、こうした要望も踏まえ、設けられたものである」と解説している。

(104)　略式代執行に要した費用の請求については、民事訴訟を提起し、確定した給付判決を債務名義として民事執行法に基づく強制執行により回収する必要がある（自由民主党空き家対策推進議員連盟編『空家等対策特別措置法の解説』（大成出版社、2015年）162頁。なお、当該費用については、代執行費用のように優先弁済権を有するものではない。

　次に、「相続財産管理制度」についてである。相続財産管理人は公益目的の
ために相続財産の管理を行うものではなく、相続財産の清算手続を目的とする
ものである。したがって、行政庁に協力的な管理人が選任されればよいが、そ
うでない場合には、特定空家等の除却が遅れることも考えられる[106]。

　他方、「相続財産管理制度＋通常代執行」[107]は、相続財産管理人制度の利用
に当たっては予納金の納付が必要となるが、何より、残置物件の対処について、
相続財産管理人と協議して決定することができるというメリットがある。さら
に、代執行費用は、相続財産の清算手続において他の私債権に優先して弁済を

---

(105)　空家法14条10項に定める略式代執行に要した費用を徴収するためには、法5条を類推適用し、
　　納付命令を発する必要があるとする説（北村喜宣「略式代執行の費用徴収――空家法を素材にし
　　て」鈴木庸夫古稀記念『自治体政策法務の理論と課題別実践』（第一法規、2017年）293頁以下）が
　　ある。しかし、自治法225条に定める使用料がそうであるように、公法上の債権であるからといっ
　　て、請求に当たり、当然に納付命令による納付義務の確定が必要なわけではない。たとえば、河川
　　法75条3項に基づく略式代執行に要した費用について、これを自治体の収入とする場合には、自治
　　法231条の定めるところにより納入通知のみにより納付を求めることになる（河川法研究会・前掲
　　注（67）433頁参照）。また、道路法44条の2第1項1号に基づく同法独自の代執行や、同項2号に
　　基づく即時執行に要した費用について、これを自治体の収入とする場合にも納入通知のみにより納
　　付を求めることになる（道路法令研究会・前掲注（68）602頁参照）。これらの執行に係る費用請求
　　権は、河川法75条9項の規定（「……当該措置を命ずべき者の負担とする」）や道路法44条の2第7
　　項の規定（「……違法放置等物件の占有者等の負担とする」）により、自治体が略式代執行等を行っ
　　たという事実に基づき当然に発生するものであり、納付命令により発生するものではない（なお、
　　河川法71条や道路法62条は、これらの請求に必要な納入手続等についての事項を政令に委任する旨
　　を定めるが、現在そのような政令の定めはない）。納付命令は既に発生している債権の内容につい
　　て公定力を付与し、徴収を有利にするものである。納付命令により確定された費用の額について不
　　服のある国民は、その後の給付訴訟において、当該費用額の不服についての主張は許されないため、
　　行政処分たる納付命令に対する審査請求や取消訴訟を通じて争うほかない。以上のように、空家法
　　14条10項に定める略式代執行に要した費用は公法上の債権であるが、必ずしも納付命令がなければ
　　歳入調定とそれに基づく納入通知ができないという立法政策はとられていない。また、納付命令に
　　より納付義務を確定するといった手法は、債権内容を早期に確定する不可争力を生ずることから行
　　政庁にとって有利であるが、国民にとっては不利である。空家法は納付命令による徴収手法をあえ
　　て選択していないと解すべきであろう。

(106)　申立人が管理人の候補者を裁判所に上申でき、現実に当該上申に係る管理人が選任されると
　　いう実務上の取扱いがなされる家庭裁判所にあっては、行政庁の期待に沿った解決がなされやすい
　　が、そうした上申とは無関係に管理人が選任される家庭裁判所においては、選任される管理人の裁
　　量によって解決の時期が大きく異なることもありうる。

(107)　この手法により代執行を実施した板橋区の例については、宇那木正寛監修・板橋区都市整備
　　部建築指導課編『こうすればできる　所有者不明空家の行政代執行――現場担当者の経験に学ぶ』
　　（第一法規、2019年）が詳しい。なお、第10章第3節も参照。

受けることができる（民法957条2項により準用される民法929条）[108]。

　以上のように、相続人のあることが明らかではない場合であって、物件の保管などの対応が必要であると認められるときには、執行までの期間および費用対効果を考慮したうえで、相続財産管理人を選任し、相続財産法人に対する通常代執行により特定空家等を除却することは、執行対象（外）物件の対応策として有効な選択肢の一つとなりえよう。

第8節　総　　括

　本章は、これまでの研究をもとに、行政代執行の実施によりその占有を取得する執行対象（外）物件に対する代執行庁の保管義務の有無および保管費用請求の法的根拠を明らかにすることを主な目的とするものであった。その結論は次のとおりである。すなわち、執行対象外物件については、代執行庁が執行行為に着手することにより、その占有を取得する執行対象外物件に対し信義則上の引渡義務を負うことに伴い、民法400条に準じて相当期間にわたり行対象外物件の保管義務を負担するということである。また、執行対象物件についても、執行対象外物件の場合と同様に執行行為完了後、信義則上、引渡義務を負うことに伴い、民法400条に準じて、相当期間にわたり、保管義務を負担することである。こうした保管義務を代執行庁が負うと解することは、憲法13条および29条の趣旨にも適うものである。

　代執行庁が負担する保管義務は、私有財産における財産的価値の保全を目的とする特定の個人の財産に向けられた義務であって、国や自治体に対して負担する職員の職務遂行における公法上の義務にとどまるものではない。保管義務のレベルは善管注意義務であり、相当期間経過後に消滅する。代執行庁が執行対象（外）物件について保管義務を負う相当期間とは、通常人を基準として当該物件の物理的状況、引取りに必要な費用および労力などを考慮し、客観的に

---

(108)　公租公課、担保権付債権、一般債権等の優劣については、国税徴収法および地方税法の規定にしたがって処理されるが、国徴法12条から14条までの規定は適用されない。そのため、実務上は、国税と地方税を同順位として本税額を基準に按分比例した金額に配当されることが多いようである（野々山ほか・前掲注（100）230頁）。

合理的であると認められる期間である。保管義務は、相手方が保管物件を引き取ることが客観的に可能な状況に至った相当期間経過日以後には、引渡義務とともに消滅する。保管義務が消滅しない限り、他人の事務を行うについて義務なきことをその成立要件とする事務管理のスキームを利用することはできない。こうした代執行庁が執行対象（外）物件の保管に要した費用については、いずれも公益実現のための費用として一般の私債権よりも優先権を有する代執行費用として徴収しうると解すべきである。

　また、相続人が不明の場合における特定空家等に対する除却の代執行を行う場合において、執行対象（外）物件について保管の必要性が想定され、かつ、費用対効果の観点から許容されることを条件として、相続財産管理制度の利用も検討すべきである。相続財産管理人を選任するための申立てを行い、管理人の選任後、相続財産法人に対する通常代執行を実施することができれば、相続財産管理人の協力を得て執行対象（外）物件への対応も容易となる。代執行費用について、清算手続を通じて優先的に弁済を受けることもできる。

第9節　今後の課題

　これまで論じてきたように、通常代執行における制度上の重要な問題の一つとして、執行対象（外）物件への対応がある。行政庁における法執行の過程においては文理解釈が重視され、制定法に定めがない事項については消極的な対応がなされることが少なくない。特に規制的行政分野においては、こうした傾向が顕著である。解釈ではなく、立法的解決こそが、行政代執行制度を有効に機能させるための大きな推進力となることは間違いない。将来的には、執行対象（外）物件の保管および費用請求についての根拠および当該費用を強制徴収できる根拠を明確に定めることが必要であろう。また、こうした積極的な立法政策[(109)]の展開を期待するという現場の声は少なくない。

　ただ、必要な立法がなされるまでの間においては、代執行プロセスから生ずる法的諸問題への対処については、行政法学の一般理論や解釈論により解決し

---

(109)　鈴木・前掲注（5）32頁以下では、物件の保管手続の改正試案が示されている。

なければならない。

　様々な行政領域における現実の代執行のプロセスを詳細に検討すると、本章で論じたもの以外にも実に様々な課題があることがわかる。広岡博士は、行政代執行制度について、細かな問題解決の法理論を一層緻密に構築しなければならず、その構築に当たっては、ある行政領域を選んで、そこにおける代執行プロセスへの詳細な考察を試みることが必要であるとした[110]が、まさに至言といえよう。

（110）　広岡・前掲注（１）237、254頁。

〔**参考資料**〕　岡山地判平13・2・27判例集未登載

平成13年2月27日判決言渡　同日判決原本受領　裁判所書記官

平成12年（ワ）第1132号事務管理費用請求事件（平成13年2月9日口頭弁論終結）

判　　　　　決

岡山市大供1丁目1番1号

原　　　告　　　　岡　　山　　市

同代表者市長　　　　○　○　○　○

同訴訟代理人弁護士　○　○　○　○

岡山市浜3丁目○番○号

被　　　告　　　　○　○　○　○

同訴訟代理人弁護士　○　○　○　○

主　　　　　文

1　被告は原告に対し、金222万4005円及びこれに対する平成12年9月9日から支払済みまで年5分の割合による金員を支払え。

2　訴訟費用は被告の負担とする。

3　この判決は仮に執行することができる。

事　　　　　実

第1　請求

　　主文同旨

第2　当事者の主張

〔一　請求原因〕

1　岡山市長は、平成11年11月18日から平成12年1月21日までの間、岡山市賞田　　　及び同所　　　の土地上に所在した被告所有の建築物が都市計画法43条1項、81条1項に違反するものであることを理由として、同建築物（住宅の用に供する部分を除く。以下「本件建築物」という。）を行政代執行法に基づいて除却した（以下「本件代執行」という。）。

2　本件代執行が開始された当時、本件建築物内には多量の家具等の動産（以下「存置動産」という。）が存置されていたので、岡山市長は、存置動

産を本件建築物から搬出し、原告が A 株式会社から倉庫（以下「本件倉庫」という。）を月額21万6562円（日額7218円）で賃借した上、平成11年11月20日以降、存置動産のうちの多数の物件（甲第 1 号証の動産台帳記載参照。以下「本件物件」という。）を本件倉庫において保管した。

3　岡山市長は、本件物件の保管中及び本件代執行の終了時、被告に対し、本件物件の引取りを求めたが、被告が引き取る意思を表示しなかったため、本件代執行終了後の平成12年 1 月22日以降も上記保管を継続した。

4　岡山市長は、平成12年 6 月 7 日、被告に対し、被告が本件物件を引き取らない場合は処分する旨の通知をした。

5　原告は、同年 7 月 7 日、B 株式会社と本件物件を処分するための委託契約を締結し、同会社に対し委託料として金102万3750円を支払った。

6　原告は、上記本件物件の処分終了後の同月31日、本件倉庫に係る賃貸借契約を終了させて、A 株式会社に対し、平成12年 1 月22日から同年 7 月31日までの賃借料として137万1552円を支払った。

7　原告は、同年 8 月25日、被告に対し、本件物件の換価代金10万2700円及び存置動産の一部として保管中の 6 万8597円の合計17万1297円の被告に対する返還債務を受働債権とし、上記 5 、 6 の事務管理費用の合計239万5302円を自働債権として対当額で相殺する旨の意思表示をした上、相殺後の222万4005円を同年 9 月 8 日までに支払うように催告した。

8　よって、原告は、被告に対し、上記相殺後の事務管理費用222万5302円及びこれに対する支払催告期限の翌日である平成12年 9 月 9 日から支払済みまで民法所定の年 5 分の割合による遅延損害金の支払を求める。

〔二　請求原因に対する認否〕

1　請求原因 1 は認める。

2　同 2 のうち、原告が本件倉庫を賃借したことは認めるが、本件物件の中には被告所有以外のものも存在しており、その必要性は争う。

3　同 3 のうち、原告が本件物件を本件倉庫で保管していたことは認めるが、その必要性や賃借期間等は争う。

4　同 4 は争う。

5　同5のうち、原告が本件物件を処分したことは認めるが、その余は争う。

6　同6は、その必要性を争う。

7　同7は争う。

理　　　　　由

1　請求原因1は当事者間に争いがない。

2　請求原因2のうち、原告が本件倉庫を賃借したことは当事者間に争いがなく、同2のその余の事実は、証拠（甲1、3）により認められ、上記事実によれば、原告が本件物件を保管する必要性があったと認められる。

3　請求原因3のうち、原告が本件物件を本件倉庫で保管していたことは当事者間に争いがなく、同3のその余の事実は、証拠（甲2の2、4の1、2、5の1ないし4）により認められ、上記各事実によれば、原告が本件物件の保管を継続する必要性があったと認められる。

4　請求原因4は、証拠（甲6）により認められる。

5　請求原因5は、証拠（甲7）により認められる。

6　請求原因6は、証拠（甲3、9）により認められ、上記事実によれば、原告が本件物件の処分を終了するまで本件倉庫を賃借しておく必要性があったことが認められる。

7　請求原因7は、証拠（甲9）により認められる。

8　よって、原告の本件請求は理由があるので、主文のとおり判決する。

岡山地方裁判所第3民事部

裁判官　　　○　　○　　○　　○

第3章　道路機能障害とその回復手法
——民事手法の優位的領域の発見

第1節　問題の所在

　公物とは、行政主体が行政目的を達成する手段として用いられる個々の有体物である。公物のうち、特に道路など公共の用に供される財産は、国民に行政サービスを直接提供するための重要な社会インフラの一つである。

　公物には、ひとたび機能障害が生じると行政サービスの提供に重大な影響を及ぼす。このような場合に備えて、道路法、河川法といった公物管理法には、機能障害の原因となっている行為を排除し、または、障害物を迅速に除去し、公物本来の機能を回復するためのシステムがビルトインされている。公物に機能障害が生じた場合には、こうした個別の公物管理法および行政代執行法に基づく機能回復のための一連の手続（以下、「行政手法」という）により、機能回復を図ることが一般的である。

　他方、公物は財産権の対象でもあることから、行政主体は財産権[1]の主体として、所有権や占有権などの物権に基づき、公物の効用を妨げる原因を作出した者（以下、「原因者」という）の行為の排除や通行の障害となっている物件の除去を行うことも可能である[2]。こうした民法、民事訴訟法、民事執行法、民事保全等による一連の手続（以下、「民事手法」という）は、行政手法に対して、優位性を有しているか。また、有している場合、それはどのような領域であろ

（1）　公物を構成する土地の所有権その他の権原の性格について、学説上、公所有権説、私所有権説の対立がある。公所有権説は、公物は私的所有権の対象ではなく、公法の適用が基本であると解するものである。これに対し、私所有権説は、原則、公物は私的所有権の対象となるが、公的目的の達成に必要な範囲で私権が制限されるとするものである。個別の公物管理法では、私所有権説を前提に公物における私権行使に一定の制約が課されている（道路法4条、都園法32条など）。

（2）　公物管理権は、所有権の存在を前提とする場合が多いが、必ずしも所有権の存在が必要とされるわけではない。たとえば、私人の土地に地上権を設定し道路を供用開始するように、所有権以外の使用権原に基づく場合もある。

うか。

　本章は、自治体が管理する重要な公物の一つである道路法上の道路（以下、単に「道路」という）について生じた機能障害の回復に関し、筆者が岡山市の訟務担当者として対応した具体的事例への考察を通じて、道路管理者の視点に立ち、民事手法の優位的領域を明らかにしようとするものである。

第2節　具体的事例

第1　道路機能障害の類型

　道路機能障害は、その態様から、①道路の通行障害が現に生じている場合と②道路の通行障害は生じていないが道路管理上支障が生じている場合の2つに分類することができる。このうち、②の場合については、将来通行の障害が生じる可能性が低い場合（②−1）と将来通行の障害が生ずる可能性が高い場合（②−2）がある。本章で考察対象とする後述のケースBは①に、ケースAは②−1に、ケースCは②−2の場合にそれぞれ該当する事例である。

　このうち、ケースBおよびケースCでは、いずれも民事保全法に基づく仮処分の手法が用いられている。仮処分には、係争物に関する仮処分（民保法23条1項）と仮の地位を定める仮処分（同条2項）がある。機能的にみると、係争物に関する仮処分は、当事者恒定効の確保を図るものであって、暫定的に債務者の占有状態や特定物の権利状態の変更を禁止するものである。占有移転禁止の仮処分、処分禁止の仮処分がその典型である。仮の地位を定める仮処分と併用される場合も少なくない。仮の地位を定める仮処分は、争いがある権利関係について債権者に生じる著しい損害または急迫の危険を避けるために、仮の法律関係の形成を認めるものである。後述のケースBのように道路通行の障害の原因となる妨害物件について仮の除去をする場合や、ケースCのように将来における通行妨害の予防をする場合は、いずれも後者に属する[3]。仮の地位

---

(3)　寶金敏明『里道・水路・海浜〔5訂版〕』（ぎょうせい、2019年）358頁は、仮の地位を定める仮処分が認容されるために求められる保全の必要性（民保法23条2項）は、厳格な要件であるとする。しかし、筆者の経験では、この種の事案において保全の必要性について認められなかったことはない。おそらくは、道路の持つ公共性の高さが裁判所において考慮されているからであろう。

を定める仮処分は、債権者に事実上権利の満足を与えてしまうので満足的仮処分ともよばれる。

第2　〔ケースA〕フェンス撤去代執行事件

　ケースAは、平成19年2月、岡山市の住民Aが近隣のマンション住民との間で個人的なトラブルを起こし、その憂さ晴らしに当該マンションの裏口出入部分と接する市道上（歩道の一部）に高さ1.8m、長さ5.1mの金網フェンスをL型側溝の立上り部分に4か所のボルトにより固定し、もってマンション住民の市道への出入りを妨げた事案である[4]（**図表3－1**）。

図表3－1　ケースAの現場

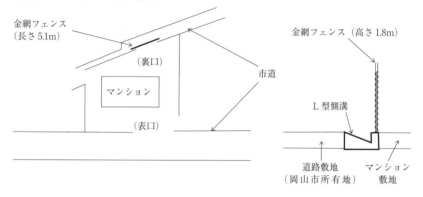

　ボルトによるフェンスと市道の固定部分は、一時マンション住民により破壊されたが、Aが数日後再度ボルトによる固定を行った。市道管理者である岡山市長は、フェンスの除去と当該フェンスを固定するボルト穴の修復を求める指導を書面で行った。しかし、原因者であるAがこれを拒否したため、平成19年3月28日、道路法71条1項1号に基づきフェンスの撤去等を命じ、その後、行政代執行法に基づく戒告を行った。この際、岡山市長は、道路法102条3号（道路に関する禁止行為について定める同法43条違反）および同法104条7号（監督処分について定める同法71条1項1号違反）ならびに刑法261条（器物損壊罪）の罪状に当たるとしてAを告訴している[5]。当該告訴に伴い、警察がフェンスを証

（4）　この事例の詳細については、岡山市都市整備局土木管理課「『道路の自由使用』を保障するために」道路行政セミナー2008年12月号1頁以下参照。

拠物として押収したため、行政代執行の手続は停止されることになった。

第3　〔ケースB〕建物収去土地（市道敷地）明渡仮処分命令申立事件

　ケースBは、平成14年10月10日、岡山市所有の市道敷地および普通河川である用水路敷地の一部を不法占有して建築された未登記建物の所有者Bに対して、当該市道敷地および用水路敷地の一部についての明渡請求権を保全するため、岡山市が建物収去土地明渡しおよび土地占有移転禁止の仮処分申請を行った事案である（**図表3－2**）。

図表3－2　ケースBの現場

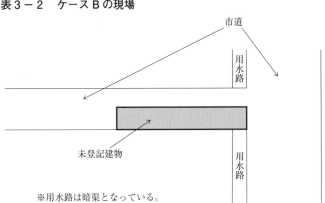

※用水路は暗渠となっている。

　仮処分申請では、建物としての崩壊が進み自然倒壊のおそれがあったこと、市道側に倒壊すれば通行人が負傷するなどして損害が生じる可能性が高いこと、建物としての価値はほぼ喪失しており財産的価値は低いことが保全申立理由とされた。審尋期日において、県外の刑務所で服役中であったBは、書面により「数十年も放置したにも拘わらず、今になって撤去・明渡しを求めることは信義に反する、数十年にわたる占有で何らかの利用権が生じている」などの主張を行った[6][7]。

　岡山地裁は、岡山市の申立てを認め、平成15年1月14日、10万円の立担保を条件に、①債務者は、債権者に対し、別紙物件目録の建物を収去せよ、②債務

（5）　Aは、平成19年9月21日に不起訴処分とされた。

者は、別紙物件目録記載の土地に対する占有を他人に移転し、または占有名義を変更してはならない、③債務者は、上記土地の占有を解いて、これを執行官に引き渡さなければならない、④執行官は、債務者が、上記土地の占有の移転または占有名義の変更を禁止されていること、および執行官が上記土地を保管していることを公示しなければならない、との決定がなされた[8]。

決定後、岡山市は仮処分命令に基づき保全執行の申立てを行い（民保法43条・52条、民執法171条）、執行官立会いのもと本件家屋は解体された。

なお、本件家屋のうち市道敷地を占有している部分については道路法に基づき、また、用水路敷地を占有している部分については公共団体ノ管理スル公共用土地物件ノ使用ニ関スル法律（大正3年法律第37号）[9]に基づき、それぞれ撤去命令をなし、これらの命令違反に基づき行政代執行を行うことが検討された。しかし、長年Bによる占有状態が継続し一般の交通に著しい支障が出ているとはいえない状況にあり、法2条の公益要件を充足しないのではないかという要件不充足の問題があったこと、Bが過去に反社会勢力員の一員であったことから職員の安全に対する危惧があったこと、Bによる土地の時効取得の主張も見受けられることなどを総合的に勘案して、行政手法ではなく民事手法が選択されている。なお、ケースBでは、本案の訴訟提起はなされず、相手方に対する費用請求も行われていない。

（6）　Bはかつて当該家屋に居住していたが、殺人罪により県外の刑務所で服役することになった。その後、当該建築物の老朽化は急速に進行したため、岡山市の職員数名が服役している刑務所を訪れ、Bに対し、当該老朽家屋の撤去を求めたところ、義兄と協議して欲しいとの申出があったようである。岡山市は義兄と協議を重ねたが改善はなされなかったため、義兄に対し建基法8条に基づき維持保全の指示等を行った経緯がある。

（7）　Bは審尋期日出頭に必要な一時的出所は認められなかったため、刑務所から自らの主張についての書面を提出し、代理人として義兄が出頭している。

（8）　当初、岡山市の申立ての趣旨は、「債務者は、債権者に対し、別紙物件目録(1)記載の建物を仮に収去して、別紙物件目録(2)記載の土地を仮に明け渡せ」とする単純なものであった。しかし、審尋期日に、申立ての趣旨について裁判官による釈明を求められたことから、当初の申立ての趣旨では目的を達しえないと判断し、平成14年12月24日付け書面で趣旨変更の申立てを行っている。

（9）　同法1条は、「公共団体ニ於テ管理スル道路、公園、堤塘、溝渠其ノ他公共ノ用ニ供スル土地物件ヲ濫ニ使用シ又ハ許可ノ条件ニ反シテ使用スル者ニ対シ管理者タル行政庁ハ地上物件ノ撤去其ノ他原状回復ノ為必要ナル措置ヲ命スルコトヲ得」と定める。

第4　〔ケースC〕占有妨害禁止仮処分命令申立事件

　ケースCは、平成14年10月24日、市道敷地の一部を自己所有の土地であると主張して、当該区域を明らかにするため、道路掘削機（アスファルトカッター）により道路の舗装部分に切込み（通行には支障のない程度のもの）を入れるなどした住民Cに対して、岡山市が占有権に基づく通行妨害予防請求権を被保全権利として、将来における通行妨害禁止および復旧工事妨害禁止の仮処分申請を行った事案である（**図表3－3**）。

図表3－3　ケースCの現場

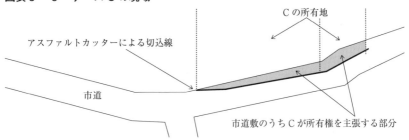

　本件仮処分申請では、当該市道は住民の多くが利用する生活道路であること、Cがアスファルトカッターで道路に切込みを入れるなど道路の破損行為を現に行っていること、当該破損した部分の補修工事を行う際に債務者の妨害が予想されること、債務者の妨害行為がエスカレートした場合、当該妨害により通行者の生命、財産が危険にさらされることなどが保全申立理由とされた。

　Cが自己の所有物であると主張する市道敷地の一部は、住民Dにより岡山市へ寄付されたものであったが、岡山市が所有権移転登記手続を終了しない間に、Dの相続人EがCへ他の所有地と共に一括売却したものであった。その後に市道敷地の一部として供用開始されたが、供用開始後にCが当該市道敷地の一部を含む土地についての所有権移転登記を完了したものである[10]。一連の係争地についての経緯を整理すると、次のようになる。

---

(10)　この場合、道路として適法に供用開始がなされているから、岡山市が道路敷地の所有権をCに対抗しえないことになっても、当該道路の供用廃止がなされないかぎり、当該道路敷地に加えられた道路法上の制限は消滅しない（最判昭和44・12・4民集23巻12号2407頁参照）。

住民 D により岡山市へ寄付

↓

D の相続人 E が C へ売却

↓

岡山市による市道供用開始

↓

C が移転登記を完了

　審尋期日において、C は自己所有物の回復を求める当然の行為であると主張したが、岡山地裁は、岡山市の申立てを認め、平成15年 3 月 6 日、30万円の立担保を条件に、①債務者は、別紙物件目録記載の道路部分を損壊し、あるいは物を設置するなどして、債権者が別紙物件目録記載の道路部分を車両が通行する道路として使用に供することを妨害してはならない、②債務者は、債権者が別紙物件目録記載の道路部分の修復工事を妨害してはならない、との決定を行った。この決定後、道路について補修工事は C の妨害なく完了したため、本案の訴訟提起はなされなかった。

　本件については、アスファルトカッターによる道路への切込み部分の原状回復について道路法に基づく原状回復命令を発し、この命令違反に対して行政代執行をすることも可能な事案であったが、将来の通行妨害を予防することに主眼が置かれていたために民事手法が選択された。

第 3 節　義務履行強制の体系

第 1 　強制執行体系

　義務に対する強制執行の体系については、当該義務が行政上のものか民事上のものかによって異なり、当該義務の体系に対応する形で各強制執行のシステムが存在する[11]。

---

(11) 「地方分権の進展に対応した行政の実効性確保のあり方に関する検討報告書」（地方分権の進展に対応した行政の実効性確保のあり方に関する検討。座長小早川光郎教授）（2013年）25頁以下参照。

　まず、行政上の義務履行強制についてである。これについては、金銭支払義務を実現するための金銭的執行と非金銭的義務を実現するための非金銭的執行に分類される。金銭的執行は行政上の強制徴収ともよばれ、国税徴収法の定めるところにより、財産の差押え→公売→配当→満足という手続を経る。非金銭的執行については、執行対象義務の内容からさらに代替的作為義務に対する執行と非代替的作為義務に対する執行に分類される。代替的作為義務については、原則、行政代執行法などの定めるところにより執行されるが、廃掃法19条の7・19条の8の規定のように、個別の法律に規定された行政代執行法の特則的手続により執行される場合もある。

　非代替的作為義務については、行政代執行法のように通則法的なものはなく、学校施設の確保に関する政令、成田国際空港の安全確保に関する緊急措置法といった個別法の規定に直接強制のシステムとして定められている。このうち、学校施設の確保に関する政令4条は、地方公共団体の長など学校の設置者は、学校教育上支障があると認めるときは、学校施設の占有者に対してその学校施設の全部または一部の返還を命ずることができるとし、この義務を履行しない場合、管理者は、直接にこれを強制することができると定めている（同令21条1項）。占有を移転することは他人が代わってできる代替的作為義務ではないから、直接強制により執行せざるをえない。また、成田国際空港の安全確保に関する緊急措置法3条6項、同条1項に基づく工作物を破壊活動等の用に供することを禁止する不作為義務の違反に対し、封鎖その他の用に供されないために必要な措置を講じることができるとし、同条8項は、当該工作物を除去できるという直接強制を認めている⁽¹²⁾。なお、非代替的作為義務の履行確保については、直接強制のほかに執行罰のシステムが砂防法36条⁽¹³⁾に定められているが、現実には機能していない。

---

(12)　同法3条8項に基づく除却は、工作物の利用禁止という不作為義務に対する執行であるので、代執行ではなく、直接強制と解される（東京高判平成2・11・29判時1367号3頁参照）。

(13)　砂防法36条は、「私人ニ於テ此ノ法律若ハ此ノ法律ニ基キテ発スル命令ニ依ル義務ヲ怠ルトキハ国土交通大臣若ハ都道府県知事ハ一定ノ期限ヲ示シ若シ期限内ニ履行セサルトキ若ハ之ヲ履行スルモ不充分ナルトキハ五百円以内ニ於テ指定シタル過料ニ処スルコトヲ予告シテ其ノ履行ヲ命スルコトヲ得」と定める。

　他方、民事上の義務履行強制の体系については、まず、債務の内容から「与える債務」についての執行か、あるいは「なす債務」についての執行かに分類されるのが一般的である。「与える債務」とは、金銭を給付する債務や特定物または不特定物の引渡債務、賃借人の目的物返還債務などである。「なす債務」とは、建物の取壊し、物の修繕、労務の提供、講演などを内容とする債務である。「与える債務」においては債務者の行為自体はあまり重要ではないとされているのに対し、「なす債務」は債務者の行為自体が重要であると考えられている。

　「与える債務」のうち、金銭債務についての執行は民事執行法の定めるところにより義務者の財産の差押え→強制競売→配当→満足という手続を経る。手続内容は行政上の強制徴収とほぼ同様である。これに対し、物の引渡し・明渡し[14]を目的とする義務については、執行官が債務者の占有を債権者に引き渡す直接強制のシステムにより執行がなされる。また、義務違反に対して一定の金銭負担を負わせるという間接強制による執行方法も可能である（民執法172条）。

　「なす債務」のうち建物の収去などの作為義務にあっては、代替執行または間接強制により、また、講演をする義務などの非代替的作為義務や特定の行為をしない義務などの不作為義務については、代替執行ができないので間接強制により執行される。

第2　直接強制と代執行

　行政上の強制執行における直接強制については、学説上、積極的定義を与えるものと消極的定義によるものがある[15]。田中二郎博士は、義務者の義務の不履行の場合に、直接に、義務者の身体または財産に実力を加え、義務の履行

---

(14)　「引渡し」とは、目的物の直接支配を債権者に移転することであり、「明渡し」とは、引渡しの一態様であるが、特に目的物が不動産である場合において、債務者が居住し、または物品を置いて占有しているときに、中の物品を取り除き、居住者を退去させて、債権者に完全な支配を移すことである（最高裁判所事務総局『執行官提要〔第5版〕』（法曹会、2008年）261頁脚注（1））。

(15)　須藤陽子『行政強制と行政調査』（法律文化社、2014年）1頁は、「代執行と直接強制はどこがちがうのか。現代行政法学において、この素朴かつ根本的な疑問に答えることが、実は非常に難しい」とする。

があったのと同一の状態を実現する作用[16]であると積極的に定義している。さらに、阿部泰隆教授は、直接に私人の身体・財産に実力を加える行政上の手法[17]であると、原田尚彦教授は、義務者が義務を履行しない場合に、義務者の人体または財産に直接実力を加え、義務の内容を直線的に実現する手続[18]であるとし、塩野宏教授は、義務者の身体または財産に直接力を行使して、義務の履行があった状態を実現するもの[19]であるとしている。

　他方、広岡隆博士は、代執行と直接強制の区別は、一見明らかのようであるが、くわしく考察すると疑わしいところもあるとしたうえで、義務者の身体または財産に実力を加え、その外面的態度ないし事物の外形的状態を物理的作用によって変更し、義務の内容に適合した状態を直接に実現する作用のうち、義務者に代替的作為義務が課せられていることを前提として、その義務の内容を代替的に執行し、その費用を義務者から徴収するのが代執行であり、代執行を除いた残りのものが包括的に直接強制として理解されるとしている[20]。芝池義一教授も義務者が義務を自ら履行しない場合において、行政機関が義務者の身体または財産に強制を加えることによって義務を実現するもので、代執行以外のものを指す[21]とし、また、宇賀克也教授も義務の履行を強制するために直接に身体または財産に実力を行使し（代執行として行われるものを除く）、義務が履行された状態を実現するもの[22]といった消極的な定義をしている。

　直接強制を積極的に定義する学説は、代執行と直接強制を区分する基準として、身体または財産に対する実力の行使を伴うか否かをメルクマールとしているが、次のような疑問が生じる。すなわち、違法建物除却の代執行は義務者の財産に直接に実力を加えるものであるし、また、義務者の財産に対する代執行に付随して人の身体に対して最小限の実力行使を用いることも認められてい

---

(16)　田中二郎『新版行政法（上）〔全訂第 2 版〕』（弘文堂、1974年）175頁。

(17)　阿部泰隆『行政法解釈学 I 』（有斐閣、2008年）577頁。

(18)　原田尚彦『行政法要論〔全訂第 7 版補訂 2 版〕』（学陽書房、2012年）227頁。

(19)　塩野宏『行政法 I 〔第 6 版〕』（有斐閣、2015年）260頁。

(20)　広岡隆『行政代執行法（新版）』（有斐閣、1981年〔復刻2000年〕）20頁。

(21)　芝池義一『行政法総論講義〔第 4 版補訂版〕』（有斐閣、2006年）198頁。

(22)　宇賀克也『行政法概説 I 〔第 7 版〕』（有斐閣、2020年）242頁。

る(23)。これらの点を考慮すると、財産または身体に対する実力行使をするか
否かを判断基準の中心に据えることは困難であるように思われる。よって、直
接強制の定義については消極的かつ包括的な定義にならざるをえない。こうし
た理解のもとでは、直接強制であるからといって当然に苛烈で人権保障上問題
となる執行方法を意味するとはいえまい。

　非金銭的執行については、代替的作為義務に対する代執行が基本であり、直
接強制のシステムは例外である（法 1 条）。道路法には直接強制のシステムは採
用されておらず、道路法の定めるところにより直接に、あるいは、道路法およ
び行政代執行法の定めるところにより義務内容の強制的実現が図られる。

　他方、民事上の直接強制は、執行機関がその権力作用により直接に執行の目
的たる利益状況を実現する方法であり、最も直截かつ効果的方法であると解さ
れている(24)。ただし、直接強制は、行為者に着目した債務である「なす債務」
についてはその対象となしえず、「与える債務」である金銭執行（民執法43〜
167条の16）および物の引渡債務の執行（民執法168〜170条）に限られている。

第 3　行政上の非金銭的執行

（1）　下級審および学説の動向

　私人間においては、自力救済が違法とされ、権利・義務内容の実現について
は司法手続によらなければならないのが原則である。他方、行政は特定の権
利・義務内容の実現については、司法手続を経ないでも行政が自ら執行するこ

---

(23)　札幌地判昭54・5 ・10訟月25巻 9 号2418頁は、「行政執行の方法の一つである代執行は、代
　替的作為義務の内容の強制的実現をはかるための強制執行手段として認められるものであるから、
　その実効性を確保するために、代執行の実行に際してこれに対する妨害や抵抗があつた場合に、そ
　れらを排除するにやむを得ない最少限度の実力を用いることは、代執行に随伴する機能として条理
　上認められる」としている。なお、同事件では、家畜伝染予防法17条 1 項に基づき患畜に対する殺
　処分の代執行に際し、原告らが道路から牧場敷地内に入る通路の入口に有刺鉄線を二段に張り、そ
　の後ろにトラック、トレーラー、机および椅子を並べて通路をふさぎ、代執行責任者らの進入を妨
　害するといった状況にあった。このため、やむなく警察官の出動を要請し、代執行補助者らにおい
　て有刺鉄線を撤去し、トレーラーを移動し、その際原告がトレーラーの前で椅子に座ってその移動
　を妨げたため、警察官 3 名が原告を椅子ごと持ち運んで排除し、その後代執行責任者らが右牧場敷
　地内に入り、隔離厩舎から本件馬を連れ出して輸送車に乗せ、と場である浦河町営食肉センターま
　で運んでいる。これらの対応をもって、患畜（馬）を殺処分の場所であると場に引到するために必
　要かつやむをえないものであるとされた。

(24)　中野貞一郎『民事執行法〔増補新訂 6 版〕』（青林書院、2011年）10頁以下。

とによりその内容を実現するシステムが用意されている。

　こうしたシステムについての一般法が行政代執行法である。同法によるシステムは、戒告（3条1項）、代執行令書（同条2項）という事前手続を行った上で現実に義務内容の強制的実現を行い、その後、代執行に要した費用について納付命令（5条）を発し、任意の納付がない場合には国税滞納処分の例により徴収するものである（6条）。行政代執行法により代執行できるのは、代替的作為義務に限られる（2条）。そのため、違法建築物を除却するといった他人が代わって履行できる義務は同法による強制執行が可能であるが、建築物の建築を中止する、レストランの営業を行わないといった不作為義務、あるいは、占有を移転するといった他人が代わってすることができない非代替的作為義務の内容を強制的に実現することはできない。

　前記のような行政代執行法により強制執行できない非代替的作為義務を民事手続により執行することは可能であろうか。行政代執行法により強制執行できない非代替的作為義務や不作為義務について、従来の下級審は、民事手続による強制執行を認めてきた。たとえば、伊丹市教育環境保全のための建築等の規制条例8条に基づく建築中止命令を無視してパチンコ店の建築を続行した事案において、建物建築続行禁止の仮処分申請を認容したもの（大阪高決昭和60・11・25判時1189号39頁）、建基法9条10項に基づき発せられた建築工事施工の停止義務を無視して同法に反する違法建築物の建築が続行された事案において、建築工事続行禁止の仮処分申請を認容したもの（横浜地決平成1・12・8判タ717号220頁）、宝塚市パチンコ店等、ゲームセンター及びラブホテルの建築等の規制に関する条例8条に基づき発せられた建築行為中止命令に反してパチンコ店の建築が続行された事案において、建物建築続行禁止の仮処分申請を認容したもの（神戸地伊丹支決平成6・6・9判自128号68頁）、モーテル類似施設建築規制条例5条2項に基づくラブホテルの建築中止命令に反して建築行為を続行したことを理由に建築行為続行禁止の仮処分を申請した事案において、民事手続による執行の可能性を認めたもの（盛岡地決平成9・1・24判時1638号141頁）などがある。

　他方、代執行が可能であるにもかかわらず、民事手続による執行を認める裁

判例もある。たとえば、河川法75条に基づき違法に採取した砂利により生じた凹地の原状回復を命じたがこれを無視し違反を継続した事案において、河川法には強制執行の規定がないから、非常の場合の救済手段である行政代執行法[25]による代執行によらないで河川法上の義務の履行を求める訴えは適法であるとしたものがある（岐阜地判昭44・11・27判時600号100頁）[26]。また、河川法75条に基づき違法に採取した土石により生じた凹地の原状回復と土石の採取および採取した土石の河川区域外への搬出禁止を命じたがこれを無視し違反を継続したため、原状回復ならびに土石の採取および採取した土石の河川区域外への搬出禁止の仮処分を求めた事案において、富山地決平成2・6・5訟月37巻1号1頁は、「行政代執行法により自らその権利を実現できる余地があるのに、これによることなく右請求権を被保全権利とする本件仮処分申請に及んでいるが、民事上の手続によることが債務者に対し特に不利益を与えるものとはいえないし、行政代執行法もこれを許さない趣旨であるとは解されないから、本件申請は適法である」として、土石の採取およびその搬出禁止といった不作為義務に係る申立てだけではなく、行政代執行が可能な原状回復に係る申立てについても適法であるとした。

　学説においても、民事手続による執行を認めるものが大勢を占める。学説には、行政代執行法による執行可能な場合であっても民事手続による執行の可能性を認めるもの[27]、行政上の強制執行手段がないときに限ってこれを認めるものがある[28]。このように学説は分かれるが、いずれの説においても、少なくとも行政主体が行政上の義務についてその強制執行手段を有しない場合にお

---

(25)　同判決は、行政代執行法による代執行が非常の場合の救済手段としている。この点に関し、宇賀克也「行政上の義務の実効性確保」法学教室295号（2005年）74頁以下は、「行政代執行によるのは非常事態であって、通常は民事執行によるのが原則であるという立場をとっているように読める判決である」とし、大浜啓吉編『自治体訴訟』（早稲田大学出版部、2013年）7頁〔大浜啓吉〕は、「事案が代執行の実体的要件に該当しない場合があり得るので、そのことを表現したものであろう」と、それぞれ評している。

(26)　本件では、保全命令の申立てが容認され（岐阜地決昭和43・2・14訟月14巻4号384頁）、当該保全命令を債務名義として国による代替執行が行われている。

(27)　阿部泰隆「行政上の義務の民事的執行」自治研究55巻6号（1979年）13頁、礒野弥生「行政上の義務履行確保」雄川一郎ほか編『現代行政法体系　第2巻』（有斐閣、1984年）252頁以下、小早川光郎『行政法（上）』（弘文堂、1999年）241頁以下など。

いて民事手続による執行が可能であるとする点については、一致していた。

　こうした過去の下級審の裁判例や学説がある中で、行政上の義務の履行を求める訴訟は「法律上の争訟」に当たらず、不適法であるとの最高裁判決（最判平成14・7・9民集56巻6号1134頁。以下、「宝塚市最高裁判決」という）が登場した。これは、宝塚市が制定した条例に基づき市長がパチンコ店の建築工事の中止命令をなしたが、これを無視して建築が続行されたため、宝塚市が工事を続行してはならない旨の裁判を求める訴えを提起した事案についてのものである。

　(2)　宝塚市最高裁判決

　　(ｱ)　事案の概要

　X（宝塚市＝原告・控訴人・上告人）は、パチンコ店建設計画に対する地域住民による反対運動が生じたことを契機に、昭和58年8月2日、宝塚市パチンコ店等、ゲームセンター及びラブホテルの建築等の規制に関する条例（昭和58年宝塚市条例第19号。以下、「本条例」という）を公布し、同日施行した。

　本条例は、宝塚市環境基本条例（平成8年条例第23号）の趣旨に基づき、市内におけるパチンコ店等およびラブホテルの建築について必要な規制を行うことにより、良好な居住環境、豊かな教育環境および文化環境その他の良好な生活環境の保全および向上に資することを目的とするものである（1条）。本条例では、市内において、パチンコ店等、ゲームセンターまたは旅館等の建築等をしようとする者は、あらかじめ市長の同意を得なければならないとされ（3条）、市長は、同条の規定により建築等の同意を求められた施設がパチンコ店等に該当し、かつ、その位置が都計法7条1項に規定する市街化調整区域であるとき、または同法8条1項1号に規定する商業地域以外の用途地域であるときは、同意しないとされ（4条）、本条例3条の規定に違反してパチンコ店等の建築等をしようとする者などに対し、建築等の中止、原状回復その他必要な措置を講じるよう命じることができる（8条）とされていた。

---

(28)　細川俊彦「公法上の義務履行と強制執行」民商法雑誌82巻5号（1980年）653頁、中野・前掲注（24）123頁。このうち、中野教授は、その理由として、①行政上の義務であっても、それが法的義務として存在する以上、義務の履行確保の観点から民事執行による補充が必要な場合があること、②旧行政執行法から行政代執行法への移行における行政強制の縮小は、強制執行の必要な範囲では司法強制への肩代りが予定されていたとみるのが当然であることを挙げている。

　平成4年11月、Y（被告・被控訴人・被上告人）は、市内でパチンコ店を営む
ことを計画し、本条例3条に基づき、市長に建築の同意申請をしたが、市長は
建設予定地が都市計画法上の準工業地域に属することを理由に、同年12月、同
意を拒否した。Yは、同意を得られないまま、宝塚市の建築主事に建築確認の
申請を行ったところ、建築主事は同意書の添付がないことを理由に受理を拒否
した。このためYは、宝塚市建築審査会に審査請求を行い、これを認容する
裁決を得て、平成5年4月、建築主事から建築確認を受けた。宝塚市長は、平
成6年3月15日、Yがパチンコ店の建築工事に着手していたことから、同日、
Yに対して、本条例8条に基づき、建築工事中止命令を発したが、建築工事を
続行したため、Yを相手取って、工事の続行禁止を求める仮処分の申立てを行
った。これに対し、神戸地伊丹支決平成6・6・9判自128号68頁は、代執行
によって強制的に履行させることができない不作為義務についてはその履行を
求める訴えを提起でき、履行請求権を被保全債権として仮処分を求めることが
できるとしたうえで、申立てを認容する決定をした[29]。加えて、Xは、Yを
被告として、平成6年7月、建築工事の続行禁止を求める本案訴訟を提起した。
本案第一審では、①行政主体が私人に対して行政上の義務の履行を求める訴訟
を適法に提起することができるか、②本条例が風俗営業等の規制及び業務の適
正化等に関する法律および建築基準法に反しないか、③本条例が職業の自由を
保障する憲法22条および財産権を保障する憲法29条2項に反しないかが争点と
なった。神戸地判平成9・4・28行集48巻4号293頁は、争点①について判断
を示さず、争点②について、いずれの法律にも反するとして宝塚市の請求を棄
却した。原審である大阪高判平成10・6・2判時1668号37頁の判断も同様であ
った。Xが上告。

　　（イ）　判　　　旨

　最高裁は、原判決を破棄し、1審判決を取り消して、次のように判示し、本

<hr />

(29)　この命令に対する保全異議の申立てに対し、神戸地伊丹支決平成9・9・9判タ962号133頁は、
　　条例が風俗営業等の規制及び業務の適正化等に関する法律および建築基準法に抵触するとして、異
　　議の申立てを認め、仮処分決定を取り消した。なお、この決定に対しては、保全抗告がなされたが、
　　平成10年6月2日付けで棄却されているようである（福井章代「判解」最判解民事篇平成14年度
　　543頁脚注（1））。

件訴えを却下した。

　　　(a)　「行政事件を含む民事事件において裁判所がその固有の権限に基づいて審判することのできる対象は、裁判所法3条1項にいう『法律上の争訟』、すなわち当事者間の具体的な権利義務ないし法律関係の存否に関する紛争であって、かつ、それが法令の適用により終局的に解決することができるものに限られる（最高裁昭和51年(オ)第749号同56年4月7日第三小法廷判決・民集35巻3号443頁参照）。」

　　　(b)　「国又は地方公共団体が提起した訴訟であって、財産権の主体として自己の財産上の権利利益の保護救済を求めるような場合には、法律上の争訟に当たるというべきであるが、国又は地方公共団体が専ら行政権の主体として国民に対して行政上の義務の履行を求める訴訟は、法規の適用の適正ないし一般公益の保護を目的とするものであって、自己の権利利益の保護救済を目的とするものということはできないから、法律上の争訟として当然に裁判所の審判の対象となるものではなく、法律に特別の規定[30]がある場合に限り、提起することが許されるものと解される。」

　　　(c)　「そして、行政代執行法は、行政上の義務の履行確保に関しては、別に法律で定めるものを除いては、同法の定めるところによるものと規定して（1条）、同法が行政上の義務の履行に関する一般法であることを明らかにした上で、その具体的な方法としては、同法2条の規定による代執行のみを認めている。また、行政事件訴訟法その他の法律にも、一般に国又は地方公共団体が国民に対して行政上の義務の履行を求める訴訟を提起することを認める特別の規定は存在しない。したがって、国又は地方公共団体が専ら行政権の主体として国民に対して行政上の義務の履行を求める訴訟は、裁判所法3条1項にいう法律上の争訟に当たらず、これを認める特別の規定もないから、不適法という

---

(30)　裁判所法3条1項にいう「その他法律において特に定める権限」について、大石眞「裁判所法成立過程の再検討」佐藤幸治＝清永敬次編・園部逸夫古稀記念『憲法裁判と行政訴訟』（有斐閣、1999年）214頁は、「もともと主として従来裁判所が行ってきた非訟事件の処理を考えて、いわば土壇場で考案されたものであり、司法権本来の内容というより法政策上裁判所が行うことを適切とするもの—いわゆる形式的意味の司法権の対象となるもの—を挿入し、それを通常裁判所の権限として明確化するための付加文言であったことは明らかである」と評する。

べきである。」

(d)　「本件訴えは、地方公共団体である上告人が本件条例8条に基づく行政上の義務の履行を求めて提起したものであり、原審が確定したところによると、当該義務が上告人の財産的権利に由来するものであるという事情も認められないから、法律上の争訟に当たらず、不適法というほかはない。」

(ウ)　本判決の意義、分析、評価

(a)　意　　義

最高裁は、裁判所法3条1項にいう法律上の争訟[31]について、当事者間の具体的な権利義務ないし法律関係の存否に関する紛争（具体的争訟性）であって、かつ、法律の適用によって終局的に解決しうるもの（法令適用による解決可能性）であるとしてきた[32]。本判決の意義は、こうした従前の最高裁判決を踏まえたうえで、国または地方公共団体の訴えのうち、「財産権の主体として自己の財産上の権利利益の保護救済を求めるような場合」は具体的争訟性を有するが、行政権の主体として法規の適用の適正を目的とし、あるいは、自己の利益とは関係なく一般公益の保護を目的とする場合は、具体的争訟性を欠くとした点にある。

(b)　分　　析

本判決のいう「財産権の主体として自己の財産上の権利利益の保護救済を求めるような場合」の訴えには、所有権に基づく公営住宅の明渡請求訴訟のように、純粋に財産権の主体として権利利益の保護救済を求めるだけではなく、

---

(31)　通説・判例は「司法権＝法律上の争訟＝主観訴訟」という理解を示す。こうした定式については、かねてから多くの批判がある。こうした定式を批判し、新たな解釈論を提示するものとして、中川丈久「行政事件訴訟法の改正」公法研究63号（2001年）130頁以下がある。また、この定式にかかわる憲法学者の議論を知る上で、宍戸常寿＝林知更＝小島慎司＝西村裕一『戦後憲法学の70年を語る——高橋和之・高見勝利　憲法学との対話』（日本評論社、2020年）173頁以下が参考になる。なお、こうした議論の系譜を詳細に整理したものとして、杉井俊介「日本における主観訴訟と客観訴訟の概念の系譜（一）（二）（三・完）」自治研究92巻2～4号（2016年）がある。

(32)　最判昭和29・2・11民集8巻2号419頁は、「法律上の争訟」について、「法令を適用することによつて解決し得べき権利義務に関する当事者間の紛争」と、また、最判昭和41・2・8民集20巻2号196頁および最判昭和56・4・7民集35巻3号443頁、「当事者間の具体的な権利義務ないし法律関係の存否に関する紛争であつて、かつ、それが法令の適用により終局的に解決することができるもの」と、それぞれ定義している。

「財産的権利に由来する義務」の履行を求めるものも含むとされる（趣旨 (d)）。「財産的権利に由来する義務」の趣旨は明確とはいえないが、私法上の権利義務関係にみられるような履行請求権と対になる「義務」であると解される。

　私法上の義務である場合には、当該義務と対になる履行請求権が存在し、給付判決を得て、その強制執行が可能である[33]。これに対し、行政上の義務については、法令により直接命ぜられるものと、行政庁による権限行使の結果賦課されるものがあるが、いずれについても義務が賦課される結果、その対となる履行請求権が当然に生ずるか否かについては見解が分かれている[34]。この点に関し、本判決は、行政上の義務であっても、私法上の権利義務関係に類似した法律関係から発生するもの（＝「財産的権利に由来する義務」）の履行を求める訴えについては、具体的争訟性を認めるとした[35]。たとえば、租税法律関係[36] は行政上の義務を前提とするものであるが、私法上の金銭給付における債権債務関係に類似した関係にあることから、行政主体の租税納付義務の履行を求める訴えについて具体的争訟性を認めるといった具合である。

　他方、本件訴えのように行政上の不作為義務の履行を求める場合には、租税納付義務の履行を求める訴えとは異なり、履行請求権が当然に存在するとはいえず、「財産的権利に由来する義務」についての訴えではないとして具体的争

---

(33)　中野・前掲注（24）121頁。

(34)　細川・前掲注（28）647頁は、公権力に優越的地位が認められる公法上の関係においても、私人が国に対して一定の義務を履行する債務を負い、公権力の側から私人に対して一定の義務の履行を求める債権を有するという債権債務関係として捉えることができるとする。他方、民訴法学者からは、行政法上課された義務についてすべからく行政側に履行請求権ありとするのは疑問であるとの見解も示されている（高田裕成＝宇賀克也「行政上の義務履行確保」宇賀克也＝大橋洋一＝高橋滋編『対話で学ぶ行政法』（有斐閣、2003年）83頁〔高田発言〕）。

(35)　福井・前掲注（29）536頁は、納税義務や賦課金納付義務等のように、行政主体が私人に対して金銭債権を有している場合における、時効中断のために提起する給付訴訟や確認訴訟がこれに含まれるとする。

(36)　金子宏『租税法〔第23版〕』（弘文堂、2019年）29頁は、「租税法律関係の最も基本的な内容は、国家が納税者に対して、租税と呼ばれる金銭給付を請求する関係、すなわち納税者が国家に対して租税と呼ばれる金銭給付を行う関係」であるとする。なお、最大判昭和41・2・23民集20巻2号320頁は、滞納処分による徴収が可能な金銭債務の履行を求める訴訟は、法律上の争訟であるか否かについて特に言及することなく、法律が行政上の強制徴収という簡易迅速な手段を定めている場合に、あえて迂遠な民事執行手続によるべきではないとした（いわゆるバイパス理論）。

訟性を否定する[37]。

　以上のように、本判決は、行政主体が行政上の義務の履行を求める訴えについての具体的争訟性を原則否定したうえで、例外的に「財産的権利に由来する義務」[38]の履行を求める訴えについては、その履行請求権を観念しうるとして、具体的争訟性を肯定するものである。

　　(c)　本判決に対する評価

　学説の大多数は、本判決の趣旨に反対ないし疑問を呈する[39]。その主な批判の理由は、行政上の義務に対する強制執行が可能な場合が現行法上限定されているにもかかわらず、民事手続による強制執行の可能性を閉ざす本判決は、司法権の範囲を消極的に解し、裁判所の役割を放棄するに等しいとするものである。

　旧憲法下においては、大陸系の司法システムの導入により裁判所の審判対象が行政事件を除いた民事事件および刑事事件とされ、このうち中心となる民事事件については、私権の保護あるいは自己の権利利益の有無が審判の対象とされていた。これに対し、新憲法下では、民事事件、刑事事件[40]だけではなく、行政事件も含め裁判所の審判対象とされている。それゆえ、従来の最高裁判決は、「法律上の争訟」に該当するかについて、具体的争訟性および法令適用に

----

(37)　福井・前掲注（29）540頁は、転任命令や配置換えを受けた公務員の転任先等で勤務する義務、免職処分や停職処分を受けた公務員の職に従事してはならないなどの不作為義務を例に挙げ、こうした不作為義務を行政庁が課したからといって、当然に国または地方公共団体がその名宛人に対して当該不作為義務の実現を求める請求権を取得するとは解しがたいとする。

(38)　中川丈久教授は、本判決が念頭においている納税義務について、「財産権に由来する」、「行政上の義務」であるとする説明は比喩以外の何ものでもないとしたうえで、「財産的権利」などに由来するものではく、法律という民主的決定により定められるものであるとする（中川丈久「国・地方公共団体が提起する訴訟——宝塚市パチンコ条例事件最高裁判決の行政法論と憲法論」法学教室375号（2011年）106頁以下）。

(39)　阿部泰隆「行政上の義務の民事執行は法律上の争訟ではない」法学教室267号（2002年）36頁以下、中川・前掲注（38）92頁以下、中野・前掲注（24）123頁以下、岡田春男「行政上の義務の司法的執行論」同『行政法理の研究』（大学教育出版、2008年）142頁以下、曽和俊文「行政上の義務の司法的執行」同『行政法執行システムの法理論』（有斐閣、2011年）157頁以下、斎藤誠『現代地方自治の法的基層』（有斐閣、2012年）402頁以下、塩野・前掲注（19）204頁以下、宇賀・前掲注（22）263頁、同・前掲注（25）76頁、佐藤幸治『日本国憲法論〔第2版〕』（成文堂、2020年）637頁以下など多数である。なお、判旨を支持するものとして、南川諦弘・判例評論534号（2003年）11頁がある。

よる解決可能性という基本要件をもとに、その該当性を判断してきたのである（判旨(a)）。

　これに対し、本判決は、具体的争訟性の要件充足に関し、行政主体が提起する訴えについては、法律に特別の定めがある場合を除き、財産権の主体として権利利益の救済を求める訴えおよび財産的権利に由来する義務の履行を求める訴えに限定した（判旨(b)、(c)）。この結果、宝塚市長の中止命令により課せられた不作為義務の履行を求める訴えは、法律上の争訟ではないとされたのである（判旨(d)）。

　民事訴訟法学のもとで形成された訴訟物理論を前提とすれば、実定法上の権利ないし請求権の存否を判断するのが裁判所の役割である。そうであれば、国または地方公共団体が行政上の義務の履行を求める訴えについて、履行請求権を容易に観念することができないからといって審判自体を拒絶することは、司法国家における裁判所の役割を放棄するに等しいものといえよう[41]。

　したがって、行政上の義務の履行を求める訴えであるからといって判旨(b)、(c)のように具体的争訟性について制限を付すべきではなく、従来の最高裁の定式に即して、判旨(a)により法律上の争訟性を判断すべきである。このように解すると、Xが提起している不作為義務の履行を求める本件給付の訴えは、Xと被命令者との法主体間における具体的な義務の存否あるいは法律関係に関する紛争であって、かつ、法律や本条例の解釈適用によって解決しうるものであることは明らかである。

　以上のとおりであるから、本件訴えは法律上の争訟として裁判所の審判対象

(40)　最高裁判所事務総局総務課『裁判所法逐条解説　上巻』（法曹会、1968年）22頁以下は、法律上の争訟について、次のように解説する。すなわち、「司法裁判権の対象となるのは、『法律上の』争訟である。ここに、『法律上の』争訟とは、当事者間の具体的な権利義務または法律関係の存否（刑罰権の存否をふくむ）に関するものであって、法律の適用により終局的に解決しうるべきものをいう」（傍点筆者）。この解説にあるように、公益実現を目的として行われる検察官の公訴（＝刑罰請求権の存在の有無についての審判を求める訴え）も法律上の争訟と解されてきた。

(41)　公害防止協定に定められた産業廃棄物処理施設の使用期限を超えて産業廃棄物の処分を行った産業廃棄物処分業者に対し、協定当事者である地方公共団体が当該協定の規定に基づき当該施設の使用差止請求をした事案において、最判平成21・7・10判時1308号106頁は、法律上の争訟であることを否定はしていない。それは、訴訟物が契約上の地位から発生する履行請求権に基づくものであるとして、具体的な紛争要件の充足を認めているからであろう。

とし、その審理において、「財産的権利に由来するもの」であるかどうかといった基準によるのではなく、本条例の合理的解釈により中止命令が不作為義務の実現を求める請求権を発生させるものか否について判断すべきであったといえよう。

　また、現実に強制執行をするためには、訴訟上での履行請求が許容されることに加え、強制執行についても許容されるものでなければならない。特定の個人に対して課す行政上の義務のうち、不作為義務や努力義務のように、一般的に、履行請求や強制執行まで意図していないものもある[42]。こうした義務であっても、履行請求を発生させ、それに基づく強制執行が許容されるためには、明文の根拠か、少なくとも義務を課す法令の合理的解釈により、その旨を導出しうることが必要であろう。この際、法律で定める明文の根拠が必要があるとする立場では、本件のような自主条例の場合、条例の趣旨にかかわらず強制的執行は許容されないことになろう[43]。

　なお、審理過程においては、中止命令自体の違法性はもとより、その発出の根拠となった本条例の違法性についても審査対象とすべきかという問題がある。市民の権利保護の観点から、積極的に解されるべきであろう[44]。加えて、給付判決を得たとしても、執行文付与の段階において、法2条に定める執行要件を具備する必要はないのかという問題もある。この点に関し、行政上の義務の履行確保を図るために民事執行をするときはこれを制限する実定法上の根拠は

---

(42)　行政上の不作為義務に対して民事手続による執行が可能であれば、違反行為により物的状態が生じた場合、行政主体は執行裁判所の授権決定を経て債務者の費用をもってこれを除却することができる（民執法171条）。これは、実質的に法令により代替的作為義務を定め、これを行政代執行法の定めるところにより代執行するのと同様の効果を生じさせることになる。この点を考えれば、本条例8条に基づく建築行為の中止命令は、強制執行力をもった履行請求権の発生までも意図するものではないと解するのが合理的であろう。なぜならば、本条例違反の状態を最終的に解消する手法として、本条例8条により除却を目的とする原状回復命令を発し、その不履行をもって行政代執行するというルートが既に確保されているからである。

(43)　中川・前掲注（38）105頁は、法1条にいう「法律」についての通例的解釈を前提とする限り、行政上の義務を強制執行可能なものとするか、するとしてどのような強制執行の方法にするかは、法律でしか定めることができない、すなわち、条例により中止請求権（執行債権）を発生させることはできないとする。

(44)　宇賀教授は、当事者対等の原則から行政行為の適法性を審査することに対して積極的に解している（高田裕成＝宇賀克也・前掲注（34）84頁〔宇賀発言〕）。

ないものの、公権力の行使の性格を持つことは否定しえないから、手続の発動には解釈上制限が課せられてしかるべきであるとの説[45]がある。他方で、給付判決等の債務名義の取得過程で義務者は十分な手続保障を享けることができるから、民事執行の手段につき法 2 条に定める代執行要件を類推する必要はないとする説[46]もある。後者については、手続法の保障をもって実体法の保障に代えることはできないという反論もあろう。

　　㈑　小　　　括

　以上のとおりであるから、本件訴えは、法律上の争訟と解すべきである。他方で、本件訴えを法律上の争訟と解した場合であっても、行政上の義務に対する民事手続による執行を可能とするためには、当該義務に係る履行請求権が存在しているかどうか、さらに、当該請求権が強制力を有するものであるかどうかについての判断が必要になる[47]。審理過程や執行段階における問題などの課題も少なくない[48]。これらの難問の存在が、行政上の義務についての履行を求める訴えに対する審判拒否の遠因となっているのではないか[49]。

　このように、本判決に対しては、消極的評価をせざるをえないが、行政機関が適切にその権限を行使できるように法制度を整備するのは、本来立法の責務であることも忘れてはならない[50]。

第 4　行政庁の処分と被命令適格

　行政庁の処分のうち、医師免許（医師法 2 条）、運転免許（道交法84条）、生活

---

(45)　細川・前掲注（28）657頁。

(46)　中野・前掲注（24）123頁。

(47)　潮見佳男『新債権総論Ⅰ』（信山社、2017年）352頁参照。

(48)　本件においては、建築行為の中止命令が不作為義務の実現を求める請求権を発生させると解することは困難である（前掲注（42））。よってこの請求権が強制執行力を有するか否かについて検討する余地はない。

(49)　太田匡彦「民事手続による執行」高木光＝宇賀克也編『行政法の争点』ジュリスト増刊（2014年）97頁）は、本判決の背景について「多種多様な行政上の義務について民事手続による執行を可能とすることで、司法権が全面的に行政権の執行力獲得手段として利用されることへの警戒があり、司法権を動員して執行力獲得が必要な行政上の義務を立法府が予め意識的に様々な利益を考慮調整しておいて欲しいという発想があったと推測される」と評している。

(50)　この点を指摘するものとして、土井真一「行政上の義務の司法的執行と法律上の争訟」法学教室374号（2011年）91頁以下がある。

保護決定（生保法24条、25条）のように、特定の人の能力、特性等に特に着目してなされる処分を対人処分という。対人処分の場合、当該名宛人が死亡すると、特に行政庁が許可取消し等の処分を行うことなく当然にその法的効果は失効する。

　行政庁の処分は対人処分を中心に制度設計されているが、これ以外に、特定の物件の客観的状況に特に注目してなされる対物処分がある。公衆浴場法や興行法に基づく営業許可などがその例とされる。対物処分も人に対してなされる処分であることには違いないが、対物処分としての法政策がとられる場合、その性格上、許可や義務の対象となっている営業、施設等が譲渡されると、理論上その許可を受けた者や義務者の法的地位が譲受人に当然に承継されることになる。たとえば、公衆浴場法2条の2第1項は、営業者に相続、合併または分割があったときは、相続人、合併後存続する法人もしくは合併により設立した法人または分割により当該浴場業を承継した法人は、営業者の地位を承継すると定めている。すなわち、承継について行政庁の承認等は必要とされておらず、行政が承継内容を確認するために事後の届出が必要とされているにすぎない（同条2項）[51]。また、対物処分は当該特定の物件の客観的状況に対して特に注目してなされるという性格から、当該許可対象物件の物理的消滅により、当該処分の効力は当然に失効する[52]。

　こうした申請に対する応答処分だけではなく、不利益処分においても対物処分の性格を有するものがある。たとえば、建基法9条1項に基づく是正措置命令は対物処分であると解されている。東京高判昭和42・12・25行集18巻12号1810頁は、同項の命令について、「建物除却命令は特定人の主観的事情に着目してなされた命令ではなく、建物の客観的事情に着目してなされたいわゆる対物的性質の命令に属し、その効力は、当該建物の譲受人に及ぶと解するのが相当であ」るとする[53]。なお、第三者保護の観点から、特定行政庁が是正措置

---

(51)　同様の例として興行場法2条の2の規定もある。

(52)　公衆浴場の許可が対物処分であることを理由に、当該施設の焼失により許可の効力が喪失するとしたものとして、神戸地判昭和34・8・18行集10巻9号1785頁、その控訴審である大阪高判昭和37・4・17行集13巻4号787頁がある。

命令をした場合には、標識の設置等の方法によりその旨を公示することが義務
づけられている（建基法 9 条13項）[54]。建基法 9 条 1 項に基づく是正措置命令が
対物処分と解される結果、当該命令後に違反物件が譲渡された場合、当該違反
物件の譲受人に対して是正措置命令の効力が及ぶことになる。したがって、改
めて譲受人に是正措置命令を発することなく、当該譲受人に対して適法に戒告
をすることができる[55]。これに対し、戒告は対物処分とは解されていないの
で、戒告後に違法物件を譲り受けた者がある場合には、原則に戻って新たな譲
受人に対して戒告を行わなければならない。

　土地収用法に基づく明渡裁決も対物処分であると解されている。すなわち、
同法102条は、明渡裁決の際、当該土地または当該土地にある物件を占有してい
る者は、明渡裁決において定められた明渡しの期限までに、起業者に土地も
しくは物件を引き渡し、または物件を移転しなければならないと規定し、明渡
裁決の名宛人となっていない者であっても明渡裁決の対象となっている土地ま
たはその土地上の物件を占有する者は、当該物件の引渡しまたは移転の義務を
有するとされているからである[56]。

　行政手続には、処分禁止仮処分などにみられるような当事者恒定効を確保す
るための手続はないが、対物処分と解される処分については、当該違法物件が
譲渡されたからといって行政手続を譲受人に対して改めてやり直す必要はない。
しかしながら、平岡久教授が「対物処分論の射程範囲・意味内容には従来の学
説・判例上必ずしも明らかにされていない部分がある」[57]と指摘するように、
いかなる処分が対物処分であるかについては、不明な点が多く、定説はないの

---

(53)　同旨大阪地判平成 1・11・ 1 判時1353号55頁。

(54)　公示の制度は、昭和45年の建築基準法の改正で新たに定められた制度である。この制度は、公
　　　示により対物処分としての法的効果が生じるというわけではなく、第三者の取引の安全を図るため
　　　の警告的意味を有するものである。したがって、公示のための標識が滅失していたとしても、当然
　　　にその対物処分としての法的効果が失われるわけではない。

(55)　阿部泰隆「誤解の多い対物処分と一般処分」自治研究80巻10号（2004年）30頁は、命令が対物
　　　処分であるとしながら、当該命令が違法の場合には、違法物件の譲受人は、改めて命令を受け、そ
　　　の取消訴訟を起こす地位を保障すべきであるとしている。

(56)　小澤道一『逐条解説　土地収用法〔第 4 次改訂版〕（下）』（ぎょうせい、2019年）531頁。

(57)　平岡久「真の建築主でない者を名宛人とする建築工事停止命令の効力」同『行政法解釈の諸問
　　　題』（勁草書房、2007年）179頁〔初出1993年〕。

が現状である。実定法上あるいは判例上、対物処分であることが明らかにされているものを除き、行政庁が対物処分と解釈し、許可や不利益処分の対象となっている営業、施設等の譲受人に対して手続を進めることには行政庁にとってリスクが伴うといえよう。

　被命令者が執行対象物の所有権あるいは占有を移転し、執行回避を図ることを防止するため、民事保全法に基づく処分禁止あるいは占有移転禁止の仮処分決定を取得することができるであろうか。民事保全手続は、民事訴訟の本案の権利の実現を保全するための制度である（民保法1条）。したがって、前述の宝塚市最高裁判決を前提とする限り、財産権の主体としてではなく、行政権の主体として一般公益の実現を目的とする本案訴訟が不適法とされる以上、本案の権利を実現するための制度である民事保全手続の利用可能性についても、消極的に解さざるをえないであろう。

第5　行政庁の意思表示の送達

　行政庁の意思表示は、通知が相手方に到達したときにその効力が生じる（民法97条）。「到達」の意義について最判昭和36・4・20民集15巻4号774頁は、相手方の了知可能な範囲に置かれることであるとする。相手方の了知可能な範囲に置かれるとは、直接相手方が受領する、あるいは、相手方が了知した場合に限らず、広く了知しうる状態に置かれていればよく、了知しうる状態とは、生活の本拠たる住所地はもちろん、勤務先など行政庁の意思表示が現実に了知可能な場所に送達された状態である。

　行政庁の意思表示の送達については、郵便による送達が利用されることが多いが、郵便以外の送達方法として差置送達がある。差置送達とは、相手方の住所地等に職員が出向き文書を相手方の住所または居所に差し置くことである。普通郵便による送達とは異なり、迅速に送達の効力を生じさせることができる。ただし、差置送達の場合は、後日の紛争に備えて職員が2人以上で訪問し、差し置く文書の内容および差し置く様子をデジタルカメラ等で撮影し、復命書を作成することが必要である。郵便による送達の場合には、配達証明郵便や内容証明郵便の制度を用いることは有益であるが、内容証明郵便で証明できるのは文字に限られ、各通知に図面や写真がある場合には利用することができない。

　相手方の住所地が不明となっている場合には、郵送による送達や差置送達を行うことができないので、民法98条の定めるところにより意思表示の公示送達手続を行う必要がある。この点に関し、広岡博士は、行政庁が、過失なくて違反建築物の除却を命ずるべき者ないしその所在を確知しえないときは、除却命令、代執行の戒告などを、通常、相手が了知しうるような方法で公示し代執行をすることも、やむをえないと解するべきであろうとする[58]。また、寳金敏明氏は、妨害となる工作物の所有者ないし設置が不明であるか、あるいは所有者ないし設置者は判明しているがその所在が不明であって、これらを確知しえない場合、行手法15条3項を準用または類推適用して、所管行政庁の事務所の掲示場に戒告や執行令書を掲示し、その2週間経過後に通知が相手方に到達したものと解するべきであろうとする[59]。

　しかし、行政庁の意思表示の送達が擬制されることは、多くの場合、相手方にとって、不利益な法律効果を生じさせることにほかならない。よって公示送達の制度を新たに創設する場合には、法律による行政の原理の観点から法律または条例でその根拠を定める必要があろう。

　この場合、法律と条例の守備範囲が問題となる。公示送達に関する事項は、行政庁のなした行為の効力発生の主要な要件にかかわるものであるから、当該行政庁の行為が条例を根拠としてなされる場合には、条例においても公示送達の規定を自己完結的かつ有効に定めうると解される[60][61]。たとえば、自治体が定める行政手続条例では、聴聞通知に関し、行手法15条3項に定めるものと同様の公示送達における意思表示の擬制の制度が定められている[62]。また、政策条例でも、こうしたシステムが条例で定められる場合がある。例えば、鹿

(58)　広岡・前掲注(20) 114頁

(59)　寳金・前掲注(3) 371頁。

(60)　菊井康郎「行政行為の公示送達——西ドイツ及びわが国における」上智法学論集22巻1号(1978年) 52頁。

(61)　書類送達に関する条例は、品川区の管理する公園、道路、公共溝渠等の使用もしくは占用に関する書類および使用料の告知、督促の書類について、「書類の送達を受けるべき者が、その住所又は居所において、当該書類の受け取りを拒んだ場合、又は、その者の住所、居所共に不明の場合は、書類の要旨を本区役所の掲示場に公告し、その公告の翌日より21日を経過したときは、書類の送達があつたものとみなす」と定めている。

児島市空き家等の適正管理に関する条例では、制裁的公表を行う際の聴聞通知に関して、同条例7条に基づく改善命令を受けた者の所在が判明しない場合には、「当該命令を受けた所有者等の氏名（法人にあっては、名称及び代表者の氏名）、意見の聴取を行う期日及び場所並びに同項の規定による通知の内容を記載した書面をいつでも当該命令を受けた所有者等に交付する旨を市役所の掲示場に掲示することによって行うことができる。この場合においては、掲示を始めた日から2週間を経過したときに、当該通知が当該命令を受けた所有者等に到達したものとみなす」と定めている（同条例8条3項）。

　なお、条例に行政庁の意思表示の根拠がある場合であっても、条例ではなく法律で定めることも可能である。たとえば、地方税の賦課徴収の根拠は各自治体が定める地方税賦課徴収条例にあるが、書類の公示送達については、地方税法20条の2に定められている。

　これに対し、行政代執行法に定める戒告や代執行令書については、その根拠が法律にあるため、その公示送達については法律に特別の委任がない限り条例で定めることはできない[63]。

　以上のとおり、義務者の住所地が不明な場合であって、公示送達について定める法律または条例の規定がないときは、民法98条の定めるところに従い、行政庁の意思表示の効力を発生させなければならない[64]。

---

(62)　鹿児島県行政手続条例15条3項は、「行政庁は、不利益処分の名あて人となるべき者の所在が判明しない場合においては、第1項の規定による通知を、その者の氏名、同項第3号及び第4号に掲げる事項並びに当該行政庁が同項各号に掲げる事項を記載した書面をいつでもその者に交付する旨を当該行政庁の事務所の掲示場に掲示することによって行うことができる。この場合においては、掲示を始めた日から2週間を経過したときに、当該通知がその者に到達したものとみなす」と定めている。

(63)　宇賀克也『行政手続三法の解説〔第2次改訂版〕』（学陽書房、2016年）132頁参照。

(64)　意思表示の公示送達の手続については、園部厚『意思表示の公示送達・公示催告・証拠保全の実務〔第6版〕』（民事法研究会、2013年）が詳しい。また、訴訟関係書類の送達についての詳細な研究として、裁判所職員総合研修所監修『民事訴訟関係書類の送達実務の研究—新訂—』（司法協会、2005年）がある。

第4節　行政手法による原状回復

第1　道路法に基づく権限の行使

　自治体において道路法上の権限を行使しうるためには、道路が適法に供用開始されていることが必要である。道路が適法に供用開始されるためには、道路敷地等の所有権その他の権原を取得し、議会の議決を経て路線の認定を行い、道路区域の決定およびその公示を行わなければならない（道路法7〜11条）。権原を得て適法に道路の供用開始がなされた道路敷地については、公物たる道路の構成部分として道路法4条に基づき所定の公用制限が加えられることになる。

　これに対し、自治体が他人の土地について何の権原も取得しないで、道路の供用開始をした場合には、当該供用開始行為自体が無効となる[65]。無効の場合、事実上道路の用に供していたとしても、道路法に基づく監督処分の権限を行使することはできない。では、ケースCのように適法に供用開始された道路について、道路敷地の権原について対抗要件を欠き、当該供用開始後に当該道路敷地の所有権を取得し登記をした第三者に対抗しえない場合はどうか[66][67]。この場合、当該道路の廃止がなされない限り、道路敷地所有権に加えられた公用制限は消滅するものではない[68]。したがって、道路敷地の権原の所在とは関係なく、道路法上の監督権限を行使することは可能である。なお、この場合において対抗力を有する第三者は、道路法4条に定める公用制限が付着している土地を取得することになる。

第2　行政手法による通行妨害物件の除去

　道路法は、工作物、物件または施設を設け、継続して道路を使用しようとする場合においては、道路管理者の許可を受けなければならないとし（32条1項）、

---

(65)　最判昭和44・12・4民集23巻12号2407頁。

(66)　岡山市では、道路法上の道路の敷地に関しては、現在ほとんどが登記済みだが、未登記敷地（市道の拡張工事に伴って土地の寄付を受けた部分など）もあるという（平成26年7月10日、岡山市の担当部署の職員に対する調査による）。

(67)　このような場合であっても、自治体が占有を継続することにより土地所有権を時効取得することは可能である（東京地判昭和38・11・5訟月10巻5号669頁）。

(68)　最判昭和44・12・4民集23巻12号2407頁。

また、みだりに道路を損傷し、または汚損すること、みだりに道路に土石、竹木等をたい積し、その他道路の構造または交通に支障を及ぼす虞のある行為をすることを禁止している（43条）。さらに、それらの規定に反する場合には監督処分がなされ（71条1項）、当該監督処分により課せられた義務の内容が代替的作為義務である場合には、行政代執行法に基づき代執行が行われる[69]。

　道路法に基づく監督処分を行う過程において、監督処分を命ずべき者を道路管理者が過失なくして確知しえない場合には、相当の期限を定めて当該監督処分に定める措置を行う旨、および当該期限までに当該措置を行わない場合には代執行する旨をあらかじめ公告することにより、行政代執行法に基づく所定の手続を経ることなく、略式代執行を行うことができる（同条3項）。

　このような道路法43条違反→監督処分→行政代執行法に基づく代執行という通常ルートの特則として、同法44条の2第1項の規定が用意されている[70]。道路法44条の2は、転落積載物件等が現に道路の構造に損害を及ぼし、または交通に危険を及ぼしていると認められる場合、より迅速な対応を必要とすることから、平成3年の道路法改正（平成3年法律30号）により新たに追加された規定である。同規定は、道路に放置された物件が違法放置等物件であり、当該違法放置等物件が道路の構造に損害を及ぼし、もしくは交通に危険を及ぼし、またはそれらのおそれがあると認められる場合であって、①当該違法放置等物件の占有者、所有者その他当該違法放置等物件について権原を有する者に対し道路法71条1項の規定により必要な措置をとることを命じた場合において、当該措置をとることを命ぜられた者が当該措置をとらないとき（44条の2第1項1号）、②当該違法放置等物件の占有者等が現場にいないために、道路法71条1項の規定により必要な措置をとることを命ずることができないとき（同項2号）において、行政代執行法によることなく、当該違法放置等物件を自ら除去し、またはその命じた者もしくは委任させた者に除去させることができるとするも

---

(69)　道路管理者による行政代執行を知る機会は少ないが、現実の代執行事例を詳しく紹介するものとして、九州地方建設局道路部路政課「行政代執行法に基づく代執行の実施について」道路行政セミナー1997年5月号38頁以下がある。

(70)　道路施設の維持管理の観点から、43条、44条の2等の持つ意味とその実効性について論ずるものとして、荏原明則「放置物件と道路管理」神戸学院法学32巻2号（2002年）193頁以下がある。

のである。

　このうち、「違法放置等物件」とは、道路法43条2号の規定に違反して、道路に落下した車両積載物、沿道や上空から道路上に転落または落下した物件で除去されていない物件その他の道路に放置された物件のほか、同号の規定に違反して、道路に設置された看板、ワイヤーやロープ等で固定した物件、一定の時間帯に限り設置されている物件等、占有者等の積極的な意思のもとに道路に設置された物件を含むとされる[71]。また、「道路の構造に損害を及ぼしている」とは、たとえば、ガードレールに重量物がもたれかかっている場合などをいい、「交通に危険を及ぼし」ているとは、車道上に運搬貨物や建設資材が放置されている場合など、当該道路の交通状況や放置物件の形態からして、当該違法放置等物件を放置すれば、安全な交通が阻害される危険が大きいような場合であるとされる[72]。

　道路法44条の2第1項に基づき道路上から撤去された物件については、道路管理者の公示、保管、廃棄等についてのスキームが定められている（同条3～8項）。なお、除却の対象となる違法放置等物件は有価物であって、財産的価値のない廃棄物は通常の維持管理、清掃活動により処理される[73]。また、現金や有価証券など遺失物の可能性の高い物件[74]に関しては、当該違法放置等物件が放置されていた場所を管轄する警察署の署長に連絡して遺失物法に定める手続によることとされている[75]。

---

(71)　平成28年9月30日国道利第13号国土交通省道路局路政課長通知第1・2(1)。

(72)　国土交通省道路局路政課長通知・前掲注（71）第1・1(2)。

(73)　平成28年9月30日国道利第11号国土交通省道路局長通知2(2)。

(74)　具体的には、①現金、有価証券、②その他の証券類（証拠証券、免責証券、金券等、切手、印紙、クーポン券、宝くじなど）、③運転免許証、健康保険の被保険者証、在留カードその他法律またはこれに基づく命令の規定により交付された書類であって、個人の身分もしくは地位または個人の一身に専属する権利を証するもの、④預貯金通帳もしくは預貯金の引出用のカードまたはクレジットカード、⑤携帯電話用装置、⑦貴重品（貴金属、宝石、美術・工芸品など）、⑧物件の種類または状態からみて本人にとって個人的に重要と思われるもの（鞄、財布、鍵、時計、カメラ、眼鏡、仏壇・仏具など）、⑨法令の規定によりその所持が禁止されている物に該当する物件（爆発物、銃砲、刀剣類、麻薬、火薬類、覚醒剤等の物件）、⑩犯罪の犯人が占有していたと認められる物件（当該物件の状態、当該物件を拾得した状況等から客観的に判断して、犯罪の犯人が占有していた可能性が高いと認められる物件）、⑪その他道路管理者が遺失物法上の遺失物に該当すると思料されるもの、とされる（国土交通省道路局路政課長通知・前掲注（71）第1・2(1)）。

第3　行政手法による道路敷地不法占有者の排除

(1)　占有の意義

　民法における占有制度の目的は、物の所持に関する私人間の紛争を回避し、社会平和と秩序の維持のために、占有権を占有者に与えることにある[76]。占有とは「自己のためにする意思」をもって物を「所持」することである（民法180条）。

　占有の重要な要素とされる「所持」とは、人が物について事実上の支配をしていると社会通念上認められるような状態を意味する[77]。そして、この所持の有無は、場所的関係、時間的関係、法律関係、支配意思の存在等を考慮し、社会通念により決せられる[78]。動産についていえば、手に持っている状態、倉庫で保管している状態などをいい、不動産については、建物に居住している状態、空き家であればその鍵をもっている状態、農地を耕作している状態をいう。しかし、利用が一時的な場合あるいは排他性、恒常性を欠く場合には、所持は否定される。所持は、直接占有のみならず、代理者による間接占有の場合も認められる（民法181条）ことから、物理的直接支配はもとより観念的支配をも含む広い概念である[79]。

　「自己のためにする意思」は、客観的・一般的に解釈され、所有者等の自主占有者はもちろんのこと、所有の意思もない地上権者、賃借人、あるいは、他人のために運送または保管する者も自己の利益のためにこれらの行為をなすことから自己のためにする意思を有するとされる[80]。

　占有という事実を法律要件として発生する法律効果が占有権である。占有権

---

(75)　国土交通省道路局路政課長通知・前掲注（71）第1・2(1)。

(76)　我妻栄・有泉亨補訂『新訂物権法（民法講義Ⅱ）』（岩波書店、1983年）464頁。なお、今日の多数説は、占有制度の存在理由は、一元的に把握されるのではなく、占有の各機能ごとに多元的に捉えられているとされる（鷹巣信孝『所有権と占有権――物権法の基礎理論』（成文堂、2003年）136頁）。

(77)　大判昭和15・10・24新聞4637号10頁。

(78)　大阪高決昭和34・8・27下民集10巻8号1789頁。

(79)　加藤雅信『新民法体系Ⅱ　物権法〔第2版〕』（有斐閣、2005年）217頁以下。

(80)　我妻栄ほか『我妻・有泉コンメンタール民法――総則・物権・債権〔6版〕』（日本評論社、2019年）393頁以下。

とは、「自己のためにする意思」をもって物を「所持」することによって、取得することができる物権の一つである。占有権の効力として、占有者が占有物について行使する権利は、適法に有するものと推定され（民法188条）、占有者がその占有を妨害されたときは占有保持の訴えを、また、その占有を妨害されるおそれがあるときは占有保全の訴えを、さらに、その占有を奪われたときは占有回収の訴えを、それぞれ提起することができる（民法198条、199条、200条）。

(2)　代執行と占有回収の訴え

　物件を放置するなどして道路敷地を事実上支配している原因者への対応を検討する場合、次の3つの問題点がある。1つ目は、私人による占有が道路敷地に成立するのかという問題である。2つ目は、私人による占有が成立すると解した場合に、原因者の占有手段となっている通行妨害物件を代執行により除去し、結果として占有が解かれることになっても、当該代執行は適法なのかという問題である。3つ目は、道路管理者は占有の手段となっている通行妨害物件を行政代執行法により除去し、結果として占有が解かれた場合、占有回収の訴えにより再び占有を回復するための措置が許容されるという問題である[81]。

　まず、1つ目の問題点、すなわち、道路などの公物について私人の占有が成立するか否かについてである。大阪府茨木市の職員組合が使用していた庁舎の一部の使用許可を取り消した後の明渡義務が、代執行の対象となるか否かが争点となった事件において、大阪高決昭和40・10・5行集16巻10号1756号は、行政代執行により履行が確保される行政上の義務は、いわゆる「なす債務」たる作為義務のうち、代替的作為義務に限るとし、庁舎の明渡しないし立退きの義務はいわゆる「与える債務」であって、代替的作為義務には含まれないとした。そのうえで、こうした義務の強制的実現には実力による占有の解除を必要とするのであって、法律が直接強制を許す場合においてのみこれが可能であるとしている[82]。これは、庁舎という公物にあっても私人による占有が成立するこ

---

(81)　民法203条本文は、占有権の消滅事由として占有物の所持を失うことを挙げる。しかし、同条ただし書きにより、占有者が占有を奪われても、占有侵奪のときから1年以内（民法201条3項）に占有回収の訴えを提起し、勝訴して、現実に物の占有を回復したときは、現実に占有をしなかった間も占有を失わないで、占有を継続していたものと擬制される。

(82)　判旨を正当とするものとして、阿部泰隆「判批」自治研究44巻1号227頁以下。

とを前提とした判断といえよう。

　また、川崎市が都市公園内に設置したゴルフ場敷地の明渡しの行政代執行の違法性が争われた事件において、横浜地判昭和53・9・27判時920号95頁は、本件において市長が都園法11条に基づく監督処分として、本件明渡命令により倶楽部側に賦課しこれを代執行手続により実現しようとする行政上の義務は、本件ゴルフ場用地の明渡義務であるから、右のような人の占有している土地の明渡義務の実現には、実力により義務者の占有を排除し、行政庁にこれを移転せしめることを要するものであり、直接強制によってのみ実現の可能な義務であって、行政代執行により実現しうる代替的作為義務に該当しないとした[83]。横浜地裁判決も都市公園という公物を構成する敷地に私人の占有が成立することを前提とし、当該占有の移転は代替的作為義務とはいえず、行政代執行によることはできないとする判断である。

　制定法に目を移すと、学校施設の占有者に対して、その返還を命ずるという学校施設の確保に関する政令4条の規定がある。同規定は、行政財産たる学校施設に対しても私人の占有が成立することを前提として、当該占有の移転（返還）を求めるものである。

　以上のように、下級審の裁判例では、その多くが公物について私人による占有の成立を認めており、制定法もそのような前提に立ったものが存在する。

　次に2つ目の問題点、すなわち、原因者の占有の手段となっている物件に対する代執行についての可否である。大阪市が設置管理する都市公園において、テント等の工作物を設置し起居していたホームレスに対しなされた当該テント等の工作物等の除却命令の違法性等が争われた事件において、大阪地判平成21・3・25判自324号10頁[84]は、当該代執行が本来明渡訴訟により実現すべき与える債務を強制的に実現するものであり、行政代執行法に違反し違法である

---

(83)　本判決を支持するものとして、安本典夫「判批」判時947号148頁がある。

(84)　本件事件を題材に代執行と占有との関係を論じるものとして、太田匡彦「明渡しか、除却か――「占有」と「事実上の排他的支配の間」に立つ大阪地裁第二民事部」東京大学ローレビュー2009年9月号85頁以下がある。なお、金井恵可「人の強制立退手法の法的課題――ホームレスの強制立退きを題材として（上）（下）」地方自治784号（2013年）55頁以下、同785号（同年）90頁以下は、公物上からの人の強制立退きを可能とする直接強制の制度を提案している。

との原告らの主張に対し、本件除却命令は、あくまでも工作物その他の物件または施設としての本件テント等の除却義務をその原告らに課すものにすぎないから、本件テント等の除却によって本件テント等の設置場所ないしその周辺場所に対する原告らの事実上の排他的支配状態が失われることになっても、それは、本件テント等の除却によって生じる事実上の効果にすぎないのであって、これをもって本件テント等の除却命令の法的効果の実現であるということはできないとした[85]。このように、代執行による占有の帰趨とは関係なく、占有の手段となっている物件に対する撤去の代執行は適法であるとしている。

　また、大阪市梅田地下街地下鉄改札口前の広場（国道1号線の一部）で長年にわたり販売台を設けて、無許可で新聞雑誌の販売業を営んでいた者に対する雑誌、販売台等の除却命令の違法性が争われた事件において、大阪高決平成2・4・25判タ731号115頁は、占有の有無について特に触れることなく、本件除却命令は実質的に明渡義務の履行を求めるものであり、行政代執行の対象とはならないとする義務者（抗告人）の主張を排斥している。この高裁決定は、占有手段となっている物件の除去によって結果的に占有が失われる場合であっても、前提となる命令が代替的作為義務である限り、当該代執行は適法であることを前提とした判断といえよう。

　最後に3つ目の問題点、すなわち、原因者が代執行に起因して失った占有の回復を求めることが許容されるのかという問題である。

　新東京国際空港の安全確保に関する緊急措置法3条3項に基づく旧運輸大臣の工作物除去措置の実施により、その敷地の占有を侵奪されたことを理由とし、当該除去措置後に占有を開始した新東京国際空港公団に対し提起した占有回収の訴えの許容性が争点となった事件において、東京高判平成2・11・29判時1367号3頁は、同項の規定は工作物の所在する土地の占有を解くまでの権限を運輸大臣に認めたものではないから、最判昭和38・1・25民集17巻1号41頁[86]とは事案を異にするとたうえで、旧運輸輸大臣のした工作物の除去のの

ち、本件土地を占有した新東京国際空港公団に対する占有回収の訴えは認められないわけではないとした⁽⁸⁷⁾。

　東京高裁判決を前提とすれば、占有手段となっている妨害物件を代執行により道路上から除去することにより道路敷地に対する占有が結果的に失われたとしても、当該代執行は道路敷地に対する占有の奪取を目的とするものではないから、瞥見すると、原因者は占有回収の訴えを適法に提起できそうである。しかしながら、道路敷地に関しては、道路法 4 条に私権制限の定めがあるため、占有訴権を適法に行使することはできないという結論になる。

　(3)　小　　　括

　道路敷地についても私人の占有が成立する。しかし、代執行により、占有手段となっている物件を除去することにより結果的に原因者の占有を解くことも可能である。また、当該代執行により原因者の道路敷地に対する占有を奪うことになっても、道路敷地については、道路法 4 条の定めがあるため、当該原因者は占有回収の訴えを適法に行使することはできない。

第 5 節　民事手法による原状回復等

第 1　所有権または占有権に基づく対応

　(1)　所有権に基づく通行妨害の排除

　公物管理の目的を達成する方法として、行政手法と民事手法のいずれも可能

---

(86)　同最高裁判決は、占有回収の訴えは物の占有者が他人の私力によって占有を奪われた場合に、その奪った者からその物の返還を要求することを認めた制度であるとしてうえで、権限のある国家機関の行政処分により占有が強制的に解かれた場合には、その行政処分が著しく違法性を帯びている場合を除き、占有回収の訴えによってその物の返還を請求することは許されないとするものである。

(87)　東京高裁判決は、工作物を所有することによって本件土地を占有していたかどうかは、控訴人ら（空港建設反対組織）の本件土地に対する占有の権原、占有開始の経緯、その後の占有状況等を総合的に考慮して判断すべきものであって、その点の審理を経ていない現段階においてはその断定をすることができないとして、千葉地裁に差し戻した。差戻し第一審の千葉地判平成 5・10・29 判時1485号102頁は、旧運輸大臣による代執行により本件土地上の工作物が取り壊されその土地上から搬出された結果、控訴人らが土地に対する占有を失い、その後、新東京国際空港公団がその占有を開始したものであって、新東京国際空港公団が控訴人らからその占有を侵奪したものではないとして、控訴人らの新東京国際空港公団に対する占有回収の請求を容認しなかった。

である場合に、選択によりいずれの措置もとりうるか、あるいは道路法上の措置しかとりえないのか。広岡博士は、公物について国や公共団体の有する所有権は基本的には民法上の所有権であり、その所有権に基づく管理権能と公物管理法に基づく種々の権力行使を含む管理機能とが並置（juxtaposition）の関係にあるとし、権力的管理手段と民事的管理手段とは相互に排斥し合うものではないとしている[88]。小早川光郎教授も所有権に基づく民事上の義務履行強制も可能であるとする[89]。また、実務でも同様に解されている[90]。

　道路は、移動のためのインフラとしてだけではなく、災害等の場合に住民の生命および財産の保全に大きな役割を担う重要な社会インフラの一つであることを考えると、行政手法が可能な場合であっても、道路の機能を早期に確実に回復するという観点から、民事手法のほうがより優位である場合、これを選択しうると解すべきである。なお、最大判昭和41・2・23民集20巻2号320頁は、行政上の強制徴収が認められている場合には、当該手法によるべきであり、民事訴訟および民事執行法によることはできないとしている。最高裁がこのように解する理由は、国税徴収法による行政上の強制徴収が、民事訴訟および民事執行法の手続を利用する場合と比較して、私債権に対して優先弁済を受けられるなど「特別の便宜」が与えられているからである。もっとも、同判決の射程は、公法上の債権の強制執行に関するものであって、金銭義務以外の特定の作為または不作為義務の履行を求めるような場合には、及ばないと解される。

　以上の理由から、自治体は、道路管理者による道路上の権限の行使が可能な場合であっても、道路敷地の所有者として所有権に基づき妨害排除請求を行うことができる。

　(2)　占有権に基づく通行妨害の排除

　他方、適法に供用開始されたものの、自治体が道路敷地の権原[91]について

---

(88)　広岡隆『公物法の理論』（ミネルヴァ書房、1991年）47頁以下。

(89)　小早川・前掲注（27）242頁。なお、小早川教授は、「これを訴えの利益の問題として捉えると、かりに行政上の強制執行が可能であり、それによって容易に目的を達成することができるにもかかわらず、国・地方公共団体等がその権利の満足を求めて民事訴訟を提起することは、訴えの利益を欠くとみるべき場合があろう」とする（小早川・前掲注（27）242頁）。

(90)　齋木敏文「公物管理権の性質」藤山雅行編『新・裁判実務体系25行政争訟』365頁参照。

対抗要件を欠き、後に当該道路敷地の所有権を取得し所有権移転登記をした第三者に対抗しえない場合[92]、あるいは、誤って道路敷地の権原を何ら取得することなく供用開始してしまった場合、所有権に基づく妨害排除請求はできない。このような場合、自治体は道路敷地についての占有権を取得し、これを行使して通行妨害排除をなすことができるであろうか。

　この問題を考えるに当たって、自治体は、道路敷地についていかなる要件のもとで占有を取得し、また、当該占有による占有訴権を行使できるのかを検討しなければならない。

　この点を検討するうえで、最判平成18・2・21民集60巻2号508頁が参考になる。自治体が現に管理している道路敷地について占有を認め、民法199条に基づく占有妨害の予防請求を認容した[93]。この事件は、埼玉県越谷市が道路法施行法5条（みなし無償貸付け）の規定に基づき、国有に属する土地の使用管理権を取得することによって市道として供用しているため、所有権に基づく請求ができず、占有権に基づき妨害予防の請求を求めたものである[94]。同訴訟では、①本件訴えは適法か、②自治体は占有権を取得しているか、③占有妨害

---

(91)　道路は、所有権を取得して供用開始されることが一般的ではあるが、所有権以外の権原、たとえば賃借権を取得し、道路の供用開始をすることも可能である。ただし、この賃借権は、物権ではなく債権であるから、賃借権自体に基づく妨害排除請求は、対抗力を有する賃借権でない限り、これを認めないとするのが判例の立場である（最判昭28・12・18民集7巻12号1515頁など）。なお、所有者の有する物的請求権を債権者代位権（民法423条）により建物の賃借人が賃貸人たる建物所有者に代位して行使し、建物の不法占有者に対してその明渡しを直接自己に求めることは認められている（最判昭和29・9・24民集8巻7号1658頁）。

(92)　民法177条に定める登記をしなければ対抗できない「第三者」とは、当事者もしくはその包括承継人以外の者であって、不動産に関する物権の得喪、変更の登記欠缺を主張する正当な利益を有する者であって、その善意・悪意を問わない。しかし、登記の欠缺を主張することが信義に反するものと認められる事情を有するような背信的悪意者は、「第三者」に当たらない（最判平成18・1・17民集60巻1号27頁、最判昭和25・12・19民集4巻12号660頁）。

(93)　宇賀克也『行政法概説Ⅲ〔第5版〕』（有斐閣、2019年）579頁は、「道路を構成する敷地の所有権を有しない道路管理者にあっては、道路法上の監督権限のみでは、事前に交通妨害をしないように求めることができないため、占有保全の訴えが認められれば、かかる場合に有効な公物管理の手段となりうる」としている。

(94)　三木素子「最判解民事篇平成18年度」285頁は、本件について、現実に通行の支障となる状況に至った後でないと対処することができない代執行の方法では通行妨害が断続的に繰り返され、いつ通行妨害行為が行われるか予測できないような状況に対応するために妨害予防請求が必要になったと分析している。

のおそれの有無、が争点となった。

　第一審である浦和地裁越谷支部判平成13・1・16民集60巻2号524頁は、争点①について、この種の占有妨害の予防請求は、行政主体が行政上の義務の履行確保を道路法および行政代執行により確保することができる場合とは必ずしもいえないことを理由に、本件請求を適法であるとした。争点②については、道路管理者として、自己のためにする意思をもって本件各土地を現実に管理・占有しているとして占有権の取得を認めた。争点③については、本件各土地上に屋台やトラック等を置く等して通行を妨害したこと、本件土地の境界部分にポールを打ったり、アスファルトカッター（掘削機械）により道路舗装部分に切込みを入れたこと、当該行為を止めようとした原告の建築部長に暴行を働いたこと、本件土地をその敷地とする市道は、バス、タクシーや電車の乗降客が多数往来する等の事実を認定し、占有妨害のおそれがあるとした。

　原審である東京高判平成13・10・30判時1781号102頁は、争点①について、第一審と同様に道路管理者であるからといって、これにより占有権に基づく訴えが不適法になるものではないとした。争点②については、占有権を有すると主張する場合、道路法の管理者であり現に管理を行っているということだけでは足りず、民法上の占有権の取得原因事実を別に主張立証する必要があるところ[95]、この主張立証がないから占有権の取得を認めることはできないとした。このため、争点③についての判断を行うことなく、一審判決は取り消された。

　上告審は、占有権の取得原因事実について、「自己のためにする意思をもって物を所持することであるところ（民法180条）、ここでいう所持とは、社会通念上、その物がその人の事実的支配に属するものというべき客観的関係にあることを指すものと解される」から、地方公共団体が、道路を一般交通の用に供するために管理しており、その管理の内容、態様によれば、社会通念上、当該道路が当該地方公共団体の事実的支配に属するものというべき客観的関係にあると認められる場合には、当該地方公共団体は、道路法上の管理権を有するか否かにかかわらず、自己のためにする意思をもって当該道路を所持するものと

---

(95)　最判昭和42・6・9訟月13巻9号1035頁は、道路敷地を公共の用に供している事実をもって、行政主体の当該道路敷地に対する占有を認めている。

いうことができるとした。そのうえで、上告人が本件道路を一般交通の用に供するために、その主張するとおりの内容、態様で本件道路を管理している事実[96]が認められるとすれば、上告人は、本件道路敷について占有権を有するものというべきであるとし、原判決を破棄し、更に審理を尽くさせるため、本件を原審に差し戻している。

　このように、最高裁判決は占有権を有するかどうかの判断要素として、道路法上の管理権を有するか否かは関係ないとしているが、占有は物に対する事実的支配という客観的状態に法的保護を与えるものであることからすると、当然の判断といえよう。この判例は、道路法上の管理権限を行使しうるか否かとは関係なく、自治体が占有権を行使できることを最高裁が初めて明らかにした判決として実務上重要である[97][98]。なお、自治体に占有訴権を認めると、道路法が道路管理作用の内容や手続を詳細に定めたことが潜脱されて、道路管理権限が濫用されるとの問題提起がある[99]。しかし、占有訴権による問題解決は、裁判所の手続を通じて実現されるものであって、道路法に基づく行政手法よりも、より厳格かつ客観的手続のもとで行われることから、このような危惧は無用であろう。

　以上のとおり、自治体が道路敷地の権原について対抗要件を欠き、のちに所有権移転登記をした第三者に対抗しえない場合や道路敷地の権原を何ら取得することなく供用開始し、道路法上の権限を全く有しない場合であっても、道路

---

(96)　越谷市（上告人）が主張した事実とは、①昭和42年3月以降、道路管理者として本件道路を一般交通の用に供するため、道路法28条に基づき道路台帳の調製および保管を行っていたこと、②同法42条に基づき道路舗装補修工事を行うなど本件道路を常時良好な状態に保つために必要な維持、修繕を行っていたこと、③同法第3章第3節に基づき電線、電話線、水道管等の架設、道路の占用の許可を与えていたこと、④同法71条に基づき監督処分を行い行政代執行法に基づく代執行をしたことなどの道路の管理に係る事実である。

(97)　民法学の立場から、占有権の成立要件に関し、本判決を支持するものとして、川島武宜＝川井健編『新版　注釈民法(7)』16頁以下〔稲本洋之助〕（有斐閣、2007年）がある。

(98)　筆者が担当した事件では、この最高裁判決以前から道路として管理していることを疎明できれば、道路法に基づく権限を行使しうるか否かとは関係なく、道路敷地の占有権に基づく妨害排除や妨害予防の仮処分申請は認められてきた。

(99)　こうした問題点を提起するものとして、山本隆司「行政法と民事法(1)──公共物管理による占有の訴え」法学教室351号（2009年）69頁以下がある。

管理者として道路を管理していれば、当該道路の敷地について占有を取得し、これを要件とする占有訴権を行使することができる。

(3)　道路法 4 条と自治体による私権の行使

道路法 4 条が道路を構成する敷地、支壁その他の物件については、私権を行使することができない旨を定めていることから、自治体が所有権や占有権といった私権を行使できなのではないかとの疑問が生じる。しかし、同条は道路を構成する土地その他の物件が私有財産の対象となりうることを前提に、これらの物件を公共の用に供するために必要な限度で公用制限を課すとするものである[100]。

よって、道路法 4 条が禁止している私権の行使は、道路としての効用を妨げる場合の私権の行使に限られるべきであって、道路管理者がその管理する道路の効用を保全し、または回復するため原因者に対して占有権を行使することまで妨げる趣旨であると解すべきではない[101][102]。前記最高裁判決もこの点を当然の理として判断しているといえよう。

第 2　民事手法による道路敷地不法占有者の排除

(1)　道路敷地に対する占有が失われている場合

ケース B にみられるように、長期にわたり道路敷地が不法に占有されている場合、道路管理者は道路敷地に対する占有を既に失っているから、占有権に基づく対応ができない。このため当該道路敷地の土地所有権に基づき土地の明渡しを求めることになる。原因者が請求に応じなければ、自治体は、所有権に基づく土地明渡請求訴訟を提起し、その債務名義を取得し執行文の付与[103]を受けたうえで（民執法25条）、物の引渡義務の強制執行の例（＝直接強制または間

---

(100)　広岡隆「公物と民事訴訟」自治実務セミナー269号（1984年）44頁。

(101)　同旨東京高判平成13・10・30判時1781号102頁。

(102)　広岡・前掲注（88）50頁は、道路法 4 条の禁止している私権の行使は、道路の効用を害するものに限られると解すべきであるとしてうえで、道路管理主体が道路の効用を保全・回復するために、道路敷について有する所有権ないし占有権に基づいて、民事訴訟を提起しあるいは仮処分を申請することまで、道路法 4 条によって禁止されるという解釈は正しくないとする。

(103)　不動産の明渡しの強制執行の場合には、その占有者を次々と入れ替えるなどの方法により執行妨害が行われることがある。これに対処するため、債務者を特定しないで執行文を付与する制度がある（民執法27条 3 項）。

接強制）により執行する（民執法168条、173条）。

　直接強制は、執行官が人を退去させ、目的外動産の撤去をしたうえで、債権者に占有を取得させる方法で行われる（民執法168条 1 項）。執行官は、職務の執行に際し抵抗を受けるときは、その抵抗を排除するために、威力を用い、また警察の援助を求めることができる（民執法 6 条 1 項本文）[104][105]。なお、債権者である自治体は、占有の移転を受ける必要があるので、民執法168条 3 項の定めるところにより、自治法153条 1 項の規定に基づき長から権限の委任を受けた職員が当該自治体の長の代理人として執行の場所に出頭する必要がある。

　明渡しを求める道路敷地上に屋台、自動販売機など建物以外の物件により原因者が土地を占有している場合、当該物件搬出の債務名義を得なくても、土地の明渡請求のみで足りる（民執法168条 5 項）。この場合における物件の搬出は、土地明渡しの義務の履行に伴う付随的な行為と解されるからである。

　(2)　建物により道路敷地が占有されている場合

　(ア)　道路敷地の占有者と建物の占有者が同じ場合

　次に、ケース B のように、建物により道路敷地が占有されている場合はどうか。この場合は、道路管理者は道路敷地に対する占有を既に失っているので、占有権に基づく対応ができず、所有権に基づく対応が必要なのは、前記(1)および(2)のとおりである。この場合、土地と建物は別個の不動産であることから、単に土地の明渡しを求めるだけでは足りず、建物の収去も求めなければならない。このため、道路敷地の所有権に基づき建物収去土地明渡訴訟を提起し、債務名義を得たのち、執行文の付与を受け執行する必要がある。この場合、当事者恒定効を確保するために、所有権に基づく建物収去土地明渡請求権を被保全

（104）　排除対象となる抵抗とは、執行官の職務の執行に対する妨害をいい、原則として、執行官の職務の執行を妨害する意思に基づくことを要する。積極的な抵抗だけでなく、消極的なものを含み、執行官に対する暴行・脅迫行為、バリケードの設置、扉の施錠による閉鎖、座込み等である（最高裁判所事務総局民事局監修『執行官提要〔第 5 版〕』（法曹会、2008年）65頁）。

（105）　職務の執行に対する妨害行為は、債務者であるか第三者の行為であるかを問わず、また、執行官自身に向けられたものであると、補助者または立会人に対して加えられたものであるとを問わず、執行官に対する抵抗となり、その抵抗を排除するため、執行官は自らの力はもとより補助者の力も使用し、威力により排除できるとされる（執行官実務研究会編『執行官の実務』（民事法研究会、2005年）19頁）。

債権として建物所有者に対する建物の占有移転禁止を命ずる仮処分決定および建物の処分禁止を命ずる仮処分決定を得ておく必要がある[106][107]。

　建物収去土地明渡義務は、建物収去義務（作為義務）と土地明渡義務（非代替的作為義務）による複合的なものであって、建物収去義務の強制執行は作為義務の強制執行の例により執行される。すなわち、債権者が執行裁判所から授権決定（民執法171条1項）を経て、代替執行の手続により行う。収去対象の建物内にある目的外動産については、搬出のための債務名義を別に取得する必要はない。建物収去義務の中に当然含まれるからである。目的外動産については、執行官は、原則、債務者等に引き渡さなければならない（民執法168条5項）。それができない場合には、執行官が即時にあるいは保管後に売却をし、その売却代金を供託することができる（民執法168条5項後段・6項・7項・8項）。

　　(イ)　道路敷地の占有者と建物の占有者が異なる場合

　ケースBのように、当該道路敷地上の占有者と収去される建物の所有者が同じである場合、建物の収去義務の中に当該建物からの退去義務も含まれると解されているから、当該所有者に対する退去義務についての債務名義を別に得る必要はない[108]。他方、建物を占有している者が建物所有者でない場合、所有者に対する建物収去土地明渡しの債務名義に加えて建物占有者に対する建物退去義務についての債務名義が別に必要となるであろうか。

　賃借人など建物の所有者ではない占有者がいる場合、当該占有者には建物の占有はあっても土地の占有はないとも考えられる。しかし、最高裁は、建物はその敷地を離れて存在しえず、建物を占有する者は同時にその建物の敷地をも占有すると解している（最判昭和45・12・24民集24巻13号2271頁）。したがって、建物占有者が建物所有者と異なる場合には、当該建物占有者が退去を拒む場合

---

(106)　この場合、建物の占有者は建物占有を通じて土地を占有するに過ぎないから、敷地の占有について占有移転禁止の仮処分は必要ない（加藤新太郎＝山本和彦編『裁判例コンメンタール民事保全法』（立花書房、2012年）561頁〔野村英敏〕）。

(107)　不動産の明渡しの強制執行の場合には、その占有者を次々と入れ替える方法により執行妨害が行われることがある。これに対処するため、債務者を特定しないで、占有移転禁止の仮処分命令を発する制度がある（民保法25条の2）。

(108)　滝澤孝臣『民事法の論点──その基礎から考える』（経済法令研究会、2007年）167頁。

に備えて建物退去土地明渡しについての債務名義も得ておかなければならない。この場合も、当事者恒定効を確保するために、所有権に基づく建物退去土地明渡請求権を被保全債権として、建物占有者に対する建物の占有移転禁止を命ずる仮処分決定を得ておく必要がある。この際の建物占有者に対する執行は、執行官が直接強制により占有を解き[109]、自治体の長から権限の委任を受けた職員（＝指定代理人）が土地の占有を取得することにより行われる[110]。

(3)　緊急性を要する場合の対応

緊急性を要する場合には、確定判決を債務名義として強制執行するのではなく、所有権に基づく建物収去土地明渡請求権を被保全債権（建物占有者が建物所有者と異なる場合には、建物退去土地明渡請求権も被保全債権とする必要がある）として道路敷地の明渡しを命ずる仮処分決定等を得て、保全執行により対応することになる。ただし、この場合であっても当事者恒定効を確保するために、処分禁止の仮処分や占有移転禁止の仮処分決定も併せて得ておく必要があろう。

不動産の明渡しを命ずる仮処分決定の執行は、執行官が不動産に対する債務者の占有を解いて（目的外動産の撤去、人の退去など）、債権者にその占有を取得させる方法で行う（民保法52条、民執法168条1項）。代替的作為を命ずる仮処分決定の執行は、債権者が授権決定を得て代替執行に当たる（民保法52条、民執法171条1項）。代替執行に要した費用については、執行裁判所への申立てにより、債務者に対して当該費用をあらかじめ債権者に支払うべき旨を命ずる決定を得ることも可能である（民保法52条1項、民執法171条4項）。債権者はこれを債務名義（民執法22条3号）として金銭執行による回収を行う。建物占有移転の禁止を命ずる仮処分の執行は、保全命令の主文に従って執行される。すなわち、債務者が占有を解いて執行官に引き渡し、執行官において債務者が建物の移転または占有名義の変更を禁止されていること、および執行官が建物を保管してい

---

(109)　執行官は、債務者（占有者）に対して目的不動産から退去するように命じることができ、必要な排除措置をとることができる。たとえば、建物に施錠して執行官の立入りを拒否したり、目的外動産の搬出を妨害する場合には、必要な程度で威力を行使し、施錠を破壊し、手を掛けて連れ出すことができる。ただし、傷害を負わせるほどの有形力は行使できない（大阪青年司法書士会編『建物明渡事件の実務と書式——相談から保全・訴訟・執行まで』（民事法研究会、2006年）390頁）。

(110)　中野・前掲注（24）795頁。

ることの公示を命ずることにより行うことができる（民事保全規則44条）。建物の処分禁止を命ずる仮処分決定の執行については、処分禁止の登記をする方法により行われる（民保法55条1項）。

　なお、こうした保全命令の執行については、債務者に対して保全命令が送達された日から2週間を経過したときは、これをすることができない（民保法43条2項）。この2週間の執行期間内に執行の着手があれば足り、執行が完了することまでは必要ないとされている[111]。裁判所に対する授権決定の申立てをもって「着手」と解されるから、代替的作為を命ずる仮処分決定の執行にあっては、2週間の期間内に裁判所に対する授権決定の申立てすればよいことになる[112]。とはいえ、執行に際し十分な時間が用意されているとはいえないから、道路を管理する自治体は、保全命令の送達と同時に執行手続に着手できる準備をしておくことが求められる。

第3　将来における道路通行妨害予防

　ケースCのように、将来においても通行妨害が予想される場合、通行妨害をしてはならないという不作為義務を道路法71条に基づき課すことは可能か。同条1項は、「道路管理者は、次の各号のいずれかに該当する者に対して、この法律又はこの法律に基づく命令の規定によつて与えた許可若しくは承認を取り消し、その効力を停止し、若しくはその条件を変更し、又は行為若しくは工事の中止、道路（連結許可等に係る自動車専用道路と連結する施設を含む。以下この項において同じ。）に存する工作物その他の物件の改築、移転、除却若しくは当該工作物その他の物件により生ずべき損害を予防するために必要な施設をすること若しくは道路を原状に回復することを命ずることができる」と定めている。文理上、「行為若しくは工事」といった現に行われている違反行為の中止を命じることはできるが、将来、違反行為をしないことを命じることはできないと解される。

　したがって、また、将来における通行妨害を予防しようとする場合には、民

(111)　瀬木比呂志『民事保全法〔新訂第2版〕』（日本評論社、2020年）444頁。

(112)　瀬木・前掲注（111）446頁、東京地裁保全研究会編『民事保全の実務〔第3版〕（下）』（きんざい、2012年）162頁、東京高決昭和56・5・19判時1009号69頁。

事手法によるほかない。通行妨害の予防は、緊急を要する場合が多いため民事保全手続が中心となろう。自治体は、将来における通行妨害禁止を命ずる保全命令を得て、同命令に反した場合に執行裁判所に一定の金額（強制金）を債権者に支払うべき旨を命じてもらう間接強制（民保法52条1項、民執172条1項）により対処することになる。保全命令の執行に当たっては、本案訴訟での確定や本案訴訟における仮執行宣言の付与（民訴法259条1項）の必要はなく、保全命令を債務名義として執行することができる（民保法52条2項）。保全命令は性質上即時に執行力を生じさせ、かつ執行される必要性があることから、当事者の承継の場合を除き執行文の付与を受ける必要もない（民保法43条1項）。強制金決定は、強制金支払いの債務名義となるから（民執法172条5項、22条3号）、支払義務を履行しなければ、債務者の財産に対する強制執行により満足を受けることができる。

　また、債務者が通行妨害禁止を命ずる保全命令の内容に反するような行為（たとえば、道路に障害物を置くなどの行為）をした場合には、執行裁判所に対し授権決定の申立てを行い、この決定を得て代替執行により違反の除去を行うことができる（民保法52条1項、民執法171条1項、民法414条1項）。なお、こうした除却請求権は、本来の債務名義に表示された不作為義務に基づくものとは別個の請求権にほかならず、本来不作為の義務の内容には属さないから、理論上債権者は改めて除却についての債務名義を得なければならないものである。しかしながら、不作為義務の債務名義の成立後の債務者の違反行為により債務名義が容易に形骸化されるのでは、救済の実が挙げられないことを理由に、一種の代償的執行として認められている[(113)]。こうして、通行妨害禁止という不作為義務を課す保全命令を一度得ておけば、義務違反行為があるたびごとに除去の保全命令を得る必要はない。

　保全命令の執行については、債権者に対して保全命令が送達された日から2週間を経過したときは、これを行うことができないのが原則である（民保法43条2項）。不作為を課す保全命令は、債務者が違反行為をしない限り執行は問

---

(113)　中野・前掲注（24）813頁以下。

題にならないから、執行期間について特に考慮する必要はない[114]。なお、債権者が債務者の違反行為を知りながら長期間放置していたにもかかわらず、突如として代替執行あるいは間接強制の申立てを行った場合には、濫用的申立てもしくは信義則に反する申立てとして認められない場合もあろう。なお、債務者による事情変更を理由とする保全命令取消しの申立て（民保法38条）により保全命令自体が取り消される場合もある[115]。

第4　民事保全手続と担保

仮処分申請には、議会の議決は必要ない[116]。民事保全手続そのものは、本案訴訟とは別個独立の手続であるから、保全命令が発せられる際に本案が係属している必要もない。ただし、仮処分決定を得る際には、担保金の供託が求められる場合がある（民保法14条1項）。ただ、裁判実務では、こうした道路通行妨害排除の事案ではほぼ全て担保金の供託が求められているようである。

担保金は、違法な保全命令の執行により債務者が将来被る可能性のある損害の担保である。金額については、裁判官の裁量とされるが、担保額決定の基準については、①保全命令の種類、②保全目的物の種類・価格、③被保全債権の種類・価格を中心に、債務者の職業・財産・信用状態その他の具体的事情に即した予想損害、被保全権利や保全の必要性の疎明の程度等も考慮される。このうち、①については、現状を変更しない仮差押え、処分禁止の仮処分の場合よりも、現状変更を生じる仮の地位を定める仮処分等のほうが、民事保全により債務者が被る損害額が大きくなると考えられるため担保額が高額になる。また、債権者が国や自治体のように支払能力に問題がない場合であっても、債務者に優先弁済権を与えて損害の回復を容易にするのが担保金の機能であることから減免事由にはならない[117]。

担保金は、供託者を債権者、被供託者を債務者として管轄の供託所に供託するものである。担保金は、本案の勝訴判決が確定した場合、または保全命令の

---

(114)　瀬木・前掲注（111）447頁、東京地裁保全研究会・前掲（112）163頁。

(115)　瀬木・前掲注（111）447頁。

(116)　松本英昭『新版　逐条地方自治法〔第9次改訂版〕』（学陽書房、2017年）375頁。

(117)　瀬木・前掲注（111）86頁。

申立ての取下げなどの場合でなければ取り戻すことはできない。よって供託された担保金の取戻請求権の消滅時効の起算点については、供託時ではなく供託者の本案判決が確定したとき、または取下げをしたときであると解される。自治体が担保金を取り戻す場合、この期間内に取戻請求を行う必要がある。供託金の取戻請求権は、供託が民法上の寄託契約の性質を有することから、民法166条1項の規定が適用され権利を行使することができる時から10年間行使しないとき（同項2号）あるいは、権利を行使することができることを知った日から5年間行使しないとき（同項1号）に時効により消滅する[118]。

　自治体が担保に供する金額を支出する場合、いかなる歳出科目により支出すべきか。自治法施行規則15条関係別記に定めのある歳出科目28の「節」の中には、保全命令の担保供託の場合に直接該当するものがない。このような場合には、これらの節のうち、最も適切なものを選択するしかない。保全命令の担保金は、違法な保全命令によって債務者が被る可能性のある損害を担保するために、裁判所が債権者に対してあらかじめ提供することを求めるものであるから「補償、補填及び賠償金」を選択することが適切である[119]。なお、ケースBおよびケースCの例では、こうした考え方に基づき、「補償、補填及び賠償金」[120]として支出されている。

第5　民事保全手続と本案訴訟

　ケースBのように妨害物件が除去された場合、あるいは、ケースCのように保全命令により現実に原因者が妨害を停止し、将来にわたって妨害を行う可能性が低くなった場合のように、保全命令の目的が事実上達成された場合においても自治体は本案訴訟を行う必要があるか。本案訴訟を行わなければ、本案訴訟提起のために必要となる議会の議決、訴訟遂行のための事務、弁護士費用

---

(118)　最大判昭和45・7・15民集24巻7号771頁。同判決は、弁済供託についてのものであるが、裁判上の担保供託のように弁済供託以外の供託にあっても、実務上、同様に解されている。吉岡誠一編『よくわかる供託実務〔新版〕』（日本加除出版、2011年）276頁参照。

(119)　地方自治制度研究会編『地方財務実務提要』（ぎょうせい、1971年）4307頁（2012年11月10日加除版）。

(120)　「補償、補填及び賠償金」の意義については、月刊「地方財務」編集局編『地方公共団体歳出歳入科目解説〔8訂〕』（ぎょうせい、2011年）367頁以下参照。

等の支出を回避できる。また、本訴を提起したことによる原因者からの抗議を受けることもないであろう(121)。これらの理由から現実の自治体の対応としては、本案訴訟が回避されるケースも少なくないと思われる。

　ケースBでは、原因者に時効による道路敷地所有権取得の主張がみられたことや、空家とはいえ建物の除却という重大な結果をもたらす保全執行を行ったことから、当初、本案訴訟は提起すべきとの方針が決定されていた。しかし、元暴力団員を被告とすることが躊躇され、結局、本案訴訟が提起されることはなかった。相手方の問題があるにせよ保全執行が建物の除却という重大な結果をもたらしていることなどを考えると、本案訴訟による判決を取得しなければならないケースであったといえよう。なお、ケースBのように保全執行により既に目的物が撤去され存在しない場合においても、本案訴訟においては、仮処分の執行のなかった状態における請求の当否が判断される(122)ので、本案訴訟における訴えの利益が失われるわけではない。

　加えて、ケースBの場合、将来、原因者Bが道路敷地所有権の時効取得を主張する(123)ことも想定されたはずである。このような観点からも、本案訴訟（建物収去土地明渡請求訴訟）により確定判決を得ておくことが望ましかったといえよう(124)。

　次に、ケースCのように、保全命令の執行なくしてその目的を達している

---

(121)　実際の訴訟活動はしないとしても、保全手続で当事者となったことに加えて、本案訴訟でも当事者になることについて債務者の反発は小さくないであろう。

(122)　最判昭和35・2・4民集14巻1号56頁。

(123)　最判昭和51・12・24民集30巻11号1104頁は、公共用財産が、長年の間事実上公の目的に供用されることなく放置され、公共用財産としての形態・機能を全く喪失し、その物のうえに他人の平穏かつ公然の占有が継続したが、そのため実際上公の目的が害されるようなこともなく、もはやその物を公共用財産として維持すべき理由がなくなった場合には、右公共用財産については、黙示的に公用が廃止されたものとして、これについて取得時効の成立を妨げないものと解するのが相当であるとしている。

(124)　土地明渡請求訴訟における既判力の対象（＝訴訟物）は、所有権に基づく明渡請求権の有無であり、所有権の存在については、判決理由中の判断であって既判力は生じない（民訴法114条1項）。このため、理論上、敗訴した場合であっても、原因者が道路敷地を時効取得したと主張して、敷地の明渡しを求める再訴の提起は妨げられないことになる。したがって、念のため、土地明渡請求訴訟に加えて、中間確認の訴え（民訴法145条）を提起し、所有権の帰属について既判力を伴った判断を求めておくことも考えられる。

場合はどうか。この場合には、本案訴訟は必要とされないのであろうか。担保金を取り戻すことのみが目的であれば、本案訴訟の提起を回避して保全命令の申立てを取り下げるという対応も可能である。

　訴訟の取下げについては相手方の同意を要し（民訴法261条 2 項）、本案の終局判決後の取下げについては既判力は生じないものの再訴禁止となる（同法262条 2 項）。他方、保全命令の申立ての取下げは債務者の同意を得ることなくでき（民保法18条）、取下げ後も同一の被保全権利と保全の必要性に基づいて再申立てすることができる(125)。とはいえ、取り下げた場合は、原因者（債務者）に対し、その旨の通知がなされ（民事保全規則 4 条 2 項）、原因者が取下げを奇貨として再び紛争を蒸し返すリスクもある。やはりケース C のような場合においても、本案訴訟を提起すべきであったといえよう。

　なお、保全命令の申立てを取り下げると、はじめから発せられていないことになるから（民保法 7 条の規定による民訴法262条 1 項の準用）、現実的対応として、保全執行の申立ても同時に取り下げざるをえないことになる。この場合、ケース B のように保全執行を既に行っているケースであれば原状回復が必要となる。この点は重大である。

　いずれにしても、保全命令により命じられた内容は暫定の状態でしかないことを自治体は強く認識し、道路の適正かつ安全な管理の観点から、原則本案訴訟を提起し、勝訴判決を得ておくことが肝要である。

第 6 節　不当要求者等への対応等

　不当要求者、反社会組織の構成員など（以下、「不当要求者等」という）に対しては、行政手法、民事手法いずれの場合であっても特段の配慮が必要な場合がある。

　行政手法による場合、原則として道路管理を担当する部署が主体的に手続を進め、総務、法務部署がサポートするというのが自治体の一般的な執行体制であろう。義務者が不当要求者等であって、彼らによる暴力的言動、執拗な面談

---

(125)　瀬木・前掲注（111）207頁。

要求、実力行使、職員の私的生活領域への関与などがあった場合、基本的に担当部署の職員で対応しなければならない。しかし、こうした対応は担当部署の職員にとって、大きな精神的プレッシャーになりかねず、執行そのものへの躊躇につながることも少なくない。このような場合には、ケースＡのように、警察や関係機関と執行手続以前の早い時期から連携することが肝要である。

　道路法違反で告訴・告発をする場合には、自治体が自らの手で主体的に問題を解決しようとする姿勢を持ち、真摯な態度で警察との協議を重ねることが重要である。あわよくば、警察の主導により問題を解決できればといった安易な考えは持ってはならない。こうした考えは、警察に見抜かれ警察との協力関係は必ず失われ、告訴・告発だけではなく執行の際の協力を得られない可能性がある[(126)]。道路通行の妨害は、道路交通法に抵触する場合もあり、警察との連携協力は必須である。

　民事保全手続は高度な専門的知識が必要とされる手続ではないので、弁護士に手続を委任することは特に必要ないとの考え方もあろう。しかし、原因者が不当要求者等の場合には、弁護士を代理人として手続を進めるほうがよい場合もある。民事保全手続の場合、審尋期日が設定され、審尋は原則、交互面談方式で行われる。裁判所の廊下などのパブリックスペースで担当職員が相手方と遭遇する可能性はかなり高い。筆者も経験があるが、遭遇時に相手方から暴言を浴びせられたり、トラブルに発展することもある。したがって、相手方が不当要求者等であって交渉経過等から大きなトラブルが予想される場合には、民事保全手続の着手の際に弁護士を選任し、保全手続以外の対応についても全面的に委ねることが検討されるべきであろう。たとえば、岡山市では道路通行妨害事案に限らず、不当要求者等からの面談強要、実力行使が懸念される事案では、交渉権限を弁護士に委ね、担当職員は原因者およびその関係者と交渉を持たないようにするといった対応もなされている。

　民事手法は国民の信頼が厚い司法機関により行われることから、行政手法による解決よりもスムーズな解決が得られる場合もある。岡山市の事例ではある

---

(126)　宇那木正寛「政策法務と警察」地方自治職員研修45巻12号（2012年）33頁以下参照。

が、同市が開発分譲する宅地の販売説明会開催日前に、当該分譲宅地への唯一の出入口である市道敷上に「返せ北方領土！」とペイントされた大型の四輪駆動車がパンクした状態で放置されるという事件が発生した。分譲説明会の期日が迫り、車の所有者が右翼組織の代表者であると判明したことから、岡山市は、道路敷地の所有権に基づく土地明渡請求権を保全するため、妨害排除請求の仮処分申請を行った。これにより、右代表者は裁判所からの審尋期日の呼出状の送達を受けたため、当該説明会期日前に当該車両を自主的に撤去している。

また、岡山市の水道工事に伴う家屋損壊の補償額に不満であることを理由に市道の一部を掘削し、当該市道の通行を不可能とした事例があった。この際、岡山市が通行妨害禁止および復旧工事妨害禁止の仮処分申請をしたところ、審尋期日に訪れた原因者は、裁判官の説諭によって自己の行った実力行使を反省し、以後の妨害を中止している(127)。

これらの岡山市の事例は、いずれも行政手法による対応が可能であったが、「裁判所の権威」を利用した岡山市の巧みな解決手段であった。

第７節　民事手法の優位的領域の発見

第１　行政手法と民事手法との比較

これまで論じてきた道路通行妨害排除における行政手法と民事手法を比較すると、**図表３－４**のとおりである。

図表３－４　道路通行妨害排除における行政手法と民事手法の比較

	民事手法	行政手法
原因者の特定が不可能	不可	違法放置物件については、即時執行を行い（道路法44条の２第１項２号）、違法放置物件以外の物件については略式代執行を行う（道路法71条３項）。

(127)　経験豊かな裁判官による場合でなければ、このような対応は難しいかも知れない。

原因者 の特定 が可能	原因者に よる道路 敷地占有 を伴わな い場合	作為を 命ずる 場合	道路敷地の所有権または占有権に基づく妨害排除 の訴えを提起し、債務名義を得て通行障害物件に 対する移転または除去を行う。		違法放置物件に ついては、道路 法に定める独自 の代執行を行い （道路法44条の 2第1項1号）、 違法放置物件以 外の物件につい ては、道路法71 条1項、または、 2項に基づく命 令を発したうえ で、行政代執行 法に基づく通常 代執行を行う。
		不作為 を命ず る場合	道路敷地の所有権または占有権に基づく妨害予防 の訴えを提起し、債務名義を得て義務違反に対す る間接強制を行う。なお、不作為義務に反して妨 害物件が放置された場合には、執行裁判所の授権 決定を得てこれを代替執行により移転し、または 除去する。		対応不可
	原因者に よる道路 敷地占有 を伴う場 合	建物に よらな い占有 の場合	道路敷地の所有権に基づく土地明渡請求訴訟を提 起し、その債務名義を得て、直接強制または間接 強制により義務内容を実現する。		違法放置物件に ついては、道路 法に定める独自 の代執行を行い （道路法44条の 2第1項1号）、 違法放置物件以 外の物件につい ては道路法71条 1項、または、 2項に基づく命 令を発したうえ で、行政代執行 法に基づく通常 代執行を行う。 この場合におい て、道路敷地の 占有者や道路敷 地上の建物の占 有者に対する別 段の措置を施す ことなく、代執 行は可能である。
		建物に よる占 有の場 合	建物所有 者と建物 占有者が 同じ場合	道路敷地の所有権に基づく建物収去土 地明渡請求訴訟を提起し、直接強制、 間接強制、代替執行により義務内容を 実現する。	
			建物所有 者と建物 占有者が 異なる場 合	建物所有者に対しては、道路敷地の所 有権に基づく建物収去土地明渡請求訴 訟に加えて賃借人等の建物占有者に対 しては、建物退去土地明渡請求訴訟を 提起し、直接強制、間接強制、代替執 行により義務内容を実現する。	

第2　行政手法の絶対的優位領域

以上の検討を踏まえ、道路通行妨害排除における行政手法の絶対的優位領域、行政手法および民事手法の競合領域、民事手法の絶対的優位領域に分類する。

まず、原因者が特定できないケースである。このケースでは、行政手法の絶対的優位領域である。原因者が特定できなければ、債務名義あるいは保全命令を得ることは困難だからである[128]。なお、道路の通行を妨げている物件が道路法44条の2第1項に定める違法放置等物件に該当する場合には、同項2号に該当するとして当該違法放置物件を除去することが可能であるが（**図表3－5**の①）、違法放置等物件に該当しない場合には、道路法71条3項に基づき略式代執行手続によることになる（**図表3－5の②**）。

図表3－5　妨害排除手法の選択

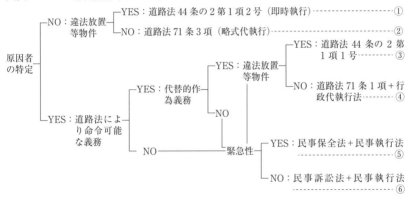

第3　行政手法および民事手法の競合領域

次に、原因者が特定できる場合であって義務の内容が代替的作為義務の場合である。その場合には、行手法13条1項2号に基づく弁明の機会の付与の手続

---

(128)　命令の申立てにおいては、申立書に当事者の特定が必要とされる（民事保全規則13条、18条、19条、23条）。特定が不十分であれば、申立ては却下される。なお、仮処分の申立てに当たり、占有者を特定することが困難な場合に対処するために、裁判所は、債務者を特定しないで不動産占有移転禁止の命令を発する制度（民保法25条の2第1項）があるが、不動産の占有を解く保全執行の際に当該占有者を特定することができない場合には、占有移転禁止の仮処分命令の執行を行うことはできない（民保法54条の2）。

（ただし、緊急性がある場合には不要。同条2項1号）を経て道路法71条1項の監督処分をなし、行政代執行法の定めるところにより、障害物件の除去を行う（**図表3－5の④**）。なお、妨害物件が違法等放置物件の場合には、道路法44条の2第1項1号の定めるところにより、行政代執行法に定める手続によることなく、道路法に定める独自の代執行を行うことができる。いずれの場合も行政庁自らが手続を管理し、行政庁のスケジュール管理のもとで障害物件の除去を進めることができる（**図表3－5の③**）。

　また、原因者が特定できる場合には、行政手法によることが可能か否かにかかわりなく、所有権、占有権に基づき、債務名義を取得し道路通行妨害排除の目的を達することも可能である（**図表3－5の⑥**）。道路管理という性質上、その機能回復には緊急性を要することが少なくないから、民事保全手続により保全命令を得て、これを債務名義として保全執行を行う場合が多いと思われる（**図表3－5の⑤**）。

　以上のように、行政手法と民事手法の両者による対応が可能な場合、裁判所を介することなく、代執行の手続を迅速に進めることができる、あるいは裁判費用が必要とされないなどの理由から行政手法が選択されることが一般的であろう。

第4　民事手法の比較的優位な領域

　前述のように、行政手法と民事手法の両者をともに選択しうる場合であっても、次に述べるように、紛争の確実かつ有効な解決という観点から、民事手法のほうが比較的優位な領域がある。

　第一に、除去対象物件の所有権または占有が移転される可能性があるケースである。手続途中で除却対象物件が移転された場合には、対物処分としての性格を有するものでない限り、改めて新所有者に対し代執行に至る一連の手続を行わなければならない。これに対し、民事手法であれば、所有権あるいは占有の移転に伴う執行手続の煩雑さを回避するため、処分禁止あるいは占有移転禁止の仮処分を利用し、当事者恒定効を確保することができる。道路法71条1項は、「道路管理者は、次の各号のいずれかに該当する者に対して……命ずることができる」（傍点筆者）と定めるように、文理上、また監督処分の性格上、道

路法71条１項に基づく監督処分は対人処分と解される。したがって、除却対象物の所有権または占有が移転されるなどの執行妨害の可能性がある場合、これに備えて民事手法を選択するメリットがある。

　第二に、道路敷地の一部が建物により不法に占有され、当該建物の占有者がいるケースである。行政手法では、道路敷地の占有者の有無にかかわらず当該建物に対する代執行は可能であり、この際、占有者に対しても法令上特別の手続を行う必要がない[129]。また、代執行に際して抵抗があれば、執行に必要な範囲でこれを排除することができる。しかし、この場合、占有者は民事手続のように、執行対象者として自己の権利を主張する機会が手続上十分に保障されていないため、代執行の際に大きなトラブルに発展することも少なくない。この場合にも民事手法が推奨されよう。

　第三に、ケースＢのように、義務者が不当要求者等のケースである。このようなケースでは、裁判所が主体となって手続が進められる民事手法のほうが、担当職員のストレスは少ないであろう。

第5　民事手法の絶対的優位な領域

　民事手法の絶対的優位な領域とはどのような場合か。たとえば、道路敷地の権原を取得せず、道路供用開始が適法になされていない場合である。こうしたケースでは、自治体は、道路法上の権限を行使して妨害排除を行うことはできず、占有権に基づく妨害排除請求を行うほかない（図表３－５の⑤および⑥）。

　また、将来にわたって道路通行の支障となる物件を放置するなどして、道路通行妨害をする可能性があるケースも、道路法71条１項に基づき将来の通行妨害を禁止するという不作為義務を課すことはできないから、民事手法によるほかない。民事手法による場合、民事訴訟を提起し、確定判決を得てこれに基づ

---

(129)　広岡・前掲注（20）181頁以下は、行政庁が、法規に基づいて公益上の必要から建物の除却をその所有者に命じたときには、所有者が除却を義務づけられるほか、第三者たる占有者も所有者の義務履行に協力すべく拘束され、いよいよ代執行の実力の段階になると、所有者等を相手方とする建物除却の代執行において、第三者たる占有者に対して独立の代執行手続をとらずに、その動産の搬出等、建物除却に伴う占有排除をなしうるとする。また、この際、占有者に不測の打撃を与えないように、所有者に命令や戒告をしたときに、占有者にもその旨を通知し、立退きを勧告する事前手続をとっておくことは不可欠であるとしている。

き強制執行することが基本となるが、道路管理の特性上、緊急性を要し、民事
保全手続を中心に対応することが必要となろう（**図表3-5**の⑤）。

第6　いずれの手法によっても対応できない領域

　最後に、行政手法または民事手法のいずれの領域においても対応できない領
域はあるか。何らの権原も得ることなく道路の供用開始がなされ、かつ、道路
敷地の占有が奪われている場合である。こうしたケースでは、供用開始が無効
で道路法上の権限を行使できないし、敷地所有権がなく、占有も失っているか
ら民事手法も選択しえない。このようなケースは現実には稀であると考えられ
るが、敷地の権原を取得し、あるべき管理を回復するほかないといえよう。

第8節　おわりに

　道路法が用意する通行障害に対する機能回復のシステムは、公物管理につい
て定める他の法令と比較して不十分というわけではなく、現実の対応において
制度上の大きな改善の必要性があるわけではない。このことから、道路管理は、
まず道路法に定めるメニューで対応することが基本となろう。しかし、原因者
が特定できない場合を除けば、民事手法が絶対的優位な領域も存在しているし、
行政手法および民事手法が競合する領域においても民事手法が相対的に優位な
場合も少なくない。

　こうした点を踏まえ、自治体は事案の内容を十分吟味し、紛争の根本的かつ
効果的な解決を目指す観点から民事手法の選択を視野に入れた対応も検討すべ
きである。

【謝辞】　執筆に当たっては、民事執行、民事保全手続について豊かな実務経
験をお持ちの鷹取司弁護士（岡山弁護士会所属）から貴重なご意見、ご示唆をい
ただいた。また、岡山市政策法務課の河本則彦氏には、自治体の訟務担当者の
立場からご助言をいただいた。お二人にはこの場をお借りしてお礼を申し上げ
る。

第2部　行政代執行の実務と課題

第4章　急傾斜地法による緊急代執行の課題

第1節　問題の所在

　行政代執行とは、法令に反する行為を行った者に対して、当該違反行為の停止、これによって生じた損害の除去、あるいは、原状に回復することを命じ、当該義務が履行されなければ、行政庁がその義務を義務者に代わって履行し、それに要した費用を国税徴収法の例により義務者から徴収するシステムである。

　この制度は、行政過程において、公益を実現するための重要かつ最終の手段であるにもかかわらず、十分に活用されているといはいい難い状況にある。

　行政代執行制度の機能不全原因として、一般的に挙げられるのは、法2条に規定されている実体要件が厳格である、物件保管に関する規定がない、代執行費用の範囲を確定することが困難である、代執行費用の徴収には滞納処分の知識が必要である、代執行費用の回収が困難である、膨大な事務量を要するにもかかわらずマンパワーが不十分である、実施経験が必要であるにもかかわらずこれが不足している、強権発動のイメージがあるため首長等の最終決定権者がその執行に消極的になる、などである[1][2]。また、こうした原因以外にも、代執行には異例かつ多額の予算執行を伴う[3]、義務者や反社会勢力による執行妨

（1）　日本都市センター『行政上の義務履行確保等に関する調査研究報告書』（2006年）17頁、黒川哲志「行政強制・実力行使」磯部力＝小早川光郎＝芝池義一編『行政法の新構想Ⅱ』（有斐閣、2008年）119頁以下、宇賀克也『行政法概説Ⅰ〔第7版〕』（有斐閣、2019年）254頁以下、高木光『行政法』（有斐閣、2015年）173頁、大橋洋一『行政法Ⅰ〔第4版〕』（有斐閣、2019年）310頁以下、櫻井敬子＝橋本博之『行政法〔第6版〕』（弘文堂、2019年）170頁、高橋滋『行政法〔第2版〕』（弘文堂、2018年）175頁以下参照。

（2）　大橋・前掲注（1）311頁は、代執行の際に必要とされる具体的事務の例として、①執行責任者ほかの実施体制編成、②物件保管場所の確保・予算措置、③物件解体・撤去等の業者手配・予算措置、④執行停止申立てに対する答弁書の事前作成、戒告、代執行令書の通知の取消訴訟に対する本案応訴準備書面作成、⑤記者発表資料作成、⑥警察への支援要請・事前打合せ、⑦行政の最高責任者への説明、⑧実施後の費用徴収・物件取引等の手続を挙げている。

（3）　特に、小規模自治体にとって、代執行を実施するための予算確保は容易ではない。

害への対応が生じる場合がある[4]、争訟対応も必要な場合がある、といった原因も挙げられよう。

　ただ、こうした機能不全原因が全ての代執行に共通して存するわけではない。たとえば、厳格であるとされる実体要件については、建基法9条12項のように緩和されているものもある。廃掃法に基づく廃棄物撤去の場合には、物件保管管理の問題は生じない[5]。また、道路法に基づく道路通行の支障となる小規模物件の撤去のように、多大なマンパワーは必要とされないものもある。

　このように、代執行実施の難易度は、個々の行政分野によって異なるものの、代執行が最も重要な法益である国民の生命を危うくする状況を解消する必要があれば、代執行権限を行使せざるをえない。

　代執行の実施に向けての課題を克服するためには、様々な課題を克服してなされた多種多様な代執行の執行過程に対する臨床的考察により、知見およびノウハウ（＝実務の知恵）を抽出し、それらの体系化を図ることが必要である。この際、義務賦課処分の根拠となっている法律の趣旨・目的、および代執行に至るプロセスも含めて考察対象としなければならない。

　そこで第二部では、現実に行われた複数の行政分野における代執行について論ずる。本章では、その嚆矢として、鹿児島県が急傾斜地の崩壊による災害の防止に関する法律により実施した緊急代執行を取り上げる[6]。以下、義務賦課処分の根拠となる急傾斜地法の目的、内容や義務賦課処分から緊急代執行完了に至るまでの執行過程を明らかにしたうえで、急傾斜地法による行政代執行における課題克服に必要な処方箋となりうる知見およびノウハウの抽出を試みたい。

（4）　執行妨害に対する警察との協力体制の構築については、宇那木正寛「政策法務と警察」地方自治職員研修45巻12号（2010年）33頁以下参照。

（5）　建物除却の代執行については、除却対象建物内に存置されている執行対象外物件の保管場所をどのように確保するか、保管およびその費用請求の法的性格をどのように解するかといった困難な問題がある。

（6）　平成28年1月29日、鹿児島県鹿児島地域振興局建設総務課において関係者に対するヒアリングを実施した。調査にご協力をいただいた同課の皆様には、公務ご多忙にもかかわらず貴重な情報の提供をいただいた。この場をお借りしてお礼を申し上げたい。

第2節　法律の概要

　急傾斜地周辺の人命財産の保護については、従来、砂防法、地すべり等防止法、森林法、宅地造成等規制法等により、それらの法目的の範囲内で対策が講じられていたが、昭和44年になって、原因地における有害行為の規制、急傾斜地崩壊防止施設の工事などを含んだ総合的法制度として、急傾斜地法[7]が制定された。その後、原因地対策手法では十分とはいえないとして、平成12年になって、立地規制手法を中心とする、土木災害警戒区域等における土砂災害防止対策の推進に関する法律が制定された[8]。

　急傾斜地法は、急傾斜地の崩壊による災害から国民の生命を保護するため、急傾斜地の崩壊を防止するために必要な措置を講じ、もって民生の安定と国土の保全とに資することを目的とするものである（1条）。

　急傾斜地法では、「急傾斜地」について、傾斜度が30度以上である土地であると、「急傾斜地崩壊防止施設」について、急傾斜地崩壊危険区域内にある擁壁、排水施設その他の急傾斜地の崩壊を防止するための施設であると、「急傾斜地崩壊防止工事」について、急傾斜地崩壊防止施設の設置または改造、その他急傾斜地崩壊危険区域内における急傾斜地の崩壊を防止するための工事であると、それぞれ定義している（2条1項・2項・3項）。

（7）　同法についての解説は多くはないが、主なものとして、酒井德吾「いわゆるがけ崩れ防止法について」時の法令691号（1969年）33頁以下、建設省河川局急傾斜地法研究会編『急傾斜地法の解説』（全国加除法令出版、1970年）がある。また、森林行政と急傾斜地法との関係を解説するものとして、山口岩介「急傾斜地法の施行」林野時報16巻7号（1969年）63頁以下がある。その他、急傾斜地法の現実の運用に関する文献として、近藤浩一「急傾斜地法施行30周年にあたり」防災と治水32巻3号（1999年）9頁以下、「『急傾斜地法』施行30周年記念座談会」同18頁以下がある。

（8）　急傾斜地法が急傾斜地崩壊危険区域の指定により、切り土、盛り土等がけ崩れを誘発助長する行為を防止するといった原因地（発生源）対策であるのに対して、土砂災害防止法は、建築基準法上の規制が及ぶ土砂災害特別警戒区域を定め、立地規制による強力な手法を用いた制度となっている。なお、急傾斜地崩落危険区域の指定がなされた場合に、自治体が災害危険区域（建基法39条）に指定したうえで、当該災害危険区域内における建築規制を条例で定めることができるとしていた旧急傾斜地法39条1項および2項の規定は、土砂災害防止法附則5条の規定により削除されている。土砂災害防止法の解説として、土砂災害防止法研究会編『土砂災害防止法解説』（大成出版社、2000年）、全国治水砂防協会『改訂第3　土砂災害防止法令の解説』（全国治水砂防協会、2020年）がある。

　「急傾斜地崩壊危険区域」とは、崩壊するおそれのある急傾斜地で、その崩壊により相当数の居住者その他の者に危害が生ずるおそれのあるもの、およびこれに隣接する土地のうち、当該急傾斜地の崩壊が助長され、または誘発されるおそれがないようにするため、都道府県知事が関係市町村長の意見を聴いて指定する区域である（3条1項）[9][10]。都道府県知事は、この指定または指定廃止に当たっては、国土交通省令で定めるところにより、当該急傾斜地崩壊危険区域を公示するとともに、その旨を関係市町村長に通知しなければならない（同条3項）。この公示によって、急傾斜地崩壊危険区域の指定または廃止はその効力を生ずる（同条4項）。指定に際しては、地形、地質水等の状況に関する現地調査が行われるが、そのための立入調査権が認められている（5条）。指定された際には、指定区域内にその旨の標識が設置される（6条）。なお、指定は、この法律の目的を達成するために必要な最小限度のものでなければならない（3条2項）。

　急傾斜地崩壊危険区域内においては、非常災害のために必要な応急措置として行う行為、当該急傾斜地崩壊危険区域の指定の際すでに着手している行為などを除き、①水を放流し、または停滞させる行為その他水のしん透を助長する行為、②ため池、用水路その他の急傾斜地崩壊防止施設以外の施設または工作物の設置または改造、③のり切、切土、掘さくまたは盛土、④立木竹の伐採、⑤木竹の滑下または地引による搬出、⑥土石の採取または集積、⑦その他急傾

（9）「急傾斜地崩壊危険区域の指定について」昭和44年8月25日（建河砂第54号）各都道府県知事あて建設省河川局長通達によれば、指定基準は、①急傾斜地の高さが5メートル以上のもの、②急傾斜地の崩壊により危害が生ずるおそれのある人家が5戸以上あるもの、または5戸未満であっても、官公署、学校、病院、旅館等に危害が生ずるおそれのあるもの、とされている。また、同通達は、指定に当たって、急傾斜地崩壊防止工事（都道府県営工事）を施行したもの、施行中のもの、もしくは施行するもの、災害を受けたもの、危険度の高いものまたは急傾斜地の崩壊により危害が生ずるおそれのある人家戸数の多いもの等について考慮のうえ、緊要なものから順次、すみやかに指定することとされたいとしている。

（10）　急傾斜地崩壊危険区域の指定については、私権制限を伴うゆえに、当該区域の範囲を、現地において明確に確定すること等の慎重な準備が必要であるところ、高知県知事が本件崩壊地の具体的危険性を予見できてから災害の発生までにわずか15日しかないため、知事につき、急傾斜地崩壊危険区域指定の義務は発生していなかったと判示するものがある（高知地判昭和59・3・19判時1110号39頁）。

斜地の崩壊を助長しまたは誘発するおそれのある行為を行おうとする場合には、都道府県知事の許可が必要である（7条1項）。同許可には、急傾斜地の崩壊を防止するために必要な条件が付される（同条2項）。なお、国または自治体がこうした制限行為を行う場合には、都道府県知事と協議をすれば足りる（同条4項）。

　都道府県知事は、急傾斜地法7条1項の許可を受けないで制限行為を行った者、許可に付した条件に違反した者、偽りその他不正な手段により許可を受けた者に対して、許可を取り消し、もしくは同項の許可に附した条件を変更し、または制限行為の中止その他制限行為に伴う急傾斜地の崩壊を防止するために必要な措置をとることを命ずることができる（8条1項）。この措置命令に違反した者は、1年以下の懲役または10万円以下の罰金に処される（27条）。なお、過失がなくてその措置をとることを命ずべき者を確知することができない場合に備えて略式代執行の規定が置かれている（8条2項）。

　急傾斜地崩壊危険区域内の土地の所有者、管理者または占有者は、その土地の維持管理については、当該急傾斜地崩壊危険区域内における急傾斜地の崩壊が生じないように努めなければなりならず（9条1項）、急傾斜地崩壊危険区域内における急傾斜地の崩壊により被害を受けるおそれのある者は、当該急傾斜地の崩壊による被害を除却し、または軽減するために必要な措置を講ずるように努めなければならない（同条2項）。

　こうした、土地の所有者等の努力義務があることに加え、都道府県知事は、急傾斜地崩壊危険区域内における急傾斜地の崩壊による災害を防止するために必要があると認める場合においては、当該急傾斜地崩壊危険区域内の土地の所有者、管理者または占有者、その土地内において制限行為を行った者、当該急傾斜地の崩壊により被害を受けるおそれのある者等に対し、急傾斜地崩壊防止工事の施行その他の必要な措置をとることを勧告することができる（9条3項）。

　さらに、都道府県知事は、急傾斜地崩壊危険区域内の土地において制限行為が行われ、かつ、当該制限行為に伴う急傾斜地の崩壊を防止するために必要な急傾斜地崩壊防止工事がなされていないか、または、きわめて不完全であるためにこれを放置するときは、当該制限行為に伴う急傾斜地の崩壊のおそれが著

しいと認められる場合においては、その著しいおそれを除去するために必要であり、かつ、土地の利用状況、当該制限行為が行われるに至った事情等からみて相当であると認められる限度において、当該制限行為の行われた土地の所有者、管理者または占有者に対し、相当の猶予期限をつけて、急傾斜地崩壊防止工事の施行を命ずることができる（10 条 1 項）。

この場合において、制限行為の行われた土地の所有者、管理者または占有者以外の者の行為によって急傾斜地の崩壊の著しいおそれが生じたことが明らかであり、その行為をした者に同項の工事の全部または一部を行わせることが相当であると認められ、かつ、これを行わせることについて当該制限行為が行われた土地の所有者、管理者または占有者に異議がないときは、都道府県知事は、その行為をした者に対して、同項の工事の全部または一部の施行を命ずることができる（10 条 2 項）。同条 1 項および 2 項の改善命令の規定は、8 条 1 項に基づく措置命令の対象者に対しては適用されない（10 条 3 項）。改善命令に従わない場合には、措置命令に従わなかった場合と同様に代執行を行いうる。改善命令に違反した者は、6 月以下の懲役または 5 万円以下の罰金に処せられる（28 条 3 号）。

以上のように、急傾斜地法は、傾斜地崩壊危険区域内の土地の所有者、管理者または占有者、その土地内において制限行為を行った者、当該急傾斜地の崩壊により被害を受けるおそれのある者らが急傾斜地の保全義務を負うものとしている。ただし、急傾斜地崩壊防止工事のうち制限行為に伴う急傾斜地の崩壊を防止するために必要な工事以外の工事、すなわち、自然がけの防止工事であって、当該急傾斜地の所有者、管理者もしくは占有者または当該急傾斜地の崩壊により被害を受けるおそれのある者が施行することが困難または不適当と認められるものについては、都道府県がこれを施行する（12 条 1 項）[11]。この場合において、砂防法 2 条の規定により指定された土地、森林法 25 条 1 項もしく

---

(11)　鹿児島地判昭和 62・1・27 判時 1234 号 131 頁は、崩壊した急傾斜地について、鹿児島県知事が指定した急傾斜地崩壊危険区域内に含まれておらず、急傾斜地法上、事前に災害を防止するための権限がないこと、また、緊急性のない限り区域指定に先んじて防災工事等の措置を施すべき義務はないとして、鹿児島県知事の急傾斜地法上の義務を否定した。

は25条の２第１項もしくは２項の規定により指定された保安林、もしくは41条の規定により指定された保安施設地区もしくは地すべり等防止法３条１項の規定により指定された地すべり防止区域もしくは４条１項の規定により指定されたぼた山崩壊防止区域については適用されず、個別の法律による対応とされている（12条２項）。

これらの急傾斜地崩壊防止工事は、政令で定める技術的基準に従い、施行しなければならない（14条２項）。また、国は、都道府県に対し、予算の範囲内において、政令で定めるところにより、こうした都道府県営工事に要する費用の２分の１以内について補助することができる（21条）。こうした都道府県営工事により著しく利益を受ける者がある場合、都道府県は、その利益を受ける限度において、その者に当該都道府県営工事に要する費用の一部を負担させることができる（23条１項）が、負担金の徴収を受ける者の範囲およびその徴収方法については、都道府県の条例で定めなければならない（23条２項）[12]。

第３節　事例の概要

第１　緊急代執行に至る経緯[13]

急傾斜地法３条に基づき急傾斜地崩壊危険区域[14]に指定されていた鹿児島市皷川町39番、44番および46番（地目山林、面積2,485㎡）の土地（以下、「本件土地」という）の所有者であったＡは、急傾斜地法７条に基づき事務所建築に係

---

(12)　都道府県条例の例として、大阪府急傾斜地崩壊防止工事に係る負担金の徴収に関する条例がある。なお、鹿児島県においては、住民から受益者負担金を徴せず、工事規模に応じて鹿児島県あるいは鹿児島県下の市町村が当該急傾斜地崩壊危険区域内にある土地の所有権を寄付により取得し、公共土木工事として行っている。ただし、鹿児島県が行う工事の場合、その工事費の一部を地方財政法27条に基づき市町村に負担を求めている。こうした手法がとられるのは、現実に多額の費用負担を住民に求めることが困難であり、自治体が寄付を受けて自己所有の財産として管理するほうが確実だからである。なお、佐賀市急傾斜地崩壊防止事業分担金条例のように、市町村が行う急傾斜地崩壊防止工事に係る急傾斜地崩壊防止事業、および都道府県が行う急傾斜地崩壊対策工事に係る急傾斜地崩壊対策事業について、当該市町村が負担する経費の一部に充てるため、自治法224条に定める分担金条例を制定して住民から受益者負担金として徴収する例もある。

(13)　本件措置命令が発せられるまでの経緯について詳細に紹介するものとして、真鍋政彦「鹿児島の民地崩落は、『施工方法に問題』」日経コンストラクション2015年10月26日号16頁以下がある。

(14)　鹿児島における急傾斜地崩壊危険区域指定については、鹿児島県防災三法情報マップ（http://www.kago-kengi-cals.jp/sabomap/map.html〔平成令和３年11月15日最終閲覧〕）を参照。

る切土の許可を受けていたが、その後、許可なく共同住宅の建築を目的とする法面の掘削工事を行っていた。

こうした事実を受け、鹿児島県鹿児島地域振興局長（以下、「局長」という）は、Aに対し、変更許可申請を行うように指導したところ、Aはこれに従い、平成27年5月25日付けで共同住宅建築のための法面保護および基礎工事のための掘削へと変更許可申請を行った[15]。

局長は、平成27年5月27日付け急傾斜地崩壊危険区域内行為変更許可書により、条件を付して変更許可を行った。当該変更許可に際して付された条件とは、①工事の施工に当たっては、急傾斜地崩壊防止施設を毀損したり不安定にしないように工法等に十分注意すること、②行為許可期間中および許可行為終了後も、許可行為に伴う雨水等による支障が発生しないようにすること、③法面保護工、掘削工の施行時には、土砂等が急傾斜地下に崩落しないように工法等に十分留意すること、④許可行為に伴う苦情については、申請者が責任をもって対応すること、⑤工事施工により急傾斜地崩壊防止施設を毀損したときは、直ちに連絡し、その指示に従い、自らの負担と責任において原形に復旧すること、⑥建築基準法等その他必要な法手続についての協議は所管する関係機関と行うこと、⑦許可行為が終わるまでの間、許可を受けた場所に許可標識を立てておくこと、⑧許可行為に着手するときは5日前までに、許可行為を中止・廃止したとき、または、許可行為が完了したときは速やかに急傾斜地崩壊危険区域内行為着手（終了・中止・廃止）届を提出すること、⑨許可期間の更新を受ける場合は、許可期間が満了する1か月前までに急傾斜地崩壊危険区域内行為許可期間更新申請書を提出すること、⑩許可行為の内容を変更しようとするときは、急傾斜地崩壊危険禁止区域内行為変更許可申請書を提出すること、⑪住所または氏名の変更があったときは住所氏名等変更届を提出すること、⑫申請者が施行した施設については、申請者の責任において急傾斜地崩壊防止施設としての機能を維持するとともに、防災措置には万全を期すこと、また、当該施設を改

---

(15)　変更申請は、事務所等の建築を目的とする切り土工事等（掘削量363㎡）等を、法面コンクリート吹付工事等（吹付面積493.12㎡、掘削量は1,128㎡、工事期間を平成27年12月28日まで延長）とするものであった。

良変更する場合には、事前に許可を得ること、⑬梅雨等災害の発生が予想され
る場合に、その都度県の立入調査に協力すること、⑭隣接する急傾斜地崩壊防
止施設の機能保持について協力をすること、であった。

第 2　応急対策工事に係る緊急代執行の実施

　平成27年 9 月14日午前10時40分頃、 3 階建ての共同住宅の建設に伴うコンク
リート吹付作業中の斜面が、幅30m、高さ20m にわたり崩落した。鹿児島市は、
さらなる法面の崩落（二次災害）が起こるおそれがあることから、皷川町 9 街
区および池之上町25街区の一部の住民に対しては、平成29年 9 月14日午前11時
に、皷川町 7 街区および 8 街区の一部の住民に対しては、同日午後 2 時に避難
勧告を発した⁽¹⁶⁾。この勧告に応じて、勧告対象となった周辺住民23世帯54人
のうち、 8 世帯19人が鹿児島市の施設（たてばば福祉館）に避難した⁽¹⁷⁾。

　この事実を受けて、局長は、急傾斜地法 8 条 1 項の規定に基づき、平成27年
9 月15日付け措置命令書において、A が前記変更許可に付された前記条件の
うち①、③、④、⑤および⑫に違反したとして、急傾斜地の崩壊を防止するた
めに必要な措置および災害を防止するための応急措置を直ちに講ずることを命
じた⁽¹⁸⁾。この措置命令のうち、急傾斜地の崩壊を防止するために必要な措置
とは、本格的復旧を目的とする恒久対策工事であり、災害を防止するための応
急措置とは二次災害を防止することを目的とする応急対策工事である。なお、
同措置命令書は、緊急を要するため、義務者へ交付送達されている。

　これに対して A は、資金不足等を理由として、当該措置命令を履行できな
い意思を明らかにした。これにより、鹿児島県知事（以下、「知事」という）は、

---

⑯　所管部署は、鹿児島市市民局危機管理部危機管理課である。なお、避難所の管理については、
　同市健康福祉局福祉部地域福祉課が所管となっている。

⑰　「のり面工事現場崩落」南日本新聞平成27年 9 月15日27面。なお、平成28年 9 月24日午後 5 時
　には応急対策工事は始まったことから、避難勧告の一部解除が行われ、これにより避難者全員が帰
　宅したため、翌日午後 2 時をもって避難所は閉鎖されている。

⑱　急傾斜地崩壊危険区域の指定関係の事務等を除き、所管域内の制限行為の許可（急傾斜地法 7
　条 1 項）、許可の取消し、措置命令（ 8 条 1 項）などは、鹿児島県知事から局長へ権限の委任がな
　されている（鹿児島県事務処理規則 9 条および別表 6 砂防課の部「急傾斜地の崩壊による災害の防
　止に関する法律（昭和44年法律第57号）の施行に関する事務」の款「⑩違反者等に対する制限行為
　の許可の取消し等及び措置命令（法 8 ①）」の項参照）。

法3条3項に基づき、平成27年9月15日から同年10月23日までの間、災害を防止するための応急措置についての緊急代執行を実施した[(19)][(20)]。

応急対策工事は、①県単急傾斜施設等整備調査委託契約（池之上2地区）、②県単急傾斜施設等整備工事（池之上2地区）請負契約、③県単急傾斜施設等整備工事（池之上2地区1工区）請負契約および④県単急傾斜施設等整備工事（池之上2地区2工区）請負契約により、実施されている。このうち①は、法面の亀裂の大きさの変化を観測するための地盤伸縮計を設置するための委託契約であり、②および③は、二次災害による危険が予想される箇所に土のうの据付工事を行うものであり、④は、法面に打ち込む軽量鋼矢板の製作および設置ならびにコンクリートブロックの据付け、法面のコンクリート処理など応急対策工事の中心的工事に該当するものである。いずれの契約の締結も緊急性を要することから随意契約（自治法234条、自治法施行令167条の2）により締結されている[(21)]。

第3　緊急代執行に係る代執行費用の請求

知事は、平成27年10月13日付け代執行費用納付命令書により県単急傾斜施設等整備工事（池之上2地区）分266万5,000円（平成27年11月2日納付期限）を、平成27年10月19日付け代執行納付命令書[(22)]により県単急傾斜施設等整備工事（池之上2地区1工区）分1,162万7,000円（平成27年11月9日納付期限）を、平成27年11月16日付け代執行費用納付命令書[(23)]により県単急傾斜施設等整備工事（池之上2地区2工区）分3,921万1,000円および県単急傾斜施設等整備調査委託（池之上2地区）分278万円の合計4,199万1,000円（平成27年12月7日納付期限）を、

---

(19)　行政代執行の権限は、法律上の権限者である知事が行使し、その決定は、知事決裁とされている（鹿児島県事務処理規則5条および別表1「各課等共通事項の決裁」の部「34　その他の事務」の款「(1) 代執行の決定」の項参照）。

(20)　本件緊急代執行および関連処分に対し、平成27年11月12日付けで不服申立てがなされている。その後、行政訴訟も提起されている。

(21)　代執行に必要な契約を締結する場合には、予備費（自治法217条）から支出することが一般的であると思われるが、本事案では、一般工事費の未執行部分（執行残）により対応されている。

(22)　同命令書には、費用請求の内訳として「盛土工、大型土のう工」の記載がある。

(23)　同命令書には、費用請求の内訳として「盛土工、大型土のう工、仮設防護柵工、構造物取壊工、仮設モルタル吹付工、地盤伸縮計設置・観測費用、現場監視費用」との記載がある。

それぞれ請求した。その後、鹿児島県知事は、緊急代執行に係る応急対策工事の費用が納入されないことから、平成27年12月21日および平成28年1月8日付けで、義務者の財産に対して差押えを行っている[24]。

第4　恒久対策工事に係る通常代執行の実施

知事は、応急対策工事終了後、義務者が恒久対策工事を履行しないことが明らかになったので、平成27年12月9日付け戒告書で、急傾斜地法8条1項に基づき発した措置命令のうち、急傾斜地の崩壊を防止するための必要な措置（恒久対策工事）を直ちに行う義務が不履行であるとして、義務者に対して戒告を行った。

この戒告には、恒久対策工事を行うに当たって、次のような条件が付されている。すなわち、①事前に局長の了承を得たうえで、平成27年12月24日までに、恒久対策工事着手に向けた調査計画書[25]を局長に提出すること、②事前に局長に了承を得たうえで、平成28年3月31日までに恒久工事の工法等の検討を行うために必要な測量、地質調査および設計を実施すること、③工事の設計図面を期限までに提出すること、④工事に当たっては、局長の了承を得た工法で、平成29年3月31日までに、局長の指示に従い工事を実施すること、⑤工事完了後は局長の完成検査を受け、履行期限までに合格すること、である。また、戒告には、「これらの条件のいずれかが履行期限まで履行されない場合は、恒久対策工事を実施する意思がないものとみなす」との文言が付記されている。

知事は、前述の戒告に続き、平成27年12月25日付けで恒久対策工事に係る代執行令書を発した。同書には、①代執行を行う場所（本件土地およびその周辺）、②代執行の内容（平成27年12月9日付け戒告に記された恒久対策工事を義務者に代わって知事が行うこと）、③代執行を行う時期（平成28年1月4日から平成29年3月末まで）、④代執行を行うために派遣する代執行責任者[26]、⑤代執行に要する費用の概算見積額（約1億5,000万円）が記載されている。

---

(24)　上柿元大輔「工事申請者の財産差し押え」南日本新聞朝刊2016年2月26日32面。

(25)　測量・地質調査・設計の実施方法やスケジュール等を記載したものである。

(26)　鹿児島地域振興局建設部長ならびに同部建設総務課長および同部河川港湾課長が執行責任者とされている。

これにより鹿児島県は、平成28年 6 月 6 日、恒久対策工事の代執行に着手し、翌年 3 月30日に完了した。なお、応急対策工事および恒久対策工事に係る代執行費はいずれも未回収となっている。

第 4 節　執行過程における組織対応

鹿児島県の緊急代執行の体制は、鹿児島県鹿児島地域振興局の建設部建設総務課[27]および河川港湾課[28]ならびに本庁の土木部砂防課[29]との合同によるものである。緊急代執行において中心的役割を担ったのは、鹿児島地域振興局河川港湾課であった。代執行事務従事者は地域振興局および本庁併せて20名程度であった。緊急代執行の現場事務所は設置されておらず、また、執行妨害は予想されなかったため、警察官の立会要求はなされていない。本件緊急代執行に当たっては、避難勧告、一時帰宅、避難勧告の解除等について鹿児島市市民局危機管理部危機管理課と協議が行われている。

鹿児島県は、平成27年 9 月14日、15日、18日および25日ならびに10月25日に、周辺住民を対象に法面崩落の原因、今後の対応等に関して説明会を開催している。なお、緊急代執行終了後の平成28年 3 月21日にも代執行による恒久対策工事を前に当該工事の内容についての住民説明会を開催している[30]。

代執行費用は、国税滞納処分の例により徴収されることから、河川港湾課は、徴収手続について鹿児島地域振興局内の県税滞納整理班の協力を得て対応して

---

(27)　鹿児島地域振興局建設総務課の分掌事務には、道路、河川、都市公園、港湾、海岸（国土交通省に係るものに限る）、砂防指定地、地すべり防止区域および急傾斜地崩壊危険区域の管理（工事を除く）に関することがある（鹿児島県行政組織規則60条 1 項建設総務課の表第 7 号）。

(28)　鹿児島地域振興局河川港湾課の分掌事務には、河川事業、海岸事業（国土交通省および水産庁の所管に係るものに限る）、港湾事業、漁港事業、砂防事業、地すべり対策事業及び急傾斜地崩壊対策事業（土木災害復旧事業を含む）に関することがある（鹿児島県行政組織規則60条 1 項河川港湾課の表第 1 号）。

(29)　本庁砂防課の分掌事務には、①砂防指定地、地すべり防止区域、急傾斜地崩壊危険区域、土砂災害警戒区域および土砂災害特別警戒区域の指定に関すること、②砂防指定地、地すべり防止区域および急傾斜地崩壊危険区域の管理、工事等に関すること、③砂防施設、地すべり防止施設および急傾斜地崩壊防止施設の災害復旧工事の施行および監督に関することがある（鹿児島県行政組織規則45条の 2 ）。

(30)　高野寛子「恒久工事の概要　県が住民に説明」南日本新聞朝刊2016年 3 月22日20面。

いる。

第5節　代執行機能不全原因

第1　機能不全原因(1)──実体要件の充足

　鹿児島県における本件緊急代執行の執行過程は、前述のとおりであるが、機能不全原因との関連でいえば、①実体要件の厳格性とその充足性、②代執行費用の範囲、③代執行の経験不足が及ぼす影響が問題となろう。以下、これらの点について検討する。

　まず、実体要件の厳格性とその充足性についてである。緊急代執行においても法2条に定める「他の手段によつてその履行を確保することが困難」（以下、「補充性要件」という）および「その不履行を放置することが著しく公益に反する」（以下、「公益性要件」という）といった実体要件を充足することが必要である。

　本件緊急代執行では、補充性要件に関して、周辺住民が所有権あるいは占有権に基づく妨害予防請求権を行使しうることが、他の手段に該当しないかどうかが問題となる。文理上、他の手段とは行政庁がとりうる手段であり、その履行は行政庁によって命じられた公法上の義務であることから、周辺住民が私法上の権利を行使しうるからといって補充性要件の充足が妨げられるものとはいえない。

　次に、公益性要件についてである。公益性要件を充足するか否かは、代執行を行う必要性の程度の問題に置き換えて判断することができる[(31)]。この必要性の判断を行う際には、当該義務を課す法令の趣旨・目的から離れた恣意的観点で代執行を実施すべきではないとされるが[(32)]、このことは、当該義務を課す法令が目的とする法益以外の事項を一切考慮してはならないということを意

---

(31)　北村喜宣＝須藤陽子＝中原茂樹＝宇那木正寛『行政代執行の理論と実践』（ぎょうせい、2015年）21頁〔須藤陽子〕は、不履行の放置が著しいか否かという程度の問題は、代執行の必要性の程度の問題として置き換えて考えればよいのであって、代執行の必要性が高ければ、その不履行を放置することが著しく公益に反することになるとする。

(32)　東京地判昭和48・9・10行集24巻8・9号916頁、広岡隆『行政代執行法〔新版〕』（有斐閣、1981年〔復刻2000年〕）129頁。

味するものではない。むしろ、現実の公益性要件の判断においては、当該義務を課す法令の保護法益侵害の程度に加えて、違反の態様、義務者の酌むべき具体的な事情、違反を放置することにより生じる弊害等についても積極的に考慮し、代執行の必要性を判断すべきである[33]。

　行政実務においても、公益性要件充足の判断において、当該義務を課す法令の保護法益に対する侵害の程度以外の事項が考慮されている例は少なくない。たとえば、都計法43条1項に反して許可なく市街化調整区域に建築されたコンクリートブロック積5階建の大規模違法建築物に対する同法81条1項に基づく除却命令に基づく代執行において、岡山市は、違反者の遵法意識が極めて低いこと、行政庁職員に対する暴力的態度、違反建築の規模が極めて大きかったことなどを公益性要件の充足性を判断するうえでの考慮事由としている[34]。また、都市公園内に違法に設置されたカラオケ等の屋台に対して行った都園法27条に基づく撤去命令に基づく代執行において、大阪市は、撤去対象のカラオケ屋台が100デシベルを越える（鉄道のガードレール下程度）測定値を示し、美術館、動物園、有料公園の来場者・来館者に不快感を与えると同時に、教養施設の周辺環境として適さないことを公益性要件の充足性を判断するための考慮事由としている[35]。

　ところで、公益性要件について、広岡隆博士は、義務を課することと強制的に実現することとは自由の侵害において異質的であり、代執行は、単なる義務の賦課よりも一層由々しい自由の侵害であるから、代執行をできるだけ差し控えるために、義務を課す際に要求される公益上の必要性よりも一層大きい必要が代執行に際して要求されるのであって、義務の不履行は全て公益に反するが、その公益違反が特に著しい場合にはじめて代執行を許す趣旨であるとする[36]。広岡説は、まず、義務賦課により公益性に反する状態が生じ、義務賦課後、当

(33)　北村ほか・前掲注（31）21頁〔須藤陽子〕は、公益性要件の判断に当たっては、その個別の法律の趣旨・目的、どのような法益が問題とされているのか、「義務を課す」行政行為を発する際の要件規定はどうなっているのか等を考慮して判断されるべきであるとする。

(34)　第9章第3節参照。

(35)　鈴木潔「大阪市における行政代執行について」日本都市センター『行政上の義務履行確保等に関する調査研究』（2006年）131頁以下。

該違反が著しく公益に反する状態が生じた場合に、公益性要件が充足されるとする時間軸上の二段階判断を行政庁に求めるものである。

しかし、公益性要件は総合的に判断しうるものと解されるから、広岡博士の説くような二段的判断によることなく、義務賦課処分をなした時点で公益性要件を充足することも少なくはないであろう[37]。

たとえば、岡山市埋立行為等の規制に関する条例23条は、「この条例若しくはこの条例に基づく規則の規定又はこれらの規定に基づく処分に反する埋立行為等（以下「不適法埋立行為等」という。）が行われ、又は行われた場合において、災害又は生活環境の保全上の支障が現に生じ、又は生ずるおそれがあると認めるときは、市長は、必要な限度において、次に掲げる者に対し、当該不適法埋立行為等を停止し、又は期限を定めて、災害を防止し、若しくは生活環境の保全上の支障を除去するため必要な措置を講ずべきことを命ずることができる」と規定している。同規定は、措置命令発出のための実害要件[38]として、「災害又は生活環境の保全上の支障が現に生じ、又は生ずるおそれがある」ことを定めているが、この実害要件を満たす場合には、既に公益性要件も満たす場合がほとんどであろう。

本件緊急代執行においては、現実に大規模な法面崩落が生じ、二次災害発生の危険も高まったことから、周辺住民に対する避難勧告も行っており、最も重要な法益である住民の生命が重大な危険にさらされている状況であった。このような状態で、急傾斜地法8条1項に基づく措置命令が発せられたわけであるから、措置命令の発出時点で、公益性要件が充足されていたことは明らかであろう。

法2条に定める実体要件を満たす場合、現実に代執行を行うか否か、行う時

---

(36)　広岡・前掲注（32）127頁以下。

(37)　重本達哉「ドイツにおける行政執行と『公益』に関する予備的考察」近畿大学法学60巻3・4号（2013年）73頁は、行政執行の基礎となる義務賦課処分の際に公益性要件が充足する場合も想定できるとする。また、北村ほか前掲注（31）〔中原茂樹〕35頁以下も、義務賦課処分がなされた時点で既に著しい公益違反が生じていることも十分ありうるとしている。

(38)　義務賦課の要件として、実害要件を定めることのメリットおよびデメリットについては、宇那木正寛『自治体政策立案入門』（ぎょうせい、2015年）210頁以下参照。

期をいつにするか等については行政庁の裁量判断となる[39]が、本件の事案の
ように緊急代執行を行わざるをえない事案においては、そのような裁量の範囲
は限りなくゼロに収縮しているといえよう。

第2　機能不全原因(2)——費用徴収の困難さ

　法5条に定める代執行費用の徴収は、行政代執行に要した費用が多額であれ
ばあるほど困難となる。また、代執行実施に関連するどの範囲の費用が同条に
いう代執行費用に含まれるかの判断についても、費用徴収の困難さにつながる
問題である。

　代執行費用について、広岡博士は、代執行の手数料ではなく、実際に代執行
に要した費用であり、人夫の賃金、請負人に対する報酬、資材費、第三者に支
払うべき補償料等は含まれるが、義務違反の確認のために要した調査費用のご
ときは含まれないとする[40]。

　このうち、「義務違反の確認のために要した調査費用」とは、代執行の前提
となる義務賦課処分のために要した調査費用のことであって、代執行を現実に
行うために必要な調査費用までも含む趣旨ではなかろう[41][42]。

　行政代執行法には立入調査権限の根拠がないこともあり、代執行まで視野に
入れた義務賦課処分をなす場合には、義務賦課処分の根拠法令に定めのある立
入調査権限のもとで、義務賦課処分のための調査と同時に代執行に必要な調査
も行うことが少なくないと思われる。この場合、義務賦課処分前の調査であっ
ても、現実に代執行を実施するために必要な調査であれば、代執行費用として
請求できるものと解される。また、代執行に必須とはいえない調査であっても、

---

(39)　福岡高判昭和55・5・29判タ423号123頁。

(40)　広岡・前掲注（32）191頁。

(41)　平成11年、岡山市で行われた大規模な違反建築物の代執行において、周辺住民の家屋調査（除
　　却工事前および除却工事後における周辺家屋の損壊状況の有無についての調査）に要した費用は、
　　代執行費用として請求されている（第9章第2節）。

(42)　不法投棄をした産業廃棄物を行為者に代わって自治体が代執行により処理するための調査費用
　　を、事務管理に要した費用として認める裁判例として、名古屋高判平成20・6・4判時2011号120
　　頁がある。しかし、この調査費用は、措置命令の内容を具体的にどのように履行すべきかについて
　　の調査であり、代執行を実施するために必要な費用の性格も有するものであると解されるから、代
　　執行費用として請求できた事例であろう。

効率的な代執行に資するものであれば、これに要する費用も代執行費用と解することができよう。

　本件緊急代執行においては、地盤伸縮計の設置およびそのデータの観測に係る費用を代執行費用として義務者に請求している。地盤伸縮計の設置設置の第一義的目的は、二次災害の発生を事前に予測することであって、地盤伸縮計がなければ、応急対策工事ができないというわけではない。しかし、地盤伸縮計の設置は、応急対策工事を効率的、かつ安全に進める観点からも有益なものであると考えられるから、地盤伸縮計の設置およびそのデータ観測に要した費用は、代執行費用と解される（第 2 章第 5 節第 1 (2)）。

第 3　機能不全原因(3)――代執行経験等

　代執行は頻繁に行われるものではないことから、その経験が組織に蓄積されず、代執行の阻害原因となっているとされる[43]。

　鹿児島県の担当者は、過去に採石法による代執行があったという程度の記憶しかないが、代執行自体が特に困難な事務であったとは思わなかったという。本件緊急代執行は、工法の選択およびその実施について技術的に困難とされる点はなく、予算規模的にも対応可能な土木工事であったことから、鹿児島県にとっては、難易度の高い代執行ではなかったといえよう。

　また、代執行費用の徴収については、未経験事務とのことであったが、地域振興局内の税徴収部署および顧問弁護士といった内外のリソースを活用することにより、代執行費用徴収における経験不足を克服している。

第 6 節　本件事案から抽出される知見およびノウハウと今後の課題

　本件緊急代執行に対する考察により、次の 3 点を知見およびノウハウとして指摘することができる。その 1 つ目は、本件のように住民の生命、財産という最も重要な法益が極めて危険な状態に置かれている場合は、厳格とされる公益

---

(43)　平成 11 年、岡山市で行われた大規模な違反建築物に対する除却の代執行に際し、同市においては、行政代執行が行われた経験を有せず、また現に人が利用し、除却対象物件内に大量の動産が存置され、さらに反社会的勢力による執行妨害が予想されたことなどから、代執行事務に従事する延べ 600 人を超える職員を対象に研修会が行われ、法律顧問が設置されるなどの対応がなされている（岡山市行政代執行研究会編『行政代執行の実務』（ぎょうせい、2002 年）36 頁以下参照）。

性要件は義務賦課処分時において既に充足されているということである。2つ目は、調査費用が代執行費用に含まれるか否かが法5条の解釈上問題となるところ、本件のように第一義的目的が二次災害発生の予測を目的とするものであっても、当該予測が工事の迅速・効率的な実施に資する効果を有するのであれば、当該調査に要した費用も代執行費用として義務者に請求できるということである。3つ目は、高い事務能力が求められる代執行の経験不足は、当該代執行を実施する行政組織内外のリソースを活用することにより、補うことができるということである。

　本章は、鹿児島県が行った緊急代執行の執行過程を考察の対象とし、代執行の機能不全解消のための処方箋となりうる知見およびノウハウを導出しようとするものであった。

　行政代執行制度の機能不全を解消するためには、まず、機能不全原因を克服してなされた現実の執行過程についての臨床的考察を行い、これにより処方箋となりうる知見およびノウハウを抽出する（第一段階）、そののち、これらの知見およびノウハウの体系化を行い（第二段階）、最終的に、体系化された知見およびノウハウを多くの行政庁で共有できるようにする（第三段階）、といったプロセスを構築することが求められる。

第5章　廃掃法に基づく行政代執行の課題

第1節　問題の所在

　廃棄物の処理及び清掃に関する法律は、廃棄物の排出を抑制し、および廃棄物の適正な分別、保管、収集、運搬、再生、処分等の処理をし、ならびに生活環境を清潔にすることにより、生活環境の保全および公衆衛生の向上を図ることを目的とするものである（1条）。廃棄物は、産業廃棄物と一般廃棄物に区分され、産業廃棄物以外の廃棄物が一般廃棄物である（2条2項）。このうち、産業廃棄物とは、事業活動に伴って生じた廃棄物のうち、燃え殻、汚泥、廃油、廃酸、廃アルカリ、廃プラスチック類その他政令で定める廃棄物である（2条4項）。また、産業廃棄物のうち、爆発性、毒性、感染性その他の人の健康または生活環境に係る被害を生ずるおそれがある性状を有するものとして政令で定めるものは、特別管理産業廃棄物とされる（2条5項）。

　一般廃棄物は、市町村に処理義務が課せられている（6条の2第1項）のに対し、産業廃棄物は、排出事業者自らが処理しなければならない（11条1項）。こうした処理コストを軽減する目的をもって、排出事業者自身または排出事業者から収集・処分の委託を受けた者による法定の処理基準、保管基準に反する不適正処理や不法投棄（以下、「不適正処理等」という）が大きな社会問題となっている。

　廃掃法は、廃棄物の不適正処理等に対処するため、当該違反行為を行った者に対して、原状回復などの義務を措置命令等によって課し、当該義務が履行されなければ、行政庁がその義務を義務者に代わって履行し、それに要した費用を国税徴収法の例により義務者から徴収する代執行システムを有している（19条の7、19条の8）。この独自の代執行システムは、その実施が容易になるよう行政代執行法とは別の制度設計がなされており[1]、また、執行に当たっては、執行対象外物件や執行対象物件の保管などの執行上の難題もないことから、実

施のハードルは高くはないと考えられる。しかし他方で、廃掃法に基づく代執行には、他の行政分野におけるものとは異なる困難さと課題があることも事実である。

　そこで、本章では、岡山市が行った特別管理産業廃棄物の撤去等に係る代執行[(2)]に対する考察を通じて、廃掃法に基づく代執行における困難さをを克服するために有効な実務上のノウハウを導出するとともに、廃棄物の代執行における課題について論ずる。

第2節　不適正処理等に対する代執行制度の概要

第1　処分者等、排出事業者等に対する措置命令

　産業廃棄物にあっては、産業廃棄物処理基準（12条1項）または産業廃棄物保管基準（同条2項）、特別管理産業廃棄物にあっては特別管理産業廃棄物処理基準（12条の2第1項）または特別管理産業廃棄物保管基準（同条2項）に適合しない産業廃棄物または特別管理産業廃棄物の収集、運搬もしくは処分または保管が行われた場合において、生活環境の保全上支障が生じ、または生ずるおそれがあると認められるときは、権限を有する都道府県知事、指定都市の長、中核市の長等（以下、「都道府県知事等」という）は、必要な限度において、処分者等に対し、期限を定めて、その支障の除去等の措置を講ずべきことを命ずることができる（19条の5第1項）。このうち、「処分者等」とは、①当該保管、収集、運搬または処分を行った者（同項1号）、②委託基準に違反して委託した者（2号）、③マニフェスト義務違反者（3号）、④これらの行為者が下請業者である場合の元請業者（4号）、⑤これらの違法行為を要求し、依頼し、もしくは唆し、またはこれらの者が当該処分等をすることを助けた者（5号）などである。

　さらに、廃掃法19条の5第1項に規定する場合において、①処分者等の資力

（1）　こうした行政代執行法の特例的手続は、平成9年の法改正により新たに定められた。

（2）　平成29年7月6日および7日の両日、岡山市環境局産業廃棄物対策課を訪問し、ヒアリングを実施した。有竹正寿課長、出井充同課規制係長には長時間にわたりご対応いただいた。感謝を申し上げたい。

その他の事情からみて、処分者等のみによっては、支障の除去等の措置を講ずることが困難であり、または講じても十分でないとき（19条の6第1項1号）、②排出事業者等が当該産業廃棄物の処理に関し適正な対価を負担していないとき、当該収集、運搬または処分が行われることを知り、または知ることができたとき、その他排出事業者等に支障の除去等の措置を採らせることが適当である場合（同項2号）には、都道府県知事等は、排出事業者等に対し、期限を定めて、支障の除去等の措置を講ずべきことを命ずることができる（19条の6第1項）。このうち、「排出事業者等」とは、排出事業者に加え、当該産業廃棄物に係る産業廃棄物の発生から当該処分に至るまでの一連の処理の行程に関わる事業者、中間処理業者など（処分者等を除く）である（19条の6第1項）。

　なお、排出事業者等に対する措置命令は、当該産業廃棄物の性状、数量、収集、運搬または処分の方法その他の事情からみて「相当な範囲内」[3]のものでなければならない（19条の6第1項）。これは、直接、不法投棄等を行っていない排出事業者等に処分者等が行った行為の結果に対して、原状回復等の措置の一部を担わせるものであることから、その措置の内容および程度を無限定とすることは妥当ではないとされるためである。

第2　代執行、略式代執行、即時執行

　都道府県知事等は、不適処理等が行われた場合であって、生活環境の保全上の支障が生じまたは生ずるおそれがあり、かつ、この場合において、①19条の5第1項の規定により支障の除去等の措置を講ずべきことを命ぜられた処分者等が、当該命令に係る期限までにその命令に係る措置を講じないとき、講じても十分でないとき、または講ずる見込みがないとき（19条の8第1項1号）、②19条の5第1項の規定により支障の除去等の措置を講ずべきことを命じようとする場合において、過失がなくて当該支障の除去等の措置を命ずべき処分者等を確知することができないとき（同項2号）、③19条の6第1項の規定により支

（3）　相当の範囲内かどうかは、個々の事情によって都道府県知事等が社会通念に照らして合理的に判断するが、排出量の範囲内であり、二次災害や複合汚染による生活環境への支障の拡大までは含まないとされる（廃棄物処理法編集委員会『廃棄物処理法の解説〔令和2年度版〕』（日本環境衛生センター、2020年）435頁。

障の除去等の措置を講ずべきことを命ぜられた排出事業者等が、当該命令に係る期限までにその命令に係る措置を講じないとき、講じても十分でないとき、または講ずる見込みがないとき（19条の8第1項3号）、④緊急に支障の除去等の措置を講ずる必要がある場合において、19条の5第1項または19条の6第1項の規定により支障の除去等の措置を講ずべきことを命ずるいとまがないとき（19条の8第1項4号）、のいずれかに該当すると認められるときは、都道府県知事等は、自らその支障の除去等の措置の全部または一部を講ずることができる。

　前記のうち、19条の8第1項2号は、略式代執行[4]を定めるものであるが、これを実施する場合には、相当の期限を定めて、当該支障の除去等の措置を講ずべき旨およびその期限までに当該支障の除去等の措置を講じないときは、自ら当該支障の除去等の措置を講じ、当該措置に要した費用を徴収する旨をあらかじめ公告しなければならない（19条の8第1項後段）。また、同項4号は、義務賦課を前提としない即時執行を定めるものである。

第3　行政代執行法に基づく代執行との比較

　19条の8第1項1号および3号に基づく代執行システムと行政代執行法による代執行システムとを比較すると、実体要件および手続要件双方について違いがある。すなわち、前者の実施においては、「他の手段によつてその履行を確保することが困難」といった補充要件および「その不履行を放置することが著しく公益に反する」といった公益要件（法2条）が課されておらず、また、戒告および代執行令書（法3条1項・2項）の定めがないなど簡易迅速な代執行が可能となっている[5]。

　また、都道府県知事等が、代執行、略式代執行、即時執行により支障の除去等の措置の全部または一部を講じたときは、当該支障の除去等の措置に要した費用について、環境省令で定めるところにより、当該処分者等または当該排出

（4）　略式代執行は、行政代執行法に定める代執行とは異なる代執行制度であり、行政代執行法の規定は適用されず、また、同法の準用もされないとされる（広岡隆『行政代執行法〔新版〕』（有斐閣、1981年〔復刻2001年〕）42頁以下。

（5）　行政実務では、代執行令書に代わるものとして、「代執行実施通知」が義務者に送付されている（北村喜宣＝須藤陽子＝中原茂樹＝宇那木正寛『行政代執行の理論と実践』（ぎょうせい、2016年）209頁〔宇那木正寛〕）。

事業者等に費用を負担させることができる（19条の8第2項・3項・4項）⁽⁶⁾。当該措置に要した費用については、納付命令⁽⁷⁾によりその義務を確定させたうえで、納付しなかった場合には、国税滞納処分の例⁽⁸⁾⁽⁹⁾により強制徴収することができる（19条の8第5項により準用される法5条および6条）。

第3節　産業廃棄物不法投棄等原状回復支援事業

　産業廃棄物適正処理推進センター（13条の12）は、産業廃棄物が不適正に保管、収集、運搬または処分された場合において、代執行を実施する都道府県等に対し、当該産業廃棄物の撤去等の実施、資金の出捐その他の協力を行うことなどの業務を行うことを所管する組織である（13条の13各号）。公益財団法人産業廃棄物処理事業振興財団（以下、「財団」という）が、環境大臣によって、平成10年10月29日、産業廃棄物適正処理推進センターに指定されている。財団は、平成10年10月29日、都道府県知事等から19条の9に基づき原状回復に必要な資金の出捐要請があった場合に、国や産業界の任意の出捐に基づく産業廃棄物適正処理推進基金により産業廃棄物不法投棄等原状回復支援事業を実施するため、産業廃棄物不法投棄等原状回復支援実施要領（以下、「要領」という）を定めている。

　出捐金交付の条件は、①平成10年6月17日以後に不適正処理等された産業廃棄物であること⁽¹⁰⁾、②投棄者が不明や資金不足の場合等原因者等の負担を追求することができない不法投棄物の除去等を行うものであること、③不適正処

（6）　当該処分者等または排出事業者等に対し費用を負担させようとする場合には、当該費用の額の算定基礎を明示しなければならない（廃掃法施行規則15条の6）。実務では、別途算定基礎通知を送付することはせず、法5条に定める納付命令書に、算定基礎が記載されている。

（7）　こうした納付命令とは別に、国にあっては会計法6条に基づく納入の告知が、自治体にあっては自治法231条に基づく納入の通知をすることが歳入に当たって必要となる。

（8）　略式代執行の費用徴収については、概ね次の3つのタイプがある。すなわち、①納付命令により納付義務を確定することおよび強制徴収がともに可能なタイプ（廃掃法19条の7第5項および19条の8第5項、ポリ塩化ビフェニル廃棄物の適正な処理の推進に関する特別措置法13条3項、農地法42条5項および51条5項など）、②納付命令による納付義務の確定は不可だが強制徴収は可能なタイプ（河川法71条および74条3項、道路法63条および73条3項など）、③納付命令による納付義務の確定および強制徴収もともに不可のタイプ（景観法23条2項、空家法14条10項など多数）である。

（9）　自治体の場合には、自治法231条の3の規定に定めるところにより、地方税滞納処分の例により強制徴収がなされる。

理等された産業廃棄物により生活環境保全上の支障が生じ、または生じるおそれがあると都道府県知事等において判断されたものであること、が必要である（要領3項）。

出捐金の交付は、都道府県等が行う原状回復に要する経費の4分の3以内とされている。また、交付算定の対象となる経費は、原状回復のために直接必要な仮設経費、運搬費、処分費、借上料、機械器具修繕費、燃料費、薬品費、自動車購入費（1日当たりの借上げ相当額に日数を乗じて得た額）の合計額および産業廃棄物処理業等への委託料、請負費ならび事務費とされている（要領4項）。なお、算定額が、2,000,000円に満たない場合には、交付決定は行われない（要領5項）。

都道府県知事等が措置に要した費用を義務者等から徴収した場合は、当該徴収した額に応じて出捐金の全部または一部を財団に返還しなければならない（要領6項）。

財団は、出捐金の支出に当たって、都道府県知事等から産業廃棄物不法投棄等原状回復支援事業協力要請書が提出されたのち（要領7項）、必要に応じてヒアリング調査等を実施し（要領8項）、出捐の可否を決定する。

第4節　事例の概要

平成18年2月15日、岡山市産業廃棄物対策課の職員が倉庫所有者からの通報を受けて現地に赴いたところ、岡山市東区竹原地区内に所在するビニール張り貸倉庫2棟（広さ16.6m×30m、高さ6.7m。以下、「本件倉庫」という）に、不正軽油密造の際に発生する廃油と腐食性廃酸の混合物（特別管理産業廃棄物。以下、「硫酸ピッチ」[11]という）とともに、廃油と汚泥の混合物（産業廃棄物。以下、「廃油スラッジ」[12]という）を収容していると疑われるドラム缶およびフレコンバックが残置されていたのを発見した。岡山市は、この事実を岡山県警に通報するとと

---

(10)　交付条件がこのように定められたのは、産業廃棄物適正処理推進センター制度の導入を定めた平成9年の法改正の施行日が平成10年6月17日であったためである。なお、同日前に開始された産業廃棄物の不適正処理等については、平成15年に制定された特定産業廃棄物に起因する支障の除去等に関する特別措置法に同様の制度が定められている。

もに、これらの残置物を持ち帰り検査を行った[13]。その結果、ドラム缶1,575本の内容物は硫酸ピッチであること、およびフレコンバック1,475袋の内容物は廃油スラッジであることが明らかになった。

　本件倉庫内における腐食したドラム缶から飛散・流出した硫酸ピッチは、亜硫酸ガスを発生させ、付近の水路の水質を汚染するおそれがあったため、平成18年4月10日の警察による捜査着手と同時に、硫酸ピッチの流出を回避するための応急措置がとられた[14]。

　その後、岡山市長は、本件倉庫の借主であり不適正処理等に中心的に関与した受託者1名に対し聴聞手続を実施し[15]、平成18年6月1日付けで、19条の5第1項1号に基づき、特別管理産業廃棄物処理基準[16]に違反することを理由に硫酸ピッチの撤去等を求める措置を命じた。他方、他の関与者については、確知できなかったため、平成18年6月16日付けで、19条の8第1項2号に基づき硫酸ピッチの撤去等の措置を10月16日までに講じなかった場合には、岡山市長自らが当該支障の除去等の措置を講じ、当該措置に要した費用を徴する旨の公告を行った[17]。しかし、処分者等による措置命令の履行はなされなかった

(11)　重油と灯油を混合して作る不正軽油から硫酸を用いて不純物を除去する際に発生するタール、油、硫酸の混合物であって、特別管理産業廃棄物とされる。強酸性で腐食作用があり、水と反応すると有毒な亜硫酸ガスを発生するなど、健康または環境に甚大な影響をあたえるおそれがあるため、廃掃法により指定有害廃棄物（16条の3）に指定されている。

(12)　不正軽油を製造する際に添加された活性白土や活性炭等の残渣である。

(13)　平成16年10月27日付け環廃産発041027004環境省大臣官房廃棄物・リサイクル対策部産業廃棄物課長通知は、処理基準に違反する硫酸ピッチの保管、収集、運搬または処分事案を確知した場合には、硫酸ピッチが人の健康や生活環境に著しい被害を生ずるおそれがあることに鑑み、速やかに措置命令等の発出、告発等の措置を講じることとしている。

(14)　当該応急措置は、廃掃法19条の8第1項4号に基づき即時執行として実施することも可能であったが、執行費用を減ずる目的で、本件倉庫業者に対して、当該緊急措置の要請をしている。本件倉庫業者は、この要請に応じて本件倉庫内にブルーシートを敷設するなどして、硫酸ピッチが本件倉庫から流出しないよう自らの費用で措置を講じた。

(15)　岡山市産業廃棄物対策課では、不利益処分を行う場合には、原則、慎重を期して、聴聞手続を実施しているという（行手法13条1項1号ニ参照）。

(16)　廃掃法施行令6条の5第1項2号において、その例によるとされる同令3条1号イの規定により、事業者には産業廃棄物または特別管理産業廃棄物が飛散し、流出しないようにすること、悪臭によって生活環境の保全上支障が生じないように必要な措置を講ずることが求められている。

(17)　その後、警察の捜査により、公告後、処分者等として、措置命令を発出した者以外に受託者1名、運転者1名、委託者3名の存在が明らかになった。

ため、岡山市長は、平成19年1月5日、代執行の実施を決定し、委託事業者を定め[18]、2月23日付で公告後、明らかになった5名の処分者等を含む合計6名の処分者等に対して代執行実施通知[19]をなし、2月27日から4月24日までの間、硫酸ピッチ撤去の代執行を行い[20]、当該代執行に要した費用を請求したものである。

第5節　岡山市における産業廃棄物行政の執行体制

　岡山市は、平成6年4月1日の中核市への移行後、産業廃棄物対策課を設置し、産業廃棄物に係る事務を所管している。平成29年4月1日現在、産業廃棄物対策課は、課長1名、課長補佐1名、規制係長1名、管理係長1名、行政職員3名、技術職員4名の構成となっている。このうち、課長補佐については、平成12年から警部級の出向ポストとなっている。課長補佐は、後述の監視班の統括や所轄の警察署、県警本部との連絡調整、粗暴であったり反社会勢力との関係が疑われる処分者等や排出事業者等への対応、刑事告訴などの業務に従事している。

　また、産業廃棄物対策課には、不法投棄等の早期発見と不適正処理の未然防止のため、平成14年4月1日、警察官OBを構成員とする4名2班体制（平成19年4月1日からは8名4班体制）による監視班が設けられ、排出事業者などに対する指導や苦情処理、不適正処理等の初期対応に当たっている。生活環境へ

---

(18)　岡山市は、代執行に伴う処理を委託する事業者による不適処理等の問題が発生しないように次のような入札条件を定めている。すなわち、①処理施設への運搬距離が短いこと、②岡山市が監督可能な県内の許可事業者であること、③硫酸ピッチの処理について、具体的な実施体制及び施設を既に有しており、かつ当該廃棄物の処分実績があること、であった。なお、平成16年10月27日付け環廃対041027004・環廃産発041027003環境省大臣官房廃棄物リサイクル対策部長通知第二・2・(3)は、代執行時に当該硫酸ピッチの処理等を他人に委託するときは、自治体自ら確認を行うなど、法令の定める基準に従った処理等が行われるよう必要な措置をとられたいとしている。

(19)　この代執行実施通知は、代執行を実施する旨を告知するためになされる法令に根拠を有しない事実上の通知にすぎない。したがって、同通知に処分性はないと考えられるが、岡山市長の発した同通知には行政不服審査法に基づく不服申立てができる旨の教示がなされている。

(20)　廃油スラッジの残置は、「生活環境の保全上の支障が生じ、または生じるおそれがある」場合に当たらないとして代執行を実施しなかった。そのため、本件倉庫の所有者が自己の費用で処分を行っている。なお、撤去後の硫酸ピッチの焼却処分が終了したのは平成19年6月25日であった。

の重大な影響が懸念される不適正処理等の事案については、住民や事業者からの通報にできるかぎり早期に対応することが肝要であるが、監視班はこうした早期対応に重要な役割を果たしている。また、岡山市では、平成16年 4 月 1 日、全国初となる不当要求や行政対象暴力への対応等をその所掌事務とする行政執行適正化推進課[(21)]が設置され、同課と産業廃棄物対策課長補佐との連携が図られている[(22)]。

　代執行は頻繁に行われるものではないことから、その経験が組織に蓄積されず、代執行を阻害する原因の一つであるとされる。しかし、岡山市産業廃棄物対策課は、代執行の経験の有無はその実施までも左右する要因ではないと考えている。現実の代執行の実施に当たっては、細かな疑問点は生じるが、こうした疑問点の解決に当たっては、既に不適正処理等に対する代執行実施経験を有する都道府県等に対する照会を通じて解消できるという[(23)]。

第 6 節　本件代執行から導出されるノウハウと問題点

第 1　ノウハウ(1)──県警出向者による情報収集

　岡山市の代執行プロセスから導出されるノウハウについて検討する。ノウハウの 1 つ目は、県警からの出向ポストである課長補佐級の職員の存在である。

　産業廃棄物行政においては、粗暴な者や反社会勢力との関係を持つ者と対峙する場合もあることから、その業務の遂行において職員は大きなストレスを抱える。たとえば、職員の消極的対応がその一因となった豊島産業廃棄物不法投棄事件において、逮捕された産廃業者は、知事の許可が遅いといって、県庁内

---

(21)　行政執行適正化推進課設置の経緯、所掌事務、同課の設置がもたらした職員への影響については、宇那木正寛『不当要求行為に対する岡山市の組織的取組』法律のひろば63巻 5 号（2010年）11頁以下、鈴木潔「岡山市における不当要求への対応」日本都市センター『法的整合性確保に向けての多面的検討』（2009年）158頁以下参照。なお、行政執行適正化推進課長は、警視級の出向ポストとなっている。

(22)　産業廃棄物対策課の課長補佐は、行政執行適正化推進課の課長補佐を兼務している。

(23)　照会の方法としては、関係自治体で構成される協議会の議題とする方法、メールによる他の都道府県、政令市、中核市などへの一斉照会、電話などによる個別照会があるという。本件代執行においては、債務者の負担割合が不明な場合における納付命令の宛名表記方法について、愛知県と神奈川県に対し照会を行っている。なお、専門書などの文献を参照することもないわけではないが、実務の疑問に答えるような記述がある文献は皆無であるという。

で担当課長のネクタイをつかんで振り回すといった暴力を振るうなどして県職員を震えあがらせ、また、住民の反対運動に対して激しい敵意を抱き、彼らに向かって 1 人殺すも 2 人殺すも一緒だなどと暴言を吐き、脅迫したとされる[24]。

　産業廃棄物の不適正処理等を行った者が粗暴な者であったり反社会勢力との関係者をもつ者である場合、当該違反者に対して怯むことなく職務を公正かつ適正に執行することが職員に求められる。しかし、産廃行政に携わる全ての職員にこうした対応を求めることは困難であろう。このため、「相手から甘くみられない職員」である警察からの出向者[25]と行政庁の職員との協働が重要になる。本事例においては課長補佐が、県警との連絡調整はもとより、反社会的勢力との関係が疑われる処分者等やその関係者に対して拘置所での面談、聴取りを行うなどして、措置命令[26]や納付命令[27]の発出に必要な情報の収集において、豊かな経験と高い能力を生かして、中心的役割を果たしている。これにより代執行プロセスを完了することができたのである。

第 2　ノウハウ⑵──地域住民への積極的情報開示

　ノウハウの 2 つ目は、周辺住民への積極的情報提供である。産業廃棄物の不適正処理等は、水質、大気への汚染を通じて広範囲にわたる生活環境に重大な影響を及ぼす可能性がある。このため、こうした影響に対する地域住民の不安を解消し、また、代執行の実施内容やその時期について地域住民の理解と協力

---

(24)　大川真郎『豊島産業廃棄物不法投棄事件──巨大な壁に挑んだ25年の戦い』（日本評論社、2001年）7 頁以下。

(25)　警察官の自治体への出向と執行過程への関与についての論考として、北村喜宣『行政法の実行性確保』（有斐閣、2008年）〔初出2000年〕205頁以下がある。

(26)　措置命令の発出に当たって、①不適正処理等の流れ（不適正処分等に至った経緯、廃棄物の種類およびその量）、②排出事業者、運搬事業者および処分業者（事業者が個人の場合には、住所、氏名、生年月日等。また、これらが法人の場合にあっては、役員の住所、氏名、組織図、従業員名簿など）、③不適正処理等が行われている土地および本件倉庫の所有者の関与性、不適正処理等についての認識、④委託契約の状況（委託の適法性、運搬費用、処分費用、費用負担者等）、⑤委託契約書の有無、⑥マニフェストの有無などの情報が収集されている。

(27)　納付命令の発出に当たっては、強制徴収に備え、①法人税申告書、決算書、勘定内訳書、②不動産、有価証券の保持状況、③会計帳簿、④取引銀行、⑤土地建物の登記謄本、⑥個人住民税、⑦取引銀行などに関する情報が収集されている。

を得なければならない。そのためには、科学的かつ客観的情報の提供が必要である。しかし現実には、不確実な情報提供を回避しようとして、その取扱いを慎重にし、かえって情報提供が不十分となり、地域住民の不安が募る場合が少なくない。

　この点に関し、岡山市は、職員による本件倉庫付近で発生する亜硫酸ガスの濃度および付近を流れる用水路の水質について、モニタリングを日々行うことによって、現場の状況を的確に把握し、これらの情報提供に努め、さらに、地域住民を対象とした face to face でのコミュニケーションの機会である現地説明会を複数回実施することにより、代執行の実施に関し、早期の理解と協力を得ることに成功している。

第3　問題点──費用請求の範囲

　次に、本件代執行における問題点についてである。いかなる範囲の費用が支障の除去等の措置に要した費用（以下、「代執行費用」という）に該当するのかという判断については、実務担当者にとって悩ましい問題である[28]。この点に関し、広岡隆博士は、行政庁が義務者から徴収すべき金額は、代執行の手数料ではなく、実際に代執行に要した費用であり、人夫の賃金、請負人に対する報酬、資材費、第三者に支払うべき補償料等は含まれるが、義務違反の確認のために要した調査費用のごときは含まれない[29]とする。これに対して、岡山市は、当該代執行がなければ、その支出が回避できた費用については、広く、これを代執行費用と解している。こうした岡山市の考えに問題はないのであろうか。具体的に詳しくみていこう。

　代執行費用として、岡山市が義務者らに請求したのは、60,738,710円であった。このうち、受託事業者への硫酸ピッチの処理委託費60,366,600円が代執行

---

[28]　代執行を事業者に委託せず、行政庁自身が行った場合であっても、代執行費用を請求できることは当然であるが、この場合、現実の代執行の実施に要した職員の給与や物品の購入費等も代執行費用となる。なお、実務では、行政庁自身が行うことが可能なものであっても、現実の算定の煩雑さを避けるため、事業者に全てを委託するといった対応がなされることも少なくない。ただし、事業者への委託であれば、当該委託に要した費用全てが当然に代執行費用になるわけではない。代執行費用の請求に当たっては、委託の内容を精査し、これを行わなければならない。

[29]　広岡・前掲注（4）191頁。

費用に含まれることに異論はなかろう。なお、当該処分委託費用が信頼度の高い専門業者に委託しているため、高額になっているとの主張はありえよう。しかし、行政が締結するこの種の委託契約は、信頼のおける確実な技術を有する事業者でなければならないこと、また処理において高い安全性と迅速性が求められることから、一般の排出事業者が締結する場合と比較して高額とならざるをえないのであって、当該委託費用が不必要に多額であるとか、極めて安価に委託契約の締結が可能であったといった特別の事情がない限り、全額、代執行費用として請求しうると解すべきである。

　次に処分委託費用以外の費用についてである。こうした費用についての内訳は次のとおりである。すなわち、代執行受託事業者の監督に当たって支出した、①産廃課職員の時間外手当61,940円、②産廃課職員の特殊勤務手当（危険作業手当）16,500円、③公用自動車燃料費11,402円、④ケミカルスーツ3着、直結式ガスマスクなど物品費282,208円の合計372,110円である。

　現実問題として、いかなる種類の費用を代執行費用とするかについて具体的かつ明確に定めることは困難ではあるが、次のように解すべきである。すなわち、代執行費用とは、執行行為に直接の関連を有し、かつ、必要または有益な費用のうち、行政が法令などの定めにより自身で行うことを義務付けられている事務に要する費用を除いたものである。このうち、「執行行為に直接の関連性を有し、かつ、必要または有益な費用」とは、産業廃棄物の撤去など直接執行に要した費用のみならず、執行現場の警備費など執行に付随する行為についての費用を含む。また、「行政が法令などの定めにより自身で行うことを義務付けられている事務に要する費用」とは、措置命令や戒告、代執行令書、納付命令など代執行の実施に当たって法令上必要な行政手続に要した費用のほか、自治法234条の定めるところにより行う入札手続など、代執行の事務を第三者に委託する契約を締結するために要した費用、同法234条の2第1項に従ってなされる契約の履行確保のための監督、履行内容の検査などに要した費用なども含まれる（第2章第5節第1）。

　岡山市が請求した前記①から④までの費用のうち、①産廃課職員の時間外手当61,940円および②産廃課職員の特殊勤務手当（危険作業手当）16,500円は、岡

山市の職員が現実の執行行為を実施したことにより支払われた手当ではなく、自治法234条の2第1項の定めるところにより、産業廃棄物の撤去業務を受託した受託業者の履行状況を執行現場において監督し、履行内容の検査するためのものであり、「行政が法令などの定めにより自身で行うことを義務付けられている事務に要する費用」であるから、代執行費用とはいえない[(30)]。

　また、岡山市が請求した、③公用自動車燃料費11,402円、④ケミカルスーツ3着、直結式ガスマスクなどの物品費282,208円も、主に、自治法234条の2第1項の定めるところにより、産業廃棄物の撤去業務を受託業者の履行状況を執行現場において監督し、検査を行うなどのために要した物品購入費用等であり、「行政が法令などの定めにより自身で行うことを義務付けられている事務に要する費用」であるから、代執行費用と解することは困難である。

　なお、財団による支援事業における交付算定対象となった費用は、受託事業者への硫酸ピッチ処理委託費60,366,600円のみであり、岡山市が請求した前述の①から④までの費用は、処分委託費用以外の費用であるとして、交付算定対象となる費用とは認められなかった[(31)]。

第7節　今後の課題

　産業廃棄物の不適正処理等に対する代執行における課題として、違反者への対応および費用徴収の問題が挙げられる。まず、違反者への対応である。産業廃棄物の不適正処理等については、処分者等、排出事業者等に反社会勢力との関係が疑われる者がいるケースもあり、代執行プロセスの完結までに困難が伴う場合も少なくない。

　代執行に限らず、都道府県等が廃棄物行政を適正かつ確実に執行するためには、人的インフラの整備が必要である。今や産廃行政の執行において出向警察

---

(30)　岡山市が平成11年に実施した都市計画法に反する違法建築物除却の代執行においては、委託業者に対する監督などのために現場に赴いた職員の時間外手当や特殊勤務手当は、代執行費用として請求されてはいない（岡山市行政代執行研究会編『行政代執行の実務』（ぎょうせい、2002年）131頁参照）。この点に関し、岡山市産業廃棄物対策課は、命令発出の根拠となる法律が異なるため、この先例は参照していないという。

(31)　この結果、財団から岡山市に現実に交付されたのは、40,887,000円であった。

官は重要な人的インフラのひとつであることは自治体共通の認識である。ゆえに、こうした出向者への期待は大きい[32]。他方、警察組織にとっても彼らは重要な戦力であり、また、近年、自治体出向者が増えていることから、今後、さらなる出向者の増加を求めることは容易ではない。出向人材をどのように確保していくか、また、それが難しければ、アウトローの業者に対処できる自前の職員をいかに育てていくかは、廃棄物行政の抱える課題のひとつである。

次に、費用徴収についてである。代執行費用を公費で賄うことに対する住民の不満は少なくないが、本件のように生活環境に大きな負の影響を及ぼすような事態が生じた場合、費用の回収が困難であるからといって代執行を行わないという選択はないであろう。本件においても岡山市長は代執行の実施については積極的であり、また、市議会でも執行費用を理由とする反対論はなかったという。とはいえ、岡山市が代執行実施を財団による出捐が決定した直後に表明していることからして、財団の支援は代執行の実施決定に大きな影響を及ぼしたようである。

不適正処理等に対する代執行においては、不適正処理等を行った者から代執行費用を回収することは容易ではない[33]。回収できなかった場合に、最終的に誰がどのような形で負担するかは、廃棄物行政の適正執行を最終的に確保するうえで重要な課題である。現在、財団の出捐金交付制度があるが、問題も少なくない。今後、出捐金の交付を支える財団の基金をいかに維持していくべきかという課題もある[34]。

以上、産業廃棄物の不適正処理等に対する代執行については、様々な課題はあるが、最も重要なのは、代執行に至る可能性のある事案をできるだけ早期に発見し、その芽を摘み、代執行を回避することである。その手段の一つとして、

---

(32) 県警においても、行政機関への出向を通じて広く犯罪情報を収集する、行政組織との人脈をつくる、あるいは、警察とは異なる組織文化を有する行政機関に派遣し、当該出向職員の能力向上に役立てる、といったメリットがある。

(33) 本件代執行では、平成29年7月7日現在、400万円弱しか回収されていない。

(34) 北村喜宣『環境法〔第5版〕』(弘文堂、2020年) 504頁は、基金創設により、代執行をしても徴収不能になることを恐れてその前提となる措置命令を発出しないという傾向は改善されているが、今後、基金をどのようにして維持していくかについては、産業廃棄物法制が抱える大きな課題であるとする。

岡山市にみられるような監視体制の構築は重要である。

第 6 章　水域管理三法による通常代執行の課題

第 1 節　問題の所在

　本章で論じる放置船舶とは、その所有者や管理者が乗船しておらず、直ちに移動ができないような状態で違法に海や河川に長期間にわたり係留されている船舶である。放置船舶は、水域における係留場所の私物化、船舶通航への支障、高潮被害の助長、河川流水の阻害、環境や景観の悪化の原因となるなど、大きな社会問題を引き起こしている。

　放置船舶や水域管理に支障のある物件（以下、「放置船舶等」という）に対しては、港湾、河川、漁港の三水域の管理者がそれぞれ所管する港湾法、河川法、漁港漁場整備法（以下、「水域管理三法」という）の定めるところにより当該水域外への撤去を命じ、義務者が当該命令を履行しなければ、行政庁が義務者に代わって当該撤去の義務を履行するという原状回復システムが定められている。

　上記水域管理三法に基づく放置船舶等の撤去スキームはほぼ同様であり、撤去命令の不履行に対し、行政代執行法に基づく代執行（以下、「通常代執行」という）を実施することが基本であるが、他方で、義務を賦課する相手方を過失なくして確知できない場合には、通常の手続を簡略化して行う代執行（以下、「略式代執行」という）のスキームも用意されている。

　水域管理三法における略式代執行では、撤去後の保管、処分など撤去後の管理スキームが各法で具体的に定められているのに対し、通常代執行の場合には、撤去後の管理スキームについての定めはない。通常代執行と略式代執行は、いずれも代替的作為義務の強制的実現の制度であるが、それぞれ別の法制度であるとされ[1]、通常代執行の実施において、略式代執行のスキームに係る規定の全部または一部が準用されることはない。

（1）　広岡隆『行政代執行法〔新版〕』（有斐閣、1981年〔復刻2000年〕）42頁参照。

このため、通常代執行の場合、代執行庁に撤去後の放置船舶等に対する保管義務があるのか、仮に保管義務があるとした場合、当該保管に要した費用は法5条に定める代執行に要した費用（以下、「代執行費用」という）として請求できるのか、また、所有者がその引取りを拒否した放置船舶等に対してどのような対応をなしうるのかといった、実務上重要な論点がある。

そこで、本章では、放置船舶等の代執行について全国的に先進的かつ豊富な経験を有する広島県および神戸市の事例に対する考察を通じて、撤去後の管理実態を明らかにするとともに、放置船舶等の保管およびそれに要する費用の法的性格について論ずる。また、あわせて引取りがされない放置船舶等の最終処分のスキームについても検討する[2]。

第2節　水域管理三法による放置船舶等の撤去

水域管理三法のうち、河川法は、河川について、洪水、津波、高潮等による災害の発生が防止され、河川が適正に利用され、流水の正常な機能が維持され、および河川環境の整備と保全がされるようにこれを総合的に管理することにより、国土の保全と開発に寄与し、もって公共の安全を保持し、かつ、公共の福祉を増進することを目的とするものである（同法1条）。

また、漁港漁場整備法は、水産業の健全な発展およびこれによる水産物の供給の安定を図るため、環境との調和に配慮しつつ、漁港漁場整備事業を総合的かつ計画的に推進し、および漁港の維持管理を適正にし、もって国民生活の安定および国民経済の発展に寄与し、あわせて豊かで住みよい漁村の振興に資することを目的とするものである（同法1条）。

さらに、港湾法は、交通の発達および国土の適正な利用と均衡ある発展に資するため、環境の保全に配慮しつつ、港湾の秩序ある整備と適正な運営を図るとともに、航路を開発し、および保全することを目的とするものである（同法1条）。

（2）　放置船舶に対する自治体の法的対応全般について論ずるものとして、島田茂「放置船舶問題に対する地方自治体の法的対応（上）（下）」自治研究77巻3号（2001年）88頁以下、同巻8号26頁以下がある。

　水域管理三法のうち、河川法は、河川管理者が、河川法もしくは同法に基づく政令もしくは都道府県の条例の規定またはこれらの規定に基づく処分に違反した者らに対し、工作物の改築もしくは除却、工事その他の行為または工作物により生じた、もしくは生ずべき損害を除去する等を命ずることができると定める（河川法75条 1 項）。なお、河川法と同様に、港湾法、漁港漁場整備法にも水域管理の障害となる物件の撤去命令を発する根拠の定めがある（港湾法56条の 4 第 1 項、漁港整備法39条の 2 第 1 項）。

　これら水域管理三法の命令を受けた者が、当該命令を履行しない場合には、行政代執行法の定めるところにより、当該命令に基づく義務を行政庁が代わって履行し、代執行費用を徴収することができる。

第 3 節　水域管理三法による代執行の事例

第 1　河川法に基づく通常代執行の事例[3]──広島県西部建設事務所

(1)　事例の概要

　広島県西部建設事務所長は、一級河川太田川水系（指定区間）猿猴川河川区域内に存置された、広島市南区松原町12地先の船舶係留施設（浮桟橋、渡橋、係留ロープおよびコンクリートブロック）ならびに船舶 1 隻および手漕ぎボート 2 隻が、占有許可期限[4]を経過しているにもかかわらず、河川法24条に反して河川区域を排他独占的に占有しているとして、船舶係留施設および船舶の所有者に対し、履行期限を平成26年 1 月10日とする平成25年12月25日付け指示書、平成26年 4 月30日付け勧告書、同年 9 月 2 日付け再勧告書による撤去指導を行った。

　撤去はなされなかったため、措置命令を発すべく、平成26年10月 1 日付けで弁明の機会を付与したが、弁明書の提出はなかった。そこで、西部建設事務所長は、河川法75条 1 項に基づき、平成26年11月13日付けで、所有者に対し、同年12月26日を履行期限とする撤去命令（占有場所である広島市南区松原町12地先か

（3）　平成28年11月11日および平成29年 9 月21日の両日にわたり、広島県西部建設事務所を訪問し、ヒアリング調査を実施した。この際、管理第一課長である信政幸伸氏から、貴重なご意見、ご示唆をいただいた。この場を借りて御礼を申し上げる。
（4）　占用許可は、戦後まもなくから平成25年 5 月31日までの間であった。

らの撤去）を発した[5]。

　措置命令のうち、船舶係留施設および手漕ぎボート2艇の撤去義務について
は履行されなかったことから、広島県西部建設事務所長は、撤去命令対象物に
よる護岸など河川施設に対する損壊の可能性があり、また、高潮、台風などの
自然災害の際には、橋脚を破損し、流水を阻害し、高水位等を助長するおそれ
があり、さらには、燃料の漏出による水質汚染のおそれもあることから、これ
を放置することは著しく公益に反すると判断し、平成27年1月8日付けで、同
年2月8日を履行期限とする戒告を発し、さらに同年7月21日付けで同年8月
4日を履行期限とする2回目の戒告を発している。その後、西部建設事務所長
は、平成27年8月18日付けで代執行令書を発し、同年8月18日から24日までの
間、委託業者による撤去の代執行を実施した[6]。その間、延べ79名（1日最大
17名）の職員が動員されている。なお、船舶係留施設を曳航する際に、橋下を
通過するため、その一部が解体されている。撤去後、西部建設事務所長は、平
成27年11月4日付けで同年11月30日を引取期限とする引取請求通知を発出した
が、引取りは行われず、廃物処分を検討しているという。

　費用徴収については、平成27年12月15日付けで、同月30日を期限とする67万
8,680円の納付を求める納付命令を発し、平成28年2月2日付けで、同月22日
を期限とする督促状を発した。しかし、義務者が無財であったことから、費用
徴収は行われていない。

（5）　撤去命令では、占有場所である「広島市南区松原町12番地先」からの撤去を求めるとするもの
　　であることから、義務者が当該泊地から数メートル移動していることをもって措置命令を履行した
　　と主張した場合の対応について、顧問弁護士と協議した。しかし、裁判例はないとして、確たる回
　　答は得られなかったという。
（6）　河川法75条に規定する監督処分の権限は、広島県地方機関の長に対する事務委任規則16条14号
　　⑳の規定により、広島県知事から広島県西部建設事務所長に委任されている。これに対し、行政代
　　執行の権限を西部建設事務所長に委任する規定は見当たらない。にもかかわらず、戒告、代執行令
　　書は西部建設事務所長の名で発せられている。この点に関して、広島県は、「行政庁により命ぜら
　　れた行為」について「当該行政庁」が実施すると規定していることから（法2条）、命令発出の権
　　限を広島県知事から委任され、その権原を行使した広島県西部建設事務所は、当然に「当該行政
　　庁」として、特別の委任を要せず、行政代執行法上の権限も行使しうると解している（第1章第2
　　節第2）。

⑵　事例の特徴

広島県西部建設事務所は、放置船舶等を撤去した場合には、これらを一定期間保管する義務はあると考えているが、保管費用は代執行（＝撤去）に要した費用ではないので、代執行費用として請求することはできず、民法上の事務管理に要した費用（以下、「事務管理費用」という）として請求するという。ただし、本件事案では、解体撤去した浮桟橋等は県有地および広島県が管理する倉庫で保管され現実の支出はないことから、保管費用についての請求は行われていない。

広島県西部建設事務所は、訴訟になった場合に備え、撤去に要した費用のみに限定して請求している。それら以外の費用、すなわち、①代執行記録のための職員の人件費、②代執行庁の現場事務所に係る設営費、③委託業者の現場事務所に係る設営費、④警備員（交通巡視員）の費用は請求を行っていない[7]。

第2　漁港漁場整備法に基づく通常代執行の事例[8]——広島県広島港湾振興事務所

⑴　事例の概要

広島県広島港湾振興局長（現広島県広島港振興事務所長。以下同じ）が管理する広島市佐伯区海老園3丁目地先五日市漁港内漁港施設[9]（旧五日市漁港フィッシャリーナ仮桟橋1号）F−24区画に、平成14年度に使用許可を受けて全長約15mの船舶が係留されていたが、使用料の滞納により平成15年度の許可更新が行われず、平成15年4月1日以降不法係留となっていた。

このため、広島港湾振興局長は、平成20年9月4日付けで撤去勧告を行い、同月12日、当該放置船舶所有者に対する口頭指導を行った。しかし、撤去されなかったことから、平成20年10月29日付けで弁明の機会を付与し、平成21年1

（7）　いかなる種類の費用を代執行費用とするかについて具体的かつ明確な基準を定めることは困難であるが、①は行政庁が、後日の紛争に備えて記録を残すものであり、②は行政代執行を適正に実施するための代執行庁側の監督費用であり、いずれも一般の行政経費により負担すべき費用である。他方、③および④は、代執行実施のため直接かつ必要な費用であり、いずれも代執行費用と解されよう（第2章第5節第1）。なお、③については、代執行費用として請求すべきであるとの意見が内部であったという。

（8）　平成29年2月10日および9月21日の両日、広島県広島港振興事務所港営課を訪問し、ヒアリング調査を実施した。この際、管理第二課の蔵本暢俊氏から貴重なご意見、ご示唆をいただいた。この場を借りて御礼を申し上げる。

（9）　当該施設は、平成13年5月25日、漁港整備法39条5項の規定に基づき広島県知事により指定された放置等禁止区域内にある。

月14日付けで漁港整備法39条の２第１項の規定に基づき、同法39条５項２号に該当するとして、同月31日を期限⁽¹⁰⁾とする撤去命令を発した。

　広島港湾振興局長は、上記義務が履行されず、また、当該放置船舶はエンジンの故障により自力航行できず、船体も傾むき、船体の沈没により桟橋が破損し、係留している他の船舶にも損害を与える可能性があったため、こうした違法行為を放置することは、公共施設の存在そのものを危うくするとともに、施設管理上重大な支障となっていることから、著しく公益に反すると判断し、平成21年２月５日付けで戒告を、同年３月２日付けで代執行令書を発し、同月12日、撤去の代執行を実施した⁽¹¹⁾⁽¹²⁾⁽¹³⁾。

　放置船舶は、委託業者の船舶により近接する広島県所有の広島市佐伯区五日市３丁目埋立地まで曳航され、陸揚げされ、２年間にわたる保管が行われた。広島港湾振興局長は、撤去後、当該放置船舶の所有者に対し引取要請を行ったが、これに応じなかったため、やむをえず保管を継続した。その後、風雨等による劣化等が危惧されることから、広島県知事は、民法497条の定めるところにより、広島地方裁判所の弁済物競売許可⁽¹⁴⁾を得て、動産強制競売の申立て⁽¹⁵⁾⁽¹⁶⁾⁽¹⁷⁾

---

(10)　履行期限は、放置船舶等の状況や場所、所有者との折衝状況等を勘案して個別に判断したという。

(11)　漁港漁場整備法に規定する監督処分の権限は、広島県地方機関の長に対する事務委任規則17条10号(7)の規定により、広島県知事から広島港湾振興局長に委任されていた。他方、代執行の権限を広島港湾振興局長に委任する規定は見当たらないにもかかわらず、戒告、代執行令書は同局長の名で発せられている。

(12)　実施に当たっては、岡山市行政代執行研究会編『行政代執行の実務』（ぎょうせい、2002年）が参照されている。

(13)　代執行の実施当日、広島海上保安部および広島西警察署に立合いが依頼されている。

(14)　広島地方裁判所に提出した弁済物競売許可申請書には、①指定代理人指定書、②関係法令の写し、③被申請人の住民票の写し、④県広報の写し（放置等禁止区域の指定の証明）、⑤撤去関係文書等の写し（撤去命令書、戒告書、代執行令書）、⑥位置図（放置船舶等の停泊場所）、⑦放置船舶等引渡通知書の写し、⑧写真（代執行実施、保管状況）が添付されている。

(15)　広島港湾振興事務所は、放置船舶の撤去後の管理スキームについての詳細なマニュアルとして『行政代執行により撤去した小型船舶の競売・供託・廃棄処分等に係る事務処理マニュアル〔暫定版〕』（2011年）を作成している。同マニュアルには、手続について詳細な解説や書式が掲載されている。当時広島港湾振興事務所に所属し、同マニュアルの作成を行った濱正茂樹氏によれば、かつて県営住宅の明渡訴訟を担当した実務経験や執行官との人脈が、同マニュアルの作成に大いに役立ったという。

を行った。平成23年度中、2回にわたり競売に付されたが、いずれの回も買受人の参集はなかった[18]（図表6−1）。

図表6−1　競売経過

時期	内容
平成21年9月14日	引取請求（第1回目）
平成23年2月25日	引取請求（第2回目）
平成23年4月20日	弁済物競売許可の申立て
平成23年5月12日	審尋手続
平成23年6月21日	競売許可決定
平成23年8月11日	強制競売の申立ておよび差押え
平成23年8月31日	第1回競売期日
平成23年9月9日	第2回競売期日

　このように、2回にわたる競売期日に買受人が参集しなかったこと、また、第2回目の競売期日の設定に当たって、執行官が専門知識を有する者に鑑定評価の依頼を行ったところ、放置船舶等（装備品を含む）の鑑定価格がわずか4万円であったこと、さらに、保管場所である港湾施設用地の今後の利用状況や環境保全、港湾景観の保全が考慮された結果、最終的に、所有権が放棄された無主の動産として廃棄が行われている。

　(2)　事例の特徴

　広島港湾振興局は、撤去した放置船舶等の保管義務があることを前提に保管を行っているが、保管費用は代執行費用ではなく事務管理費用であると解している[19]。ただし、県有地に保管し、現実の支出がないことから請求していな

---

(16)　広島地方裁判所に提出した動産強制競売申立書には、①指定代理人指定書、②位置図（放置船舶等の停泊場所）、③写真（代執行実施、保管状況）が添付されている。なお、本件放置船舶については船舶登録がなかったため、小型船舶の競売手続ではなく、動産競売の手続によっている。

(17)　広島県には、供託法5条1項に規定する供託所がないことから、撤去・保管した放置船舶等について、その引取りに応じない場合には、民法497条の規定により当該放置船舶等を「供託に適しない物」として競売に付し、その換価代金を法務局に供託するという方針が示されている（広島港湾振興事務所・前掲注(15)1頁）。

(18)　放置船舶のように特殊な動産の競売については、容易に買い手がつかないことから、実務上は、ある程度買受人の目星をつけてから競売の申立てをするのが一般的である。本件事例でも、買い手の目星は付けられていたが、結果的に入札がなされることはなかった。

い。また、財産調査の段階で放置船舶の所有者が生活保護を受給していることが判明したため、滞納処分の執行停止を行い、その後不納欠損により代執行費用に係る債権を消滅させている。

広島県知事は、本件事例において、保管する放置船舶の処分の方法として民法497条に定めるところにより、広島地方裁判所の許可を得て動産競売の申立てを行ったが、売却に至らなかったため、所有権が放棄された無主の動産であり、かつ、廃棄物であるとして処分している。本件代執行は、通常代執行としては初回の事案であったため、廃棄を行うに当たって、「強制競売の申立て」→「競落者なし」→「競売開始決定の取消し」→「財産的価値なし」→「廃棄物としての処分」という慎重なプロセスを選択したという。しかし、今後、専門家による評価により、財産的価値がないということが明確になれば、民法497条に定める手続を経ることなく、直接、廃物物として処分をすることもありうるという。

第3　港湾法に基づく通常代執行の事例[20]──神戸市みなと総局神戸港管理事務所

(1)　通常代執行に至る経緯等

神戸港では、昭和50年代後半からのプレジャーボートと呼ばれる20t以下の小型船舶が増加し始めた。神戸港では小型船舶の増加とともに放置船舶等が増加し、これにより、船舶航行への阻害、油流出などの環境悪化、係留場所の私物化、港の景観の悪化を招くなど様々な問題が生じていた。また、東日本大震災を契機として、津波により流された小型船舶による家屋の損傷といった二次被害など新たな問題が提起されることになった[21]。

神戸市長は、南海トラフ巨大地震に備える等の観点から、平成25年4月1日、神戸港全域を港湾区域および港湾隣接区域として指定し[22]（港湾法33条2項、37条の2第1項）、同区域内での船舶および浮桟橋の放置等を禁止するとともに、

---

(19)　広島港湾振興事務所『広島湾域における放置船舶等の撤去指導に係る事務処理の実務』（2013年）9頁参照。

(20)　平成29年8月28日および同年10月6日の両日、神戸市みなと総局神戸港管理事務所を訪問し、ヒアリングを実施した。この際、管理課の東英充氏をはじめ複数のご担当の方々にご対応いただいた。その際、貴重なご意見、ご示唆を賜った。この場を借りて御礼を申し上げたい。

167

同年6月には、放置船舶等の解消を目的とし、神戸港内全域で小型船舶の係留状況に対する調査を行った。この結果、港内各所において、約400隻を超える小型船舶が権原なく係留され、また、その中には船内に水が入り水中に没した船や船としての機能を喪失し、その使用にたえない船（以下、これらを「沈廃船」という）もあることが判明した。

神戸港管理事務所は、これらの放置船舶等に対し、撤去または適正係留を求める警告文書の貼付を開始した。このうち、自主撤去がなされなかったものについては、近隣に係留する船舶所有者等への聞取りなどを行うとともに、日本小型船舶検査機構（Japan Craft Inspection Organization）に対する照会を通じて所有者の確知に努めた。こうした調査を通じて、所有者が確知できる放置船舶と確知できない放置船舶とに区分された。これにより前者は通常代執行により、他方、後者については略式代執行により、あるいは、廃棄物としてそれぞれ対応がなされている。本章では通常代執行の例について検討し、略式代執行の例については、第7章で検討する。

(2)　通常代執行事案の概要――その1

所有者が確知できた放置船舶等のうち、神戸市兵庫区浜中町2丁目地先に放置されていたAの所有する小型船舶1隻について、神戸市長は、平成26年1月10日付けで弁明の機会の付与を行い、同年2月25日付けで港湾法56条の4第1項に基づき、当該泊地からの撤去を命じた。その後も撤去を求めたが当該命令は履行されなかったため、神戸市長は、港湾管理上の支障を放置できず、また、Aの遵法意識が極めて低いことから、著しく公益に反すると判断し、平成26年6月9日付けで戒告を行い、同年11月27日付代執行令書の発出を経て、平成26年12月16日に撤去し、陸揚げを行った。当該放置船舶については、A

---

(21)　国土交通省は、平成25年5月、東日本大震災を教訓として、将来想定される南海トラフ巨大地震等の津波により流された放置船舶等による背後住居への二次被害が懸念されることから、港湾、河川、漁港の三水域が取り組んできたそれぞれの放置船舶等対策をさらに実効的に推進し、10年間での放置船舶等の解消を目標に、港湾・河川・漁港等の管理者、マリン関係団体、プレジャーボート利用者等が連携して取り組むべき施策（プレジャーボートの適正管理及び利用環境改善のための総合的な対策に関する推進計画）をとりまとめ、関係自治体に対して周知した。

(22)　平成25年神戸市告示26号。同告示により指定の効力発生日は、平成25年10月1日とされた。

が廃棄することを強く希望したため、神戸港管理事務所は特に専門家による鑑定評価を行うことなく、廃棄している。

　この通常代執行の実施に当たっては、専門の業者に委託した費用のうち、沈廃船引揚げおよび撤去費用ならびに撤去に伴う安全対策に要した費用47万円を代執行費用とし、廃棄物として処分するために要した費用約50万円（陸揚げ後の和歌山県の解体業者までの運搬費用ならびに解体費用および廃棄物としての処分費用）を事務管理費として請求したという。なお、これらの費用については、Aからの申立てにより代執行費用、事務管理費用ごとに分割納付の誓約がなされている。

(3)　通常代執行事例の概要——その2

　所有者が確知できた放置船舶のうち、Bの所有する神戸市兵庫区東出町地先に放置されていた1隻および同区七宮町1丁目地先に放置されていた2隻に関し、神戸市長は、Bに対し、平成27年9月24日付けで弁明の機会を付与し、同年10月2日付けで港湾法56条の4第1項に基づき当該泊地からの撤去を命じた。その後も撤去を求めたが当該命令は履行されなかったため、港湾管理上の支障を放置できず、また、Bが命令を履行しないことを放置しておくことは、神戸市に協力して自主的に放置船舶を撤去した者に対する信頼関係を損ねることから、著しく公益に反すると判断し、平成27年10月9日付で戒告を行い、同月20日付けで代執行令書の発出を経て、同月30日および31日の2日間で、B所有の3隻について神戸市兵庫区島上町1丁目地先への撤去を実施し、陸揚げし、保管を行った。その後、Bが廃棄することを希望したため、一部解体を行い船舶リサイクル業者に持ち込むなどして廃棄した。

　委託費用のうち、沈船引揚げよび撤去費用ならびに撤去の代執行のための安全対策に要した費用の合計約106万円を代執行費用とし、廃船費用約100万円（神戸市内の船舶リサイクル事業者までの運搬費用ならびに解体費用および廃棄物としての処分費用）を事務管理費として請求している。なお、これらの費用については、Bからの申立てにより代執行費用、事務管理費用ごとに分割納付の誓約がなされている。

(4)　神戸市における事例の特徴

　神戸港管理事務所は、港湾法56条の4第1項の措置命令による通常代執行を実施した場合、撤去した放置船舶等については、代執行庁に保管義務はあるものの、代執行とは放置船舶等を撤去することであり、撤去後の保管行為は代執行とはいえないと考えている。このため、保管行為は事務管理と解さざるをえないとするが、義務なく他人の事務を管理するという事務管理の成立要件があることから、収まりの悪さを感じているという。また、略式代執行では、撤去した放置船舶等の保管費用などを強制徴収できる明確な定めがあるにもかかわらず、通常代執行では、事務管理費用として徴収せざるをえないことについてはバランスが悪いと考えている。

　保管費用の請求については、現実の支出がなかったことから行っていないが、神戸市の所有地で保管する場合であっても、費用請求を行うことは可能であると考えている。現実に請求を行う場合には、陸地保管の場合にあっては、当該土地の（月額単価）×（使用面積）×（使用期間）として算定するという。

　なお、業者に委託せず、神戸市自らが代執行を行った場合であれば、代執行に見合う費用を請求するという。この場合、直接撤去の労務に携わった職員の人件費や、使用した曳航船の燃料代等も請求すべきではあるが、平均時給の算出方法や船舶の減価償却の問題等もあるため、極めて煩雑な事務となる。このため、実際に請求するかどうかは、事案ごとに検討せざるをえないという。

　放置船舶等の撤去については、ここ数年の通常代執行や略式代執行の実施により職員が多くの経験を得ている。これにより、今後、放置船舶等の代執行については、経験値が少ないゆえに代執行が躊躇されるということはないという。しかし、経験のある職員がいる間は問題ないが、その後は、わからないと危惧する職員も少なくないようである。

第4節　撤去した放置船舶等の保管義務の有無および保管費用徴収の法的根拠

第1　保管義務発生の有無

（1）行　政　実　務

通常代執行により撤去された放置船舶等の保管については、代執行庁が保管義務を負うのか、負うとした場合において保管義務はどのような法的根拠に基づいて発生するのかという問題がある。

　この点につき、前述の広島県西部建設事務所、広島県広島港湾振興局や神戸市みなと総局神戸港管理事務所は、保管義務がないとはいえないとしながらも保管行為は撤去後に行われる撤去とは別の行為であることを理由に事務管理であるとする。

（2）裁　判　例

　次に、裁判例は保管義務の有無についてどのような判断をしているか。埼玉違法係留小型船舶移動・撤去事件において、さいたま地判平成16・3・17訟月51巻6号1409頁は、撤去後の物件の保管については事務管理と解したうえで、事務管理に着手したことにより発生する保管義務の帰趨について詳細な場合分けをしている。

　すなわち、同判決は、「代執行により移動・撤去された動産等を保管する行為については、本来、行政代執行の作用に含まれるものではない」としたうえで、「行政庁には上記動産等を義務者本人に返還すべき義務がある[23]と考えられるから、当該行政庁は、代執行開始前又は終了後に、義務者本人に直ちにそれを引き取るべき旨を通知すれば、原則として保管義務を免れる」とする。

　このうち、「当該行政庁は、代執行開始前又は終了後に、義務者本人に直ちにそれを引き取るべき旨を通知すれば、原則として保管義務を免れる」とは、代執行開始前に引取請求通知が到達している場合には、事務管理として執行対象物件の保管を始めた代執行庁に保管義務は発生せず（**図表6－2**）、また、代

---

[23]　事務管理の管理者は、事務管理により保管している物件を引き渡す義務を負う（民法701条により準用される646条）。

執行開始後に引取請求通知が到達した場合には、この通知により事務管理とし
て執行対象物件の保管を始めた代執行庁の保管義務が消滅する（**図表6－3**）
という趣旨である。

図表6－2　引取請求通知が撤去完了前に到達したとき

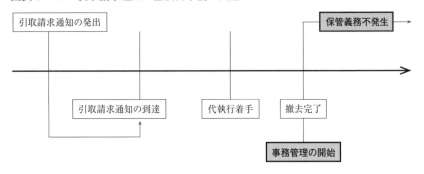

図表6－3　引取請求通知が撤去完了後に到達したとき

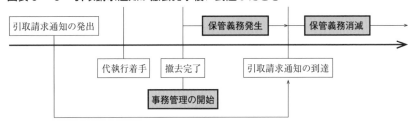

　他方、「執行責任者が代執行終了後暫時上記動産等を占有し、所有者自ら直
ちに引取りができない場合のような特段の事情がある場合には、当該行政庁に
は、事務管理者として要求される程度の注意義務をもってそれを保管・管理す
る義務があると解するのが相当である」（傍点筆者）とする。ただし、こうした
「特段の事情」がある場合であっても、「代執行は、義務者が指示命令、監督処
分、戒告及び代執行令により命ぜられた原状回復を履行しない結果行われるも
のであるから、当該行政庁が本件代執行後に義務者本人に当該動産等を引き取
るべき旨を通知し、相当期間が経過した後は、行政庁は保管・管理義務を免れ
ると解せられる（民法700条参照）」としている（**図表6－4**）。

図表6－4 特段の事情がある場合

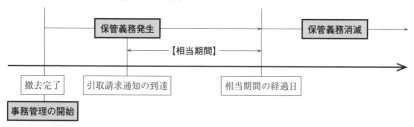

さいたま地裁判決は、被告埼玉県の主張に沿った判断であった[24]。同判決は執行対象物件に対する保管義務はないことを前提とし、保管行為を義務なきことをその成立要件とする事務管理と解するものである。しかしながら、執行後における執行対象物件についての保管義務はないとする点については、了承することはできない。その理由は、次に示す私見のとおりである。

(2) 私　　見

放置船舶等の撤去後の保管義務は、いかなる根拠に基づき発生するのであろうか。思うに、代執行庁は、代執行に着手したことを原因として、放置船舶等に対する占有を取得するものであるから、信義則上、被命令者に対して当該放置船舶等の引渡義務を負うと解すべきである。なぜなら、代執行庁は、一旦代執行を開始した以上、当該代執行の実施に当たっては、比例原則および権利濫用禁止の原則が適用され、代執行という目的を達成するうえで、被命令者の財産に対し過剰な執行方法をとってはならず、特に、執行行為を適法に開始した効果として占有するに至った放置船舶等については、違法行為の原因者である被命令者の財産であるからといって、懲罰的意図をもって、その返還を拒むといった対応は許されず、撤去した放置船舶等を被命令者に引き渡す義務を負うとすることが憲法29条の趣旨に適うものだからである。こうして、特定物たる放置船舶等に対する引渡義務が代執行庁に生ずる以上、執行行為完了後、相当期間にわたり、すなわち、相手方が放置物件を引き取ることが客観的に可能な

(24) 被告埼玉県の主張およびこれに沿ったさいたま地裁判決は、広岡説（広岡・前掲注（1）184頁）を参照するものである。

状況に至るまでの間、民法400条に準じて放置船舶等の保管義務を負担することになる。なお、当該保管義務のレベルは、無報酬で他人の物件を保管するものであるから、民法の委任の場合に準じて善管注意義務であると解される（**図表6－5**、第2章第3節第6）。なお、放置船舶等の保管における善管注意義務の内容としては、橋台、ブルーシート、周囲を囲むフェンス等を利用した保管内容が考えられる。

図表6－5　放置船舶等に対する保管義務発生のプロセス

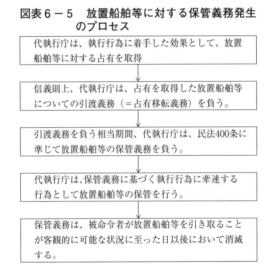

通常代執行の実務では、行政庁は、代執行による放置船舶撤去後の保管も踏まえ、当該執行対象物件の保管に適切な場所を決定したうえで、当該保管場所へ撤去するための代執行の実施計画を立てるのである。適切な保管場所が存在することを代執行実施の重要な要素であると考える行政庁のこうした対応は、当該引渡義務に伴って生ずる保管義務を意識しているからに他ならないといえよう。

第2　保管費用徴収の法的根拠

行政庁が保管義務を負うと解する場合、その保管義務の履行に要した費用は、代執行費用と解すべきであろうか。広島県西部建設事務所、広島県広島港湾振

興局や神戸市みなと総局神戸港管理事務所は、放置船舶等に対する撤去の代執行においては、執行行為＝撤去であり、撤去の終了をもって代執行は終了し、その後の保管は、事務管理と解している。そのうえで、保管に要した費用は代執行費用ではなく事務管理費用（民法702条）であると考えている。

　しかし、撤去後の放置船舶等に対する保管義務は、代執行に着手した代執行庁が負担しなければならない義務であり、その義務を履行するための保管費用は、義務者の負担とすべきものである[25]。確かに、執行行為は命じられた代替的作為義務の内容を執行するものにすぎない以上、保管行為が執行行為に含まれるものではないし、執行行為が完了したのちに行われることから、執行行為に付随する行為と解することにも難がある。しかし、保管行為は、執行行為と強い関連性を有する行為（＝執行牽連行為）であることから、これに要した費用は代執行費として請求できると解したい[26]（第2章第5節第1(5)）。

　保管費用を、事務管理費用ではなく代執行費用と解することにより、公法上の債権として延滞金を徴収することができ（自治法231条の3第2項など）、国税滞納処分の例によりこれを徴収することができ（法6条1項）、国税および地方税に次ぐ順位の先取特権を有する（同条2項）など徴収上有利である。また、時効の援用を要請せず、5年の時効により消滅させることができるなど債権管理も容易である（会計法30条、自治法236条1項）。

---

(25)　保管費用請求の根拠を条例で定めることができるか否かという論点がある。地方自治法上、公法上の歳入として、①地方税、②分担金、③使用料、④手数料、⑤地方債についての定めがあるが、これら以外に新たな歳入根拠を条例で創設することができるかどうかについては争いがある（松本英昭『新版　逐条地方自治法〔第9次改訂版〕』（学陽書房、2015年）825頁）。公法上の歳入の種類は、地方自治法上①から⑤までの法定されたものおよび他に法律に定めがあるものに限定されないという考え方（村上順＝白藤博行＝人見剛編『新基本法コンメンタール　地方自治法』（日本評論社、2011年）270頁〔前田雅子〕）もあるが、実務では法定されたものに限定されるという考え方が強い。また、放置自転車撤去条例に基づく撤去および保管に要する費用徴収の根拠を条例で創設的に定められるかどうかについて疑義があったことから、平成5年の「自転車の安全利用の促進及び自転車駐車場の整備に関する法律」の改正の際、放置自転車撤去後の保管、売却等の措置に要した費用を当該自転車の利用者の負担とする6条5項の規定がわざわざ同法に設けられた経緯がある（諸岡昭二『改正自転車法の解説』（東京経済、1994年）33頁参照）。

(26)　保管費用について、阿部泰隆『行政法解釈学I』（有斐閣、2008年）573頁および北村喜宣「行政による事務管理㈡」自治研究91巻4号（2015年）36頁は、義務者が自分で義務を履行する際にもかかる費用であることを理由に、代執行費用であると解している。

第 5 節　相当期間内に引取りがされない放置船舶等に対する最終処分スキーム

第 1　公売による対応

撤去後の放置船舶等を保管義務に基づいて相当期間[27]にわたり保管するとしても、相当期間を経過しても義務者が引き取らない場合、当該放置船舶等をどのように扱うべきか。対応としては、保管行為を終了するか、あるいは、事務管理としての保管行為に移行するかどうかの選択をしなければならない。

代執行庁が保管義務を負う相当期間内に引取りがなされない放置船舶等の多くは、財産的価値を有しないなどの理由により、相手方に引き取る意思がないことが客観的に明らかになったものである。よって、これらの物件を事実上廃棄したとしても行政主体側が損害賠償責任を負うことはないであろう。

他方で、財産的価値が認められる放置船舶等が仮にあれば、相手方が引き取らないものであっても、代執行費用回収の観点から、いったんは、事務管理による保管を開始することになるであろう。事務管理を開始した以上、開始した旨を通知したうえで（民法699条）、本人またはその相続人もしくは法定代理人が管理をすることができるに至るまで、事務管理を継続しなければならない（民法700条）。

事務管理による保管中の対応としては、①公売による対応、②弁済義務の履行としての供託による対応、③事務管理による売却、④廃棄による対応、が考えられる。

まず、公売による処分についてである。代執行費用を徴収するためになされる滞納処分の過程で保管する放置船舶等を差し押さえ、これを公売することにより放置船舶等を処分することができる。

第 2　弁 済 供 託

供託とは、債権者が弁済の受領を拒み、またはこれを受領することができない場合に、弁済者が弁済の目的物を債権者のために供託所に寄託して、債務を

免れる制度であり、債務者の協力がない場合にも、債務を免れるということに実益がある。民法が規定する弁済の代用としての供託を弁済供託という[28]。

　供託は、債務の履行地の供託所にしなければならない（民法495条1項）。債務の履行地とは、弁済をすべき場所について別段の意思表示がないときは、特定物の引渡しは債権発生の時にその物が存在した場所であり、その他の弁済は債権者の現在の住所である（民法484条）。

　供託の対象は、原則として弁済の目的物である。供託は供託所に対して行うが、金銭または有価証券を供託する場合には、法務局もしくは地方法務局もしくはこれらの支局または法務大臣の指定するこれらの出張所が供託所とされている（供託法1条）。これに対して、金銭または有価証券以外の物品を目的とする供託は、法務大臣が指定する倉庫営業者または銀行に対して行わなければならない（供託法5条1項）。ただし、法務大臣の指定を受けている倉庫営業者または銀行は全国的に極めて少数であり、しかも、当該指定を受けている倉庫営業者または銀行は、当該営業の部類に属する物であって保管が可能な数量に限って保管義務を負うに過ぎない（同条2項）。このため、金銭または有価証券以外の供託について、弁済者が債務の履行地へ供託することは困難な場合が多いようである。

　義務の履行地（放置船舶等は特定物であるから、その引渡義務[29]の履行地は保管場所である）に、放置船舶等の保管について法務大臣の指定を受けている倉庫営業者がいない場合にはどのように対応するのか。この場合には、「弁済の目的が供託に適さない」として、放置船舶等の引渡しという弁済義務を免れるために、裁判所の許可を得て[30]競売申立て[31]を行い、売却後、当該換価代金を供託することができる（民法497条）。なお、この場合において、行政主体は、代

---

(28)　我妻栄・有泉亨・清水誠・田山輝明『我妻・有泉コンメンタール民法〔第7版〕』（日本評論社、2021年）1002頁。

(29)　事務管理による保管を行う場合、受任者による受取物の引渡し等の規定（民法646条）が準用されるから（民法701条）、事務管理者である行政主体側は、保管の事務を処理するに当たって、受け取った金銭その他の物を「本人」に引き渡す義務を負う。

(30)　裁判所の許可については、非訟事件手続法94条1項・2項・4項の規定が準用される（同法95条）。なお、この手続に要する費用は債権者の負担とされる（同法95条による同法94条4項の準用）。

執行費用についての債権を有しているので、被供託者が供託所に対して有する供託金取戻請求権を滞納処分により差し押さえ、その取立てを行い、代執行費用に充当することも可能である[32]。

第3　事務管理としての売却

民法697条1項は、義務なく他人のために事務の管理を始めた者は、その事務の性質に従い、最も本人の利益に適合する方法によって、その事務の管理をしなければならないと定めている。このことから、放置船舶等の保管費用が増大し、当該放置船舶等の価値を超えることになっては、最も本人の利益に適合する方法とはいえないから、事務管理[33]として当該放置船舶等を任意に売却した上で、当該売却代金を保管または供託する手法である。前述の「弁済の目的が供託に適さない」として売却をし、その代金を供託するという手法が、裁判所の手続を経る慎重なものであるのに対し、事務管理としての売却[34]は、より簡易な処分手法であるといえよう。

第4　事務管理としての廃棄

前述のように、撤去後に保管し、引取りがなされない放置船舶等は、一般に

(31)　小型船舶登録原簿（小型船舶の登録等に関する法律3条）に登録された小型船舶の強制執行については、地方裁判所が執行裁判所として管轄し、その執行方法は、登録自動車に対する強制競売の規定が準用される（同法27条1項、民事執行規則98条の2）。なお、未登録の小型船舶に対する執行の方法については、動産執行の方法による（中野貞一郎『民事執行法〔増補新訂6版〕』（青林書院、2010年）611頁参照）。

(32)　広島港湾振興事務所は、このような方法は迂遠であるとし、換価代金の供託前に代執行費用債権を自働債権とし、換価代金請求権を受働債権として相殺（民法505条）するという指針を定めている（広島港湾振興事務所・前掲注(19)7頁）。この点に関し、弁済者が必ず供託をしなければならないのか、あるいは、供託せず相殺できるかが問題になるが、供託しなければならないとするのが多数説である（中川善之助ほか編集代表〔注釈民法⑫債権(3)〕（有斐閣、1976年）330頁〔甲斐道太郎〕）。

(33)　事務の「管理」には、たとえば、生鮮食料品店の戸締りを頼まれた者が、商品の腐敗をおそれて売却する場合などの「処分」も「管理」となりうるとされる（我妻栄『債権各論下巻(1)』（岩波書店、1972年）901頁、澤井裕『テキストブック事務管理・不当利得・不法行為』〈第3版〉（有斐閣、2001年）8頁。

(34)　岡山市は、平成11年に実施した都市計画法違反建築物の除却代執行の際に搬出・保管した物件について、同市が民間の倉庫を賃貸して保管していた。しかし、保管費用が増加し、明らかに当該保管している物件の価値よりも保管に要する費用のほうが大になるであろうと判断した時点で、任意の売却が行われている（岡山市行政代執行研究会・前掲注(12)124頁以下参照）。

財産的価値がないことから廃棄物であると解して廃棄されること[35]が多いであろう。民法697条1項は、義務なく他人のために事務の管理を始めた者は、その事務の性質に従い、最も本人の利益に適合する方法によって、その事務の管理をしなければならないと定めている。このことから、財産的価値のない放置船舶等を保管することにより保管費用が増大し、当該放置船舶等の廃棄に要する費用を超えることになっては、最も本人の利益に適合する方法とはいえない。これにより、事務管理として当該放置船舶等を廃棄する手法である。

　財産的価値の有無に関しては、長期にわたり沈廃船状態で放置されていれば、廃棄物として直ちに処分しうるであろうが、そうでない場合は、専門業者[36]による評価が必要となろう。

　この点に関し、たとえば、広島県広島港湾振興事務所は、廃棄物として処理する要件として、①行政代執行により撤去した小型船舶を所有者に返還することができない場合で、②民法497条による小型船舶強制競売または動産強制競売により競売に付すも買受人がなく、③本来の用途に供することが困難な状態にあり、④評価額が著しく低い場合、とする内部指針を定めている[37]。

　また、神戸港管理事務所は、神戸市民の環境をまもる条例の定めるところにより、①当該船舶の名称または番号の表示その他当該船舶の所有者または占有者を確認することができる表示を確知することができないこと、②機関等必要な設備がなく、もしくは著しく損傷し、または沈没し、船舶としての使用ができない状態にあること、③換価価値が認められないこと、④遺棄または放置の状況が環境を阻害し、または阻害するおそれのあること、を要件に、廃棄物として処理することができるとしている（神戸市民の環境をまもる条例50条2項、同条例施行規則3条1号から4号まで）。

---

(35)　略式代執行では、当該略式代執行により除却・保管した工作物については、保管公示日から6月を経過し、なお返還ができない場合には、国、自治体に所有権が帰属し、各管理者は、廃棄等自由に処分することができる（河川法75条10項、漁港整備法39条の2第11項、港湾法56条の4第9項）。

(36)　小型船舶の鑑定評価についての国家資格はないため、現実には、社団法人日本海事検定協会、小型船舶の製造メーカーあるいは販売店による評価を求めることになろう。

(37)　広島港湾振興事務所・前掲注（15）8頁。

第6節　課題の解決に向けて

　これまで論じてきたように、放置船舶等に対する通常代執行における課題として、撤去後の放置船舶等の保管、処分の問題がある。このうち、保管に関しては、撤去した代執行庁が保管義務を負担し、当該保管義務の履行に要する費用については、これを代執行費用に含め、私債権とは異なる有利な方法で債権管理を行うべきである（第2章第3節第6、同章第5節第1(5)）。

　相当期間内に引取りがされない放置船舶等については、執行牽連行為[38]としての保管を事務管理としての保管に移行したうえで、まずは公売により売却を検討するということになろう。しかし、財産的価値が低く売却が困難な放置船舶等については、廃棄物として処分する以外に方法はない。この際、他人の所有対象となっている物件を廃棄することから、行政庁は慎重な対応を余儀なくされるが止むをえまい。

　私見では、制定法の根拠がなくとも、解釈により本章で論じた課題を解決することは可能である。しかし、法律による行政の原理の観点からすると、通常代執行による撤去後における放置船舶等の執行対象物件の保管、売却、廃棄処分等を含む管理スキームは、法律で定めることが望ましいであろう。実務の現場においても積極的な立法政策の展開が期待されている。

---

(38)　「執行牽連行為」の意義については、第2章第3節第6参照。

第 7 章　港湾法に基づく略式代執行の課題

第 1 節　問題の所在

港湾法や港湾施設管理条例の規定に反し、港湾施設の区域（以下、「港湾区域」という。港湾法37条の11第 1 項）内に放置され、または、廃棄されている船舶（以下、「放置船舶」という）、浮桟橋などの物件は、他の船舶通航への障害、環境や景観悪化をもたらしてきた。また、近年、東日本大震災を契機として、津波により流された船舶による家屋の損傷といった二次被害の原因としても問題視されるなど、その対策が急がれている。

放置船舶を港湾区域外へ強制的に撤去する手法としては、港湾法56条の 4 第 1 項または自治体の港湾施設管理条例に基づく措置命令の不履行に対する代執行（以下、「通常代執行」という）により対処することが基本であるが、義務を賦課する相手方を過失なくして確知できない場合には、通常の手続を簡略化して行う代執行（以下、「略式代執行」という）の制度も用意されている（同条 2 項）。なお、通常代執行と略式代執行はいずれも代替的作為義務の強制的実現の制度であるが、それぞれ別の法制度であるとされ[1]、前者にあっては、行政代執行法により、また、後者にあっては、港湾法56条の 4 第 2 項の定めるところにより実施される。

通常代執行の場合には、執行対象である放置船舶を撤去した後の保管、処分等のスキームについて、法の定めはない。このため、たとえば、神戸市長は、この保管、処分等を民法上の事務管理として行っている（第 6 章第 3 節第 3 ）。他方、略式代執行の場合には、撤去した物件の保管、処分等のスキームが港湾法により定められている（56条の 4 第 3 ～第 9 項）。

このように略式代執行およびこれにより撤去された物件の保管、処分等のス

（ 1 ）　広岡隆『行政代執行法〔新版〕』（有斐閣、1981年〔復刻2000年〕）42頁参照。

キームについては、河川法75条3項から10項まで、漁港整備法39条の2第4項から第11項までなど、他の公物管理法にも定めがあるが、その制度および運用上の課題について論じたものは、管見の限り見当たらない。そこで、本章では、この点に関し、近時、神戸市みなと総局神戸港管理事務所が実施した、港湾法に基づく略式代執行に対する考察を通じてその課題について論ずる。

第2節　放置船舶撤去に対する略式代執行のスキーム

　港湾法は、交通の発達および国土の適正な利用と均衡ある発展に資するため、環境の保全に配慮しつつ、港湾の秩序ある整備と適正な運営を図るとともに、航路を開発し、および保全することを目的とするものである（1条）。

　国土交通大臣、都道府県知事または港湾管理者（以下、「港湾管理者等」という）は、港湾法37条1項（港湾区域内等における工事等の許可）、37条の11第1項（港湾区域内等での禁止行為）などの規定に違反し、港湾管理に支障をきたす原因を生じさせた者らに対し、工作物もしくは船舶その他の物件（以下、「工作物等」という）の改築、移転、撤去、工事その他の行為、または工作物等により生じたもしくは生ずべき障害を除去し、もしくは予防するため必要な施設の設置等を命ずること等ができる（56条の4第1項）。

　他方、港湾法56条の4第1項の規定により、必要な措置をとることを命じようとする場合において、過失がなくて当該措置を命ずべき者を確知することができないときは、港湾管理者等は当該措置を自ら行い、またはその命じた者もしくはその委任した者にこれを行わせることができる。この場合において、相当の期限を定めて当該措置を行うべき旨およびその期限までに当該措置を行わないときは、港湾管理者等は、その命じた者または委任した者が当該措置を行う旨を、あらかじめ公告しなければならない（同条2項）。

　港湾管理者等は、港湾法56条の4第2項の規定により工作物等を撤去しまたは撤去させたときは、当該工作物等を保管しなければならず（同条3項）、保管したときは、当該工作物等の所有者、占有者その他当該工作物等について権原を有する者（以下、「所有者等」という）に対し、当該工作物等を返還するため、国土交通省令で定める事項を公示しなければならない（同条4項）。

　港湾管理者等は、保管した工作物等が滅失しもしくは破損するおそれがあるとき、または同条4項の規定による公示の日から起算して3か月を経過してもなお当該工作物等を返還することができない場合⁽²⁾において、国土交通省令で定めるところにより評価した当該工作物等の価額に比し、その保管に不相当な費用もしくは手数を要するときは、国土交通省令で定めるところにより当該工作物等を売却し、その売却した代金を保管することができる（同条5項）。

　港湾管理者等は、工作物等の売却につき買受人がない場合において、価額が著しく低いとき⁽³⁾は、当該工作物等を廃棄することができる（同条6項）。売却代金は、売却に要した費用に充てることができ（同条7項）、撤去、保管、売却、公示その他の措置に要した費用⁽⁴⁾は、当該工作物等の返還を受けるべき所有者等その他当該措置を命ずべき者の負担とされる（同条8項）。

　公示の日から起算して6か月を経過してもなお同条3項の規定により保管した工作物等（売却代金を含む）を返還することができないときは、当該工作物等の所有権は、国土交通大臣が保管する工作物等にあっては国、都道府県知事が保管する工作物等にあっては当該都道府県知事が統括する都道府県、港湾管理者が保管する工作物等にあっては当該港湾管理者に帰属する（同条9項）。

　なお、港湾法56条の4第8項に定める略式代執行の実施に係る負担金のうち、国土交通大臣の略式代執行に係るものにあっては、同法56条の6に基づき、また、自治体の略式代執行に係るものにあっては、自治法231条の3第3項および同法附則6条1号の定めるところにより、それぞれ強制徴収がなされる。

　以上のように、港湾法56条の4第1項は監督処分の根拠を、同条2項は相手方不確知による略式代執行の根拠を、同条3項から8項までは、民法上の事務管理規範に準じて略式代執行により撤去した物件の保管、処分等の手続を、同

（2）「返還することができない」とは、通常尽くすべき手段を尽くしても、なお、所有者、占有者の氏名、住所等を確知できないために返還できない場合であると解される。

（3）「価額が著しく低いとき」とは、売却に要する費用が売却予想価額を上回ることが明らかな場合であると解される。

（4）「その他の措置に要した費用」の中に、同条6項に定める廃棄に要した費用が含まれるか否かは条文上明確ではない。しかし、撤去後の保管・処分スキームの中で廃棄は中心的手段の一つであり、また、放置船舶については、当該廃棄に要する費用が最も多額であることを考えると、これに含まれると解すべきである。

条 9 項は撤去物件の所有権の帰属についてそれぞれ定めている。このうち、同条 6 項に定める撤去物件の廃棄は、当該撤去された物件の保管を継続することによりその費用負担が増す所有者等の不利益を回避するための手段として位置付けられている。

第 3 節　神戸市みなと総局神戸港管理事務所の事例[5]

第 1　放置船舶撤去の必要性

神戸港では、昭和50年代後半からのプレジャーボートと呼ばれる20t 以下の小型船舶の増加とともに、放置船舶も増え、これらによる船舶航行への阻害、油流出による環境悪化、係留場所の私物化、港の景観の悪化を招くなど様々な問題が生じていた。加えて、特に近年、津波によって流された放置船舶による家屋の損傷という二次被害も懸念されるようになった。

そこで、神戸港の港湾管理者である神戸市長は、将来の発生が予測される南海トラフ巨大地震による津波災害に備える等の観点から、平成25年 4 月 1 日、旧港湾法37条の 3 （現37条の11）第 1 項の定めるところにより、神戸港全域を放置禁止区域とし、また、放置禁止物件として、「船舶」および「浮桟橋」をあわせて指定し[6]、その旨を告示した[7]。なお、港湾法はもとより海事法上でも、船舶について定義するものはない。このため、港湾法にいう船舶とは、社会通念上の船舶、すなわち、浮揚性を有し、積載可能な構造上の能力を持ち、機械力および自力で航行できる能力とは無関係に、移動可能な能力を有する一定の構造物であると解されよう[8]。こうした解釈を前提とすれば、沈廃船（船

（5）　平成30年 7 月10日、神戸市みなと総局神戸港管理事務所を訪問した。この際、同事務所管理課の東英充氏をはじめ複数のご担当の方々、そして、同市法務課の吉見望氏、柴田一樹氏および中川雄太氏にもご対応いただき、貴重なご意見、ご示唆を賜った。また、筆者のゼミ生で代執行を研究テーマとしている児島優香（鹿児島大学法文学部法政策学科 3 年）の拙い質疑にもご丁寧にご対応いただいた。御礼を申し上げたい。

（6）　港湾管理を行う自治体では、港湾法に監督処分の規定が追加される以前から、港湾管理施設管理条例を制定しており、こうした自主条例に基づく監督処分が可能であった。このため、同法37条の 3 第 1 項に定める指定を行っている自治体は少数である。なお、港湾法に監督処分の規定が設けられたのは、港湾法等の一部を改正する法律（昭和48年法律54号）による。

（7）　平成25年神戸市告示26号。同告示により、指定の効力発生日は平成25年10月 1 日とされている。

内に水が入り水中に没した船や船としての機能を喪失し、その使用にたえない船をいう。以下同じ）や救助不可能な難破船などは船舶ではない。

第2　略式代執行の実施

神戸市は、平成25年6月、神戸港内全域で小型船舶の係留状況の調査を行ったところ、港内各所において、約400隻を超える小型船舶が権原なく係留されていたが、その中には、エンジンなど船舶としての主要な機能を喪失した老朽船や沈廃船もあることが判明した。

神戸市長は、旧港湾法37条の3（現37条の11）第1項の規定に反する所有者不明の放置船舶を2種類に区分し、それぞれ異なる対応を行っている。

まず、放置船舶のうち、所有者または占有者が不明であり、かつ当該船舶が沈廃船の状態にあるもの（以下、「放置沈廃船」という）についての対応である。神戸市長は、こうした財産的価値のない放置沈廃船については、港湾法に定める略式代執行によらず、神戸市民の環境をまもる条例（以下、「神戸市環境保全条例」という）50条の定めるところにより、平成27年3月31日までの間に撤去し、廃棄物として処分している。神戸市環境保全条例および同条例施行規則には、廃棄物処分手続についての詳細な定めはないが、港湾法に定める略式代執行およびそれに続く保管、処分等の手続に準じて、①移動する旨の公告→②公告の3か月経過後の移動及び保管→③移動保管の公告→④6か月間の保管というプロセスを経て廃棄が行われている。

次に、放置沈廃船に該当しない放置船舶についての対応である。神戸市長は、平成25年11月5日付けで、港湾法56条の4第2項に基づく公告を行い、平成26年2月6日および7日の2日間にわたり、深江本庄港および兵庫運河入江橋付近に係留していた放置船舶2隻を略式代執行により撤去した。さらに、平成26年1月15日から2月14日までの間、新たに5隻の放置船舶についての公告を行い、平成26年2月25日から3月7日までの間、当該5隻の放置船舶を略式代執行により撤去した。神戸市長は、その後、港湾法56条の4第5項に基づき、撤去した放置船舶が売却可能かどうかについての評価を行った後、売却可能な船

（8）　海事法研究会『海事法』（海文堂、1996年）7頁。なお、神戸市港湾施設条例2条4項は、「船舶」について、航洋船、港内作業船、機船、はしけその他船舟類と定義している。

舶については売却し、他方、売却できなかった船舶については、公示後6か月の保管を経て同条9項に基づく廃棄を行っている。

　なお、放置船舶やこれに該当しない放置沈廃船の撤去、廃棄等については業者に委託されたが、多くの港湾事業者が業務を行っている水域で撤去を行うため、港湾工事について豊富な経験を有する工事業者3社以上による見積合せが行われ、委託業者が決定されている。

第4節　神戸市の事例からみた略式代執行の課題

第1　放置沈廃船を条例の定めるところにより廃棄物として処分することの可否

　神戸市長は、前述のように、旧港湾法37条の3（現37条の11）第1項の定めるところにより、神戸港全域を放置禁止区域とし、「船舶」および「浮桟橋」を放置禁止物件として指定した[9]。これにより、港湾法56条の4第1項の措置命令による撤去の通常代執行が、また、神戸市港湾施設条例では困難であった相手方が確知できない場合の略式代執行が、同条2項の規定より可能となった。

　このように、神戸市長は、略式代執行により放置船舶を撤去することが可能になったにもかかわらず、放置船舶のうち放置沈廃船については、略式代執行の手続によらず、神戸市環境保全条例50条の定めるところにより、廃棄物として処分している。神戸市がこのような対応を行ったのは、船舶としての主要な機能を喪失した沈廃船は、もはや放置禁止物件である「船舶」ではなく、財産的価値もない廃棄物であり、港湾法に定める略式代執行の手続の対象となる船

（9）　港湾法に基づく禁止区域および放置禁止物件の指定前、市長は、神戸市港湾施設条例33条に基づき、港湾区域内において座礁し、沈没し、または浮遊した船舶その他の物件の所有者または占有者に対して、当該船舶その他の物件の除去および危険防止のため必要な措置をとることを命ずることができた。平成25年になって、旧港湾法37条の3（現37条の11）第1項により、神戸港全域が放置禁止区域とされ、かつ、放置禁止物件について定められたことから、監督処分の規定について、港湾法と神戸市港湾施設条例との適用関係（港湾法と同条例が重畳的に適用になるのか、または港湾法が同条例に優先して適用になるのか）の問題が生ずることになった。この点に関し、港湾法と港湾施設管理条例が併存する場合には、港湾法が優先して適用されるとする見解がある（多賀谷一照『詳解　逐条解説港湾法〔三訂版〕』（第一法規、2018年）514頁）。

（10）　こうした非権力的管理行為（＝清掃行為）として行われる廃棄物の処分は、通常、一般行政経費により賄われ、原因者に請求されることはない。なお、神戸市も費用請求の予定はないという。

舶ではないと考えたからであろう。こうした神戸市の対応[10]に問題はないであろうか。

　港湾法は、港湾という公物の管理権[11]の内容を定める法律である。港湾法に定める管理権の内容は多岐にわたるが、放置禁止物件である船舶の撤去という義務を国民に課する場合には、その根拠を法律や条例で定めることが必要になる。そこで定められたのが港湾法56条の4の規定である[12][13]。

　これに対し、神戸市環境保全条例は、現在および将来の市民の健全で快適な環境を確保することを目的とし（1条）、この目的を達成する手段の一つとして、何人も、神戸港の区域において、船舶を遺棄しまたは放置してはならない（49条）と不作為義務を定めた上で、同条の規定に違反して遺棄され、または放置されている船舶であって、所有者または占有者が不明であり、かつ、当該船舶が沈廃船の状態にあるものは、廃棄物と認定して[14]これを処理することができるとする（50条1項）。

　神戸市環境保全条例50条は、船舶に該当せず、廃棄物に該当する沈廃船につ

(11)　原龍之介『公物営造物法〔新版〕』（有斐閣、1974年）220頁は、「公物管理権」について、積極的に公用または公共の用に供するという公物の目的を達成せしめるために、公物の形態を整え、これを良好な状態に維持管理し、必要に応じ公物のために公費負担を課す等の作用と、消極的に公用または公共の用に供するという公物の目的に対する障害を防止または除去し、その他種々の規制をする作用が包含されたものであるとする。

(12)　公物管理を担う行政庁は、公物の公共目的を実現するために、公物管理法に定められている監督権限を行使しうるが、これ以外に、国や自治体などの公物管理主体は、自身が有する所有権、占有権などの権原に基づき、妨害排除を求めることができる。ただし、港湾の水域については、私的所有権の対象とはならないため、これに基づく妨害排除は行えず、港湾法に基づく監督処分によらざるをえない。

(13)　漁港管理者である町が、漁港水域内の不法設置に係るヨット係留杭を法令に基づくことなく強制的に撤去（自力執行）する費用を支出したことの違法性が争われた事件において、最判平成3・3・8民集45巻3号164頁は、漁港の維持管理に必要な行為規制権限は、漁港管理規程によりはじめて創設されるものであるから、こうした規程が存在しない以上、漁港管理者である町といえども不法設置に係る工作物の撤去を命ずる権限は有しないことを理由に、当該町の行為は、漁港法（現在の漁港漁場整備法）に反する行為であるとした。

(14)　具体的な廃棄物の認定基準として、①当該船舶の名称または番号の表示その他当該船舶の所有者または占有者を確認することができる表示を確知することができないこと、②機関等必要な設備がなくもしくは著しく損傷し、または沈没し、船舶としての使用ができない状態にあること、③換価価値が認められないこと、④遺棄または放置の状況が環境を阻害しまたは阻害するおそれのあること、が定められている（神戸市環境保全条例施行規則3条1項）。

いて、その所有権の帰属といった私法上の権利関係とは無関係に、その廃棄の手続を定めるものであるが、この条例の規定が、港湾法56条の4の規定に抵触しないかが問題となる。この点、神戸市環境保全条例50条は、港湾法37条の11第1項および同項に基づく指定により、規律対象としている船舶ではない放置沈廃船をその対象とするものであり[15]、両者の規律対象は互いに異なるものである。また、港湾法が条例による放置沈廃船に対する規律を許容しない趣旨であるとも考えられない。よって、神戸市環境保全条例50条は港湾法と抵触するとはいえない[16]。

なお、神戸市環境保全条例50条の規定は、廃棄物の清掃という非権力的管理行為についての事務処理指針を定めたものではなく、放置沈廃船を廃棄するための即時執行の根拠[17]を定めたものと解されなくもない。この点に関し、神戸市は、清掃という非権力的管理行為であると解して、放置沈廃船を処分している[18][19]。

以上のとおりであるから、沈廃船は、廃棄物であって船舶ではないことを前提に、略式代執行の対象物件とはなりえないと解し、神戸市環境保全条例50条により廃棄した神戸市の対応に違法な点はないといえよう。

---

[15]　港湾法による監督処分の対象たる「船舶」の範囲を明確にするため、同法37条の11第1項に基づく放置禁止物件の指定に当たっては、「船舶（神戸市民の環境をまもる条例50条により廃棄物と認定されたものを除く。）」と定義することにより、法と条例それぞれの守備範囲が明確になろう。

[16]　最大判昭和50・9・10刑集29巻8号489頁参照。

[17]　廃棄の即時執行を定めている例として、病原微生物に汚染された食品等の廃棄の規定がある（食品衛生法59条1項）。

[18]　港湾区域および港務局の管理する港湾施設を良好な状態に維持すること（港湾区域内における漂流物、廃船その他船舶航行に支障を及ぼすおそれがある物の除去および港湾区域内の水域の清掃その他の汚染の防除を含む）は、港湾管理者等の業務とされている（港湾法34条により準用される同法12条1項2号）。

[19]　道路法43条2号の規定に違反して、道路を走行している車両から落下して道路に放置された当該車両の積載物、道路に設置された看板その他の道路に放置され、または設置された物件（違法放置等物件）が、道路に損害を及ぼしている等の場合には、同法44条の2の定めるところにより、撤去することができる。ただし、その対象となる違法放置等物件は、有価物に限定され、①経済的価値がなく、②明らかに廃棄されたと認められる物件は、廃棄物として通常の維持管理、清掃によって処理しても差し支えないと解されている（「道路法の一部改正について」平成28・9・30国道利第11号道路局長通達2(2)）。

第2　略式代執行における保管等のスキームから他のスキームへの変更の可否

　略式代執行により、撤去され保管された放置船舶については、原則3か月間保管し、その上で、売却手続を経ても売却できなかった場合に限り、財産的価値が著しく低いことを条件に、これを廃棄することができる（港湾法56条の4第6項）。

　このように、港湾法は、略式代執行により撤去された放置船舶にあっては、売却手続を前置した上で、買受人がいない場合でなければ、廃棄を行うことができないのである[20]。こうした売却手続前置主義は、ほぼ全ての公物管理法における保管、処分等のプロセスにおいて採用されているが、いささか慎重すぎるように思われる。なお、売却手続を経ないで処分しようとする場合には、その開始から6か月以上保管し、国または自治体が自己所有物として廃棄しなければならない（港湾法56条の4第9項）。

　そこで問題となるのが、略式代執行によりいったん撤去された放置船舶について、撤去後に、財産的価値がないと認められる場合には、港湾法に定める保管、処分等のスキームに拘束されず、廃棄物として処分することができるのかという点である。神戸市の事例ではこうした対応はなされていないが、この点についても検討する。

　そもそも、保管義務は、執行対象物件に財産的価値（＝経済的交換価値）を有する（財産的価値が著しく低い場合も含む。以下同じ）ことを前提とするものである。そうであれば、船舶として略式代執行により撤去された放置船舶のうち、財産的価値が明らかにないと判断されるものについては、保管義務は生ぜず、さらに、保管義務を負うことを前提とする港湾法56条の4第4項から9項までの保管、処分等のスキームの規定は適用されないと解すべきであろう。

　この点に関連して、屋外広告物法8条1項ただし書は、都道府県知事が、略

---

[20]　屋外広告物法8条4項は、同条3項に規定する広告物または掲出物件の価額が著しく低い場合には、同項の規定による広告物または掲出物件の売却につき買受人がないときだけではなく、売却しても買受人がないことが明らかであるときにおいても、都道府県知事が当該広告物または掲出物件を廃棄することができるとし、売却手続前置は求められていない。

式代執行の規定に基づき広告物または掲出物件を除却し、または除却させた場合において、当該除却し、または除却させた広告物がはり紙である場合は、保管義務はないとしている。これは、除却されたはり紙については、所有の意思を放棄し[21]、また財産的価値がないことが明らかであるため、保管義務がないことを確認するための規定であって創設的な定めではないと解される。

　以上のとおりであるから、略式代執行によりいったんは撤去した放置船舶であっても、撤去後、財産的価値がないことが明らかである物件については、屋外広告物法 8 条 1 項ただし書に該当する規定がなくとも、法に定める保管、処分等のルートに拘束されないで、廃棄物として処分することができると解される。

第 3　港湾法の定めるところにより放置船舶内の残置物件を保管し、処分することの可否

　略式代執行により撤去した放置船舶内に残置される物件（ただし、廃棄物を除く。以下「残置物件」という）は、港湾法56条の 4 第 3 項に定める保管が必要とされる船舶に該当するであろうか。残置物件が船舶の概念に含まれるのであれば、放置船舶と一体的に同法に定める保管、処分等のスキームに従って対処することができる。

　この点に関し、神戸市は、過去に撤去した放置船舶内に価値のある残置物件はなかったが、仮に価値がある残置物件がある場合には、船舶とは別の独立した保管義務の客体として、事務管理による保管や処分を検討するという[22]。

　港湾法56条の 4 第 2 項に定める略式代執行の対象となるのは、神戸港においては、みだりに捨て、または、放置された船舶および浮桟橋である（本章第 3 節第 1 ）。撤去された放置船舶内の残置物件は、船舶に対する附合（民法243条）が認められない限り独立した所有権の客体であるし、また、文理上も放置禁止対象物件である当該船舶に含めて解釈することは困難であろう[23][24]。

---

(21)　石田譲『物権法』（信山社、2008年）81頁以下は、所有権の放棄について、権利を消滅させる単独行為であり、原則自由にこれを行うことができるが、他人の利益を不当に害することはできないとする。

(22)　神戸港管理事務所平成30年 7 月10日付けヒアリング調査回答。

　よって、放置船舶の内部に残置物件を発見した場合には、略式代執行の執行対象物件ではないため、港湾法56条4第3項以下に定める保管、処分等のスキームに準じて、船舶の保管とは別の保管スキームにより保管や処分をしなければならない。

第5節　総　　括

　港湾法の代執行には、通常代執行と略式代執行がある。後者は前者と異なり、違法放置船舶の代執後における対応について、詳細な保管、処分等のスキームが法自体に定められていることもあり、制度および運用上の問題点を指摘する論考は見当たらない。しかし、神戸市が実施した略式代執行を例に、実務の詳細を検討すると、制度および運用において少なからず課題があることが分かった。

　本章で検討したのは、①廃棄物に該当する放置沈廃船を、略式代執行によらず条例の定めるところにより廃棄物として処分することは適法か、②略式代執行により撤去した放置船舶について、撤去後、財産的価値がないことが明らかになった場合には、港湾法に定める保管、処分等のスキームに拘束されず、廃棄処分をしうるか、③撤去した放置船舶内の残置物件について、港湾法に定めるスキームとは別のスキームで保管、処分等をしなければならないのか、という問題についてであった。

　こうした課題についての検討結果は次のとおりである。まず、①についてである。放置沈廃船は港湾法の規律対象となる「船舶」ではないことから、同法に定める略式代執行によらいないで条例の定めるとことにより廃棄したとしても、港湾法に反するものではない。

　次に、②についてである。略式代執行により撤去した放置船舶について、撤

---

(23)　港湾法37条の11第1項による物件の指定に当たって、「船舶（当該船舶内に残置されている物件も含む。）」と明記することによって、放置船舶内の存置物件を法に定める保管、処分等スキームにより対応することは可能である。

(24)　なお、商法上の船舶（商法684条）については、当該船舶の属具目録に記載されている物（たとえば、羅針儀、端船、海図、救命具等）に限っては、従物と推定されるから（同法685条）、神戸市が放置禁止物件として指定した「船舶」に含めて対応することも可能である。

去後に財産的価値がないことが明らかな場合であっても、港湾法に定める略式代執行のスキームにより処理しなければならないと解するならば、代執行庁には大きな負担となる。なぜなら、略式代執行により撤去した放置船舶は3か月以上保管し、かつ、売却手続を経なければ廃棄できないという売却手続前置主義が定められているからである（港湾法56条の4第6項）。こうした煩雑な手続を回避しようとすれば、所有権取得により自己所有物として廃棄しなければならず、それには6か月の保管期間が必要とされる（同条9項）。

　しかしながら、前記検討のとおり、財産的価値がないことが明らかな放置船舶については保管義務はなく、港湾法56条の4第4項以下の保管、処分等のスキームに拘束されず、廃棄できると解される。

　最後に、③についてである。放置船舶内部の残置物件については、略式代執行の対象物件ではないため、港湾法に定める保管、処分等のスキームを利用することはできず、放置船舶の保管とは別の保管スキームにより保管、処分等をしなければならないと解される。この点については、機会を改めて論ずることとしたい。

第 8 章　土地収用法による行政代執行の課題

第 1 節　問題の所在

　様々な行政分野における行政代執行プロセスの詳細に目を向けると、その実施に伴う実務上の扱いも行政庁ごとに大きく異なる場合があるなど、解決すべき法理論上の問題は少なくない。こうした行政分野のうち、土地収用法については、代執行に関連して次のような問題がある。すなわち、土地収用法に基づく土地もしくは物件の引渡しまたは物件の移転における代執行については、①土地または物件の引渡し[1]を行政代執行システムにより行うことができるかという法理論上の問題[2]、②執行妨害に対する実力行使の可否についての問題[3]、③移転義務の執行対象となっている物件（以下、「移転対象物件」という）の移転代執行後、相手方が直ちに引き取らない場合において、代執行庁が当該移転対象物件の保管義務を負担するのか[4]、また、当該保管に要した費用はいかなる法的根拠に基づき請求できるか、といった問題がある。

　これらの問題のうち、特に③の問題については、土地収用法および行政代執行法に具体的な定めがないことから、土地引渡しの代執行を実施するうえで重要な論点である。この論点について、高裁初であろう判断が示された。そこで、本章では、原審判決との比較により、当該高裁の問題点を明らかにするととも

（1）　「土地または物件の引渡し」とは、従前の占有者が占有の放棄または、移転により占有を解いて起業者に占有を取得させることである（小澤道一『逐条解説土地収用法〔第4次改訂版〕（下）』（ぎょうせい、2019年）540頁）。

（2）　「土地または物件の引渡し」が代執行に適する義務に当たるかどうかについては、小澤・前掲注（1）541頁以下参照。

（3）　札幌地判昭和54・5・10訟月25巻9号2418頁は、代執行の実効性を確保するため、執行妨害に対しやむをえない最小限の実力行使は認められるとする。

（4）　移転対象物件のうち、財産的価値が明らかに認められない物件については、特段の事情がない限り、廃棄がなされるため、保管の問題は生じない。なお、この廃棄についての性格であるが、執行行為とは別の事実上の行為または事務管理と解さざるをえないであろう。

に、この問題点について論ずる。

第 2 節　土地引渡システムの概要

　土地収用法は、公共の利益の増進と私有財産との調整を図り、もって国土の適正かつ合理的な利用に寄与することを目的とし、公共の利益となる事業についての土地等の収用または使用に関し、その要件、手続および効果ならびにこれに伴う損失の補償等を定めるものである（ 1 条）。

　土地収用法に定める土地等の収用また使用の手続は、同法 3 条各号に定める公共の利益となる事業のための手続でなければならない。また、そのプロセスは、当該事業のため土地等の収用または使用が必要なものであるか否かを判定する事業認定手続（15条の14以下）と被収用者に対して収用および補償を行う裁決手続（35条以下）に分かれる。なお、収用または使用の対象とされるのは、①土地（ 2 条）、②地上権などの権利（ 5 条）、③立木、建物その他土地に定着するもの（ 6 条）、④土石砂れき（ 7 条）である。

　裁決手続においては、土地を収用し、または使用することによって土地所有者および関係人が受ける損失は、起業者が補償しなければならず（68条）、収用し、または使用する土地に物件があるときには、当該物件の移転料を補償[5]して、これを移転させなければならない（77条）。

　明渡裁決があった場合、当該土地または当該土地にある物件を占有している者は、当該明渡裁決において定められた明渡期限までに、起業者に土地もしくは物件を引き渡し、または物件を移転しなければならず（102条）、さらに、土地もしくは物件を引き渡し、または物件を移転すべき者がその義務を履行しないとき、履行しても充分でないとき、または履行しても明渡しの期限までに完了する見込みがないときは、都道府県知事は、起業者の請求により、行政代執行法の定めるところにより、自ら義務者のなすべき行為をし、または第三者をしてこれをさせることができる（102条の 2 ）。

（ 5 ）　移転料補償の対象となるのは、土地に定着する立木、建物など土地に定着する物件（収用法 6条）を含み、かつ、それより広く、野積みの砂利・石材・木材、土地に存置された機械、石灯籠などが含まれる（小澤・前掲注（ 1 ）181頁以下）。

収用法102条および102条の2にいう移転対象となる物件とは、土地収用の場合、同法78条または79条により収用された物件および76条2項または81条2項により存続が認められた権利に係る物件以外の当該対象土地上に存するその他全ての物件[6]である。なお、裁決書に記載され移転料補償の対象となる物件（77条）であるかどうかは問われない[7]。

第3節　事例の概要[8]

第1　代執行の実施

福岡県収用委員会は、起業者である西日本高速道路株式会社（以下、「起業者」という）の申請に基づき高速自動車国道東九州自動車道新設工事（椎田南インターチェンジ（仮称）から宇佐インターチェンジ（仮称）まで）ならびにこれに伴う市道および町道付替工事に供するため、果樹園を経営する者ら（以下、「被収用者」という）の所有地（以下、「本件土地」という）に対して、平成27年1月23日付けで権利取得裁決（権利取得日：同年5月23日）および明渡裁決（明渡期限：同年7月22日）を行った。

これに対し、被収用者が当該明渡義務を履行しなかったため、起業者は、福岡県知事に対し、収用法102条の2第2項の規定に基づき、平成27年7月23日付け代執行履行請求書をもって本件土地に対する行政代執行の請求を行った。

福岡県知事は、この履行請求を受け、被収用者Aに対し、平成27年7月24日付けで、土地の引渡しならびに土地上の建物、選果機、コンベヤーなどの物件（以下、建物を除く物件を「本件移転対象物件」という）の移転を求める通知を発したが、履行はされなかった。このため、被収用者Aに対し、平成27年7月30日付け戒告書（履行期限：同年8月23日）[9]を、また、平成27年8月26日付

（6）　不動産であるか動産であるかを問わない。

（7）　小澤・前掲注（1）545頁。

（8）　本章の執筆に当たっては、福岡県県土整備局用地課収用係田中清隆前係長、同課髙橋輝男係長、同課山本真一郎氏には、複数回にわたる訪問調査にも大変丁寧にご対応いただき、貴重なご示唆もいただいた。また、筆者のゼミ生で代執行を卒論研究のテーマとしている児島優香（鹿児島大学法文学部法政策学科3年）の同席をお認めいただき、多くのご教示もいただいた。重ねて感謝を申し上げたい。

け代執行令書をそれぞれ発したうえで、平成27年 9 月15日から同月18日までの間(10)、土地の引渡しならびに土地上の建物および本件移転対象物件に対する移転の代執行を実施した(11)(12)。

福岡県知事は、代執行費用に関し、平成28年 3 月 4 日付け納付命令（納付期限：同年 3 月24日）を発し、同年 4 月 5 日付けで、督促を発している（指定期限：同年 4 月15日）。なお、代執行費用については、本件土地収用に係る補償金の弁済供託に伴い生じた被収用者 A の供託金払渡請求権に対する滞納処分により徴収されている。

第 2　移転対象物件の保管

福岡県知事は、本件移転対象物件に対する移転の代執行を実施した場合、これを保管する可能性があると考え、代執行実施前の平成27年 8 月 7 日付けで、本件移転対象物件の保管場所の確保を委託する契約を起業者と締結した。その後、起業者は、福岡県知事との委託契約に従って、平成27年 9 月 1 日から同年11月30日(13)までの間、本件対象動産の保管場所として倉庫を賃貸する契約を

（9）　戒告や代執行令書においては、移転対象となる代執行対象物件を具体的かつ明確に記載することが求められるはずであるが、収用対象となった土地上の物件を具体的かつ詳細に明示することは、現実には困難であり、さらに、戒告や代執行令書による通知後に新たに置かれる物件もある。これらのことから実務上の扱いとしては、包括的に「収用地に存するその他一切の物件」のような記載がなされることが一般的である。本件戒告書においても、移転対象物件については、「建物、工作物、立木等、上記土地に存し、あなたが所有する一切の物件」との記載がなされている。

（10）　平成27年 8 月26日付け代執行令書では、代執行の期間について、「平成27年 9 月15日から同月30日まで（ただし、終了の期間が変更になる場合があります）」と記載されていた。現実に代執行に要する期間を明示することは困難であることから、実務では、このような、「ただし書」が付されるのが一般的である。

（11）　福岡県知事は、平成27年 9 月 4 日付け文書で、福岡県豊前警察署長に対し、代執行実施中の不慮の事態に対応するため、現地および周辺地の警備等についての依頼を行っている。また、同日付文書で、京築広域圏消防本部に対し、代執行への抗議活動者に対する生命、身体の安全確保の点から出動を要請している。さらに、同日付文書で、豊前市長に対し、民執法 7 条の趣旨を踏まえ、執行の際の立会人として、また、執行物件調書等への署名押印のため、職員の派遣を求めている。加えて、同日付文書で、九州電力行橋営業所長に対し、代執行実施の支障となる同社管理の電気供給施設設備の撤去を求めている。

（12）　執行責任者は、福岡県県土整備部次長、同部用地課長、同課課長補佐および同課収用係長ならびに福岡県京築県土整備事務所長および同事務所副所長の計 6 名であった。

（13）　被収用者 A が引取催告に対し引取日についての連絡をしなかったため、賃貸期間は、最終的に、同年12月末日まで延長されている。

業者と締結した。

　福岡県知事は、本件土地引渡しの行政代執行の際、被収用者に、本件移転対象物件の引取りを求めたが、これに応じなかった。そのため、本件移転対象物件のうち、特に保管の必要がないと認められたトラクター、仮設トイレなどについては、被収用者が所有する本件以外の土地（以下、「本件残地」という）へ移転したが、屋外での保管は適切ではない、あるいは、多量のため本件残地での保管が困難であると判断した物件については、被収用者Aに告知したうえで、起業者が賃貸した倉庫へ移転し、保管を開始した。

　福岡県知事は、平成27年9月25日⁽¹⁴⁾、同年10月21日⁽¹⁵⁾、同年11月4日⁽¹⁶⁾の3回にわたり、被収用者Aに対し保管する物件の引取りの催告を行った。この結果、被収用者Aは、11月21日、22日および28日の3日間にわたり本件移転対象物件の引取りを行った。その後、福岡県知事は、平成28年2月26日、起業者が不動産仲介業者に対して支払った倉庫の賃貸料、礼金、仲介手数料（以下、「本件保管費用」という）を起業者に支払った。

　福岡県知事は、本件移転対象物件は、果樹園の経営のために必要なものであり、また、「本人」の意思に反せず、さらには、公共事業である起業者の東九州自動車道の工事に必要な行為であり、公益に沿ったものであることを理由に、保管行為が民法697条に定める事務管理であると解し、平成28年3月4日付けで、これに要した本件保管費用について同月24日までの納付を求める文書を被収用者Aへ送付した。しかし、同納付期限までの納付がなかったため、平成28年4月5日付けで同月15日を指定期限とする督促状を発した。

---

(14)　第1回目の通知は、同年10月9日までに保管物件の引取りを求めるものであった。同通知には、代執行に伴い収用地上に存した物件を倉庫にて保管していること、また、引取りは、後日指定する日時および場所において行う旨の記載がなされている。

(15)　第2回目の通知は、同月10月30日までに保管物件の引取りを求めるものであった。同通知には、第1回目通知の期限までに引取りの連絡がなかったこと、期限までに引取りについての連絡がない場合には、福岡県知事において処分すること、保管費用は後日請求すること、保管費用の内訳などについて記載されている。

(16)　第3回目の通知には、第2回目の通知の期限まで引取りの連絡がなかったこと、希望があれば物件を保管している倉庫と被収用者が直接賃貸契約を締結できること、この点に関する意向を平成27年11月13日までに連絡をすること、連絡がない場合には引取りの意思がないものとして保管物件を処分する手続を進めざるをえないことが記載されている。

　福岡県知事は、被収用者 A が督促状に記された指定期限後も納付がなかっ
たことを確認し、平成28年12月 1 日付けで、事務管理に要した費用およびこれ
による履行期限の翌日である平成28年 3 月25日から支払い済みまでの民法所定
の 5 ％の割合による遅延損害金の支払いを求める訴えを福岡地裁行橋支部に提
起した[17]。

第 4 節　裁判所の判断

第 1 　福岡地裁行橋支部判決

⑴　福岡県知事による主張の補充

　福岡地裁行橋支部は、北村喜宣ほか『行政代執行の理論と実践』[18]を参照
し、訴えの提起がなされた直後の平成28年12月 9 日付け「事務連絡」において、
本件保管費用は、法 6 条にいう国税滞納処分の例により徴収すべき「代執行に
要した費用」（法 5 条。以下、「代執行費用」という）に該当するにもかかわらず、
民法上の事務管理として法律構成をする根拠を明確にするように訴状の補正を
促した[19]。

　これに対して、福岡県知事は、平成28年12月27日付け原告第一準備書面にお
いて、①知事が物件を移転し、起業者に土地を引き渡したときに代執行は終了
するものであること、また、②代執行費用は、義務者が自ら土地を明け渡すと
想定した場合に要する費用に限定されること、さらに、③こうした処理は土地
収用事案に係る行政代執行の実務として行われ、学説においても通説[20]であ
り、これを認めた裁判例[21]もあることを根拠として主張の補充を行った。

⑵　福岡地裁行橋支部判決

　福岡地裁行橋支部平29・ 7 ・11判自439号106頁は、次のように判示し、福岡
県知事の訴えを却下した。

　すなわち、「我が国の法制においては、土地上にある物件の所有権は、土地

---

(17)　平成28年 9 月14日の 9 月定例県議会において、訴えの提起についての議案（自治法96条 1 項12
　　号）が提出されたが、特に異論もなく議決されている。

(18)　北村喜宣＝須藤陽子＝中原茂樹＝宇那木正寛『行政代執行の理論と実践』（ぎょうせい、2015
　　年）。

と独立して所有権が成立するから、明渡裁決の対象となる土地又は物件上にあるが、収用裁決及び明渡裁決の対象とならなかった動産（以下「目的外動産」[22]という。）について所有権が移転することはない。そうすると、明渡裁決の対象となる土地又は物件上に義務者の目的外動産があり、このような目的外動産を所有して明渡裁決の対象となる土地又は物件を占有しているときに、都道府県知事が明渡裁決について、行政代執行をし、自ら義務者のなすべき行為をした場合、明渡裁決の土地の明渡し又は物件の引渡しを完了するためには、同土地等上にある目的外動産の占有を排除しなければ、土地の明渡しや物件の引渡しが完了しない。」

「一方、都道府県知事は、このような目的外動産の所有権を取得しない以上、他人の所有する目的外動産を義務者に引き渡すまでは自ら物件を処分できる権

---

(19)　「事務連絡」と題する書面は次のようなものであった。すなわち、「本件で請求する債権は、本件代執行において撤去した被告所有の動産のうち、被告所有の本件残地に保管する場所がなく、相当でもない保管物件の保管費用を請求するものです。ところで、本件代執行を経ても、本件対象土地上に存する動産類の所有権は被告に帰属することから、これらの動産は原告が保管すべき義務を負うと解されるところ、このような物件の保管義務は、本件代執行を行ったことにより生ずる義務であり、保管費用は、このような義務を履行したことによる費用であることから、本件代執行における費用と解すべきものではないかと思われます（民事執行法168条7項も不動産の引渡し等の強制執行における執行官の動産の保管費用を、執行費用としています。なお、民事執行法制定前の民事訴訟法731条4項は、執行官は、動産を債務者の費用で保管に付すべきこととし、同条5項は、執行官が、執行裁判所の許可を得て上記動産を売却しその保管費用を控除できるとしていました。）。このような点を踏まえ、本件で請求する債権が、行政代執行法6条により徴収すべき債権に該当しない根拠を明らかにしてください（北村喜宣ほか『行政代執行の理論と実践』（ぎょうせい・平成27年8月31日）参照）」（傍点筆者）としている。このうち、参照箇所とは、北村喜宣＝須藤陽子＝中原茂樹＝宇那木正寛『行政代執行の理論と実践』（ぎょうせい、2015年）119頁以下〔宇那木正寛〕の部分である。なお、同書面において「民事執行法168条7項も不動産の引渡し等の強制執行における執行官の動産の保管費用を、執行費用としています」との記述がみられる。しかし、民執法168条7項の規定は、執行対象とはなっていない目的外動産（同条5項）の保管についての規定であり、本件のように直接執行対象となっている物件についての規定ではない。福岡高裁判決でもこの点が指摘されている。

(20)　広岡隆『行政代執行法〔新版〕』（有斐閣、1981年）〔復刻2000年〕181頁参照。

(21)　福岡県はこのような裁判例として、長崎地判昭和37・1・31判タ128号139頁、さいたま地判平成16・3・17訟月51巻6号1409頁を挙げる。ただし、前者は、建物除却の代執行の際の、当該建物内にある存置物件の保管に関するものであって、移転対象物件のように執行行為の直接の対象となっているものについての判断ではない。

(22)　原判決は、本件対象地上に存する物件を「目的外動産」とするが、土地収用法上、同物件は、代執行の対象であって、目的外（＝執行対象外）とはいえないから目的動産と表記すべきであろう。

限も有していないのであるから、行政代執行のために目的外動産の占有を取得した場合にはこれを保管すべき義務を負う」そして、収用法102条は、「本来、目的外動産を収去して土地の明渡し等を行うように義務づけているところ、行政代執行により、都道府県知事が目的外動産を収去して保管した場合は、その保管費用は、代執行に要した費用に該当すると解される」。

「原告は、都道府県知事がその義務がないにもかかわらず、事実上保管しているにすぎないと主張する」が、都道府県知事は、土地収用法に基づく「行政代執行の効果として占有を取得しているのであるから、事実上その占有を継続して保持しているにとどまるものでない」。「このことは、民事執行法において、不動産引渡執行において、執行官が、目的外動産を債務者等に引き渡すか、自らが保管すべきこととされていることとも整合するというべきである（民事執行法168条5項参照。なお、民事執行法制定前の民事訴訟法731条4項は、執行官は、動産を債務者の費用で保管に付すべきこととし、同条5項は、執行官が、執行裁判所の許可を得て上記動産を売却しその保管費用を控除できるとしており、執行官に保管義務を課している。）」。また、「原告は、目的外動産の保管費用が事務管理費用であると主張する」が、「目的外動産の保管は、行政代執行により目的外動産の占有を取得したことにより行政庁が行うべきものであるから、他人の事務であるとは認められず、事務管理にも該当しない」。

以上によれば、「本件保管費用は、代執行に要した費用として、国税滞納処分の例により徴収することができる（行政代執行法6条1項）ところ、本件訴えは、国税滞納処分の例により徴収できる債権を民事訴訟において請求するものであるが、地方公共団体が専ら行政権の主体として国民に対して行政上の義務の履行を求める訴訟であって、裁判所法3条1項にいう法律上の争訟[23]に当たらず、これを認める特別の規定もないから、不適法というべきである」と判示した（以上、傍点筆者）。

第2　福岡高裁判決

福岡県知事は、福岡地裁行橋支部の判決を不服として、平成29年7月25日付けで福岡高裁に控訴した。福岡高判平成29・12・20判自439号103頁は、本件移転対象物件を保管する義務はなく民法の事務管理として行われるものであり、

それに要した費用は代執行費用ではなく事務管理に要した費用であるとする福岡県の主張を全面的に認め、次のように判示し、原判決を取り消し、その請求を認容した。

すなわち、土地収用法の規定によれば、「明渡裁決に係る義務者は、起業者に明渡裁決に係る土地等を引き渡し、又はその対象土地にある占有物件を移転しなければならない義務を負うところ、行政代執行は、明渡裁決に係る義務者の上記義務を執行する作用であり、代執行庁において、起業者に対象土地を引き渡し、又は移転すべき物件を対象土地から除去することをもってその執行行為は終了し、都道府県知事がその除去された物件の保管義務を負うものではないと解すべきである。このことは、法上も、代執行庁において、代執行により除去された物件を保管すべき旨を定めた規定が置かれていないことからも裏付けられる（なお、民事執行法168条5項は、不動産の引渡し等の強制執行においてその目的でない動産がある場合に、執行官において債務者等に引渡しをしなかったものがあるときは保管すべき旨を定めたものにすぎないから、同規定の存在によって、上記判断が左右されるものではない）」。

これを本件についてみると、「本件明渡裁決により被控訴人が命じられた義務は、本件対象土地の引渡し及び同土地にある被控訴人の所有物件（以下「被控訴人所有物件」という。）の移転であることが明らかであり、本件行政代執行も上記義務を執行するものであるから、上記義務の執行行為をもって終了する

---

(23)　原判決は、国税滞納処分の例により徴収できる債権の履行を求める訴えは、裁判所法3条1項にいう法律上の争訟に当たらないとする。確かに、国や地方公共団体が財産権の主体として自己の財産上の権利利益の保護救済を求めるような場合は別として、国や地方公共団体が専ら行政権の主体として国民に対して行政上の義務の履行を求める訴訟は、法規の適用の適正ないし一般公益の保護を目的とするものであって、自己の主観的な権利利益の保護救済を目的とするものということはできないから、法律上の争訟として当然に裁判所の審判の対象となるものではないとする判例法理（最判平成14・7・9民集56巻6号1134頁）が形成されている。しかし、代執行費用の請求は、行政主体が自己の財産上の権利（＝代執行費用請求権）の実現を求める訴訟（＝法律上の争訟）であるから、この判例法理の射程外である。他方で、自己の財産上の権利に係る請求であっても、国税滞納処分の例により自力執行が可能であって、私債権に対する優先弁済権などの特別の便宜が認められている公法上の債権についての給付訴訟は認められないとする判例法理（最大判昭和41・2・23民集20巻2号320頁）も形成されている。よって同判例法理を前提とする限り、結果的には、不適法な訴えであることにはかわりない。

ことになる。そうすると、被控訴人は、本件行政代執行において、本件対象土地の引渡義務及び被控訴人所有物件の移転義務に係る代執行を受忍し、かつ、本件対象土地から除去された被控訴人所有物件を受領すべき義務を負っており、控訴人知事に被控訴人所有物件の保管義務はない」。

もっとも、「行政代執行の終了にもかかわらず、義務者が除去された物件の引取りに応じないため、代執行庁において同物件の占有を開始して保管するに至った場合には、代執行庁は、同物件の受領義務を負う義務者のために、事務管理者として上記物件を保管する義務を負うことになるが、その保管義務を免れるに至るときまで、事務管理者として要求される程度の注意義務をもって保管すれば足りるものというべきである」。

「本件において、控訴人職員は、被控訴人に対し、本件行政代執行の終了後、移転すべき被控訴人所有物件の引取りを求めたが、被控訴人がこれに応じなかったため、被控訴人所有物件のうち、選果機及びコンベアーについては屋外で保管すると支障が生ずるおそれがあり、コンテナ8182個については数量が多く本件みかん農園の残地に移転することができなかったことから、被控訴人のために本件倉庫に移転し、その保管を開始したものである」。

以上から、「控訴人は、事務管理者として、被控訴人が受領すべき本件保管物件を、同人のためにする意思をもって保管したものにすぎず、本件保管費用は、控訴人が被控訴人のために事務管理に基づいて支出した費用であり、代執行に要した費用であるとは認めることができない。したがって、控訴人が事務管理者として支出した本件保管費用の償還を求める本件訴えは、適法である」と判示した（以上、傍点筆者）。[24]

第3　小　括

福岡高裁判決は、本件移転対象物件について、代執行庁に保管義務が生じるものではなく、民法の事務管理として行われるものであり、それに要した費用は、代執行費用ではなく事務管理に要した費用であることを明確に判示したも

---

(24)　本判決に仮執行宣言が付されていたため、福岡県は、同判決を債務名義として、本件対象土地の収用に係る補償金の弁済供託に伴い生じた被収用者Aの供託金払渡請求権に対する民事執行手続により、本件保管費用を回収している。

のである。判旨は、従来の学説とそれに基づく実務に沿ったものであるが、保管行為の法的性格を理論的に判示した、おそらくははじめての高裁の判断であることから、今後の土地収用の実務に与える影響は小さくないであろう。

第5節　移転対象物件の保管義務に関する従来の学説および裁判例

　土地収用法の代執行における移転対象物件の保管およびその法的根拠について、小高剛教授は、土地収用における土地引渡しの代執行に関し、移転対象物件である家財道具等を義務者本人が引き取らない場合、代執行庁は、保管義務を負担するものではないとする[25]。また、小澤道一氏も、代執行手続としての執行行為は移転すべき物件の除去をもって終了し、土地収用法上、行政庁には土地明渡しの代執行により移転された解体資材、物件等についての保管義務はないとする[26]。他方、代執行庁に保管義務がありとする説は見当たらない。

　裁判例としては、保管義務がないことを前提に判断するものとして大分県弁済物競売許可申請事件がある。同事件は大分県知事が土地収用法の定めるところにより、明渡対象となっている土地上の物干し竿や生犬等を移転させ保管を開始したところ、相手方が受領しなかったため、民法497条ならびに旧非訟法83条および81条（現非訟法95条および94条）の定めるところにより、競売許可の申立てをした事案である。

　この事案において、大分地日田支決昭和42・11・9訟月13巻12号1547頁は、被申請人に対し再三にわたり引取りを催告し履行の提供をなしたが被申請人は受け取らず、また、保管物件はいずれも供託に適せず、さらに、保存するには過分の費用を要するものであるとする大分県知事の申請理由を認め、競売許可決定を行った。

　この決定は、事務管理について定める民法701条により準用される646条によって保管する物件を被申請人に引き渡す義務があるとする大分県知事の申請理由を認めるものである。

<hr>

(25)　小高剛『特別法コンメンタール土地収用法』（第一法規、1980年）554頁。
(26)　小澤・前掲注（1）553頁。なお、義務者が搬入等を拒否する場合には、事務管理として保管することが望ましいとしている（同553頁）。

第 6 節　福岡高裁判決に対する評価

第 1　保管義務の有無

　福岡高裁判決は、本件行政代執行が本件対象土地の引渡しおよび本件対象土地上の物件の移転義務を執行するものであり、これをもって代執行が終了することを理由に代執行庁が保管義務を負わないとする。そのうえで、行政代執行の終了にもかかわらず、義務者が除去された物件の引取りに応じないため、代執行庁において同物件の占有を開始して保管するに至った場合には、代執行庁は、同物件の受領義務を負う義務者のために、事務管理者として上記物件を保管する義務を負うことになると結論付けている。

　このように福岡高裁判決は、従来の学説とそれに基づく実務に沿ったものであるが、賛成することはできない。なぜなら、判旨を前提とすると、代執行庁は、執行行為終了後、移転対象物件を保管する義務を負わない結果、適切な保管を行わず移転対象物件の財産的価値を減じても何ら法的責任を負わないことになる。この点が、福岡高裁判決における最大の問題点といえよう。

　また、福岡高裁判決は、保管行為を事務管理であると解している。事務管理とは、推測される本人の意思を尊重し同人の利益を図るために、本来許されない他人の財産管理への介入を許容する制度であって、そもそも社会公共の利益実現を主な目的とする制度とはいえない。

　思うに、代執行庁は、代執行に着手したことを原因として、移転対象物件に対する占有を取得するに至ったものであるから、信義則上、被命令者に対して、当該占有するに至った移転対象物件の引渡義務を負うと解すべきである。というのも、代執行庁は、当該代執行に当たっては、比例原則および権利濫用禁止の原則が適用され、代執行という目的を達成するうえで被命令者の財産に対し過剰な執行方法をとってはならず、特に、代執行に着手した効果として占有するに至った移転対象物件については、執行行為終了後においても違法行為者の財産であるからといって、懲罰的意図をもって、その財産的価値を減ずるといった対応は許されず、財産的価値を保全した状態で引き渡す義務を負担すると解することが、憲法29条の趣旨に適うものだからである。こうして、特定物で

ある移転対象物件に対する引渡義務が代執行庁に生ずる結果、引渡しが完了するまでは、民法400条に準じて移転対象物件の保管義務を負担すると解される（第2章第3節第6）。

　この点、代執行庁は、行政代執行のために物件の占有を取得した場合、自ら物件を処分できる権限も有していないから、他人の所有する物件を義務者に引き渡すまではこれを保管すべき義務を負うとした原審の判断は妥当である。他方、福岡高裁判決は、代執行により除去された物件を保管すべき旨を定めた規定が土地収用法にないことから、保管義務を負わないとする。しかしながら、制定法上の根拠がないからといって、当然に保管義務が生じないとはいえない。

　この点に関連してではあるが、略式代執行により撤去・移動が完了した物件について代執行庁に保管義務が明定されている立法例（河川法75条4項など）がある。こうした規定の趣旨はいかなるものであろうか。これらの保管義務を定めた規定は、執行行為終了後、信義則上の引渡義務に伴って生ずる保管義務について確認的に置かれたものであり、略式代執行の場合に限って新たに保管義務を創設する規定と解すべきではない。なぜなら、保管義務が制定法上の根拠がなければ生じない性格のものであるとすると、たとえば、同じ河川法違反で執行対象の物件であるにもかかわらず、行政代執行法の定めるところにより代執行する場合には保管義務がなく、略式代執行による場合には保管義務があるということになり、極めて不合理だからである。

第2　保管費用徴収の法的根拠

　福岡高裁判決は、保管行為が保管義務のない福岡県知事による事務管理であり、それに要した費用は事務管理により支出した費用であり、代執行費用ではないとする。これに対し、原審判決は、行政代執行により移転対象の占有を取得したことにより代執行庁が行うべきものであるから、他人の事務であるとは認められず、事務管理にも該当しないとしたうえで、保管義務の履行に要した費用は、代執行費用であるとした。

　結論的には、公益実現のために必要な支出であるから優先的な徴収権を有する代執行費用と解する原審の判断が妥当である。しかし、移転対象物件の保管は、執行行為終了後に行われる執行行為とは独立した行為であることから、保管に

要した費用がストレートに代執行に要した費用に該当するとはいえないであろう。

とはいえ、公益実現のための費用として、一般の私債権よりも優先的に徴収しうる費用とすることが理に適っている。よって、移転対象物件の保管が執行行為と強い関連性をもって行われることを根拠として代執行費用と解したい（第 2 章第 5 節第 1(5)）。

第 7 節　お わ り に

福岡高裁判決に対しては、被収用者から上告および上告受理の申立てがなされていたが、最高裁は、平成30年 7 月 5 日、上告については民訴法312条 1 項または 2 項所定の事由ががないことを理由に棄却し、上告受理の申立てについては、同法318条 1 項の定める「法令の解釈に関する重要な事項を含む」事件には該当しないとして不受理とした。この結果、残念ながら最高裁の具体的判断は示されないまま、福岡高裁の判決が確定することになった。

福岡高裁判決は、収用対象土地上の移転対象物件についてのものであるが、道路法や河川法に違反するとして撤去・移動対象となった物件など、直接の執行対象である物件についても判旨の射程が及ぶことについて異論はあるまい。他方、建築基準法、都市計画法などの法令の定めるところにより、違反建物を除却する際、当該建物内に存置されている物件、あるいは、空家法に定めるところにより特定空家等（同法 2 条 2 項）に対する除却を行う際、残置された物件などのように、直接の執行対象ではないが、執行行為着手前または執行行為中に、執行の必要性から、代執行庁により保管がなされる物件についてはどうであろうか。こうした物件については、直接の執行対象ではないこと、保管が執行行為着手前または執行行為中に執行の必要性から行われることなどの理由から、福岡高裁判決の射程は及ばないと解する。

これまで論じてきたように、現行の土地収用法のもとであっても、解釈により、移転対象物件への適法な対応は可能である。ただ、行政庁が躊躇なく代執行を実施するためには、最終的には、移転対象物件の保管、処分等について具体的な規定を土地収用法に置くことが望まれる。

第9章　都市計画法による行政代執行の課題

第1節　問題の所在

　自治体は、地域、時代に即したまちづくりを進めるために、将来の都市像を描き、その実現に向けて様々な政策を立案し、実施していく。そうした目標実現のための手段として、都市計画法、土地区画整理法、都市再開発法、建築基準法、景観法といったまちづくり関係法令には、誘導的手法や規制的手法が定められている。

　このうち、規制的手法については、私人の財産権の行使を制約することにつながることもあって、当該制約に服することを拒否する住民も現れる。しかし、こうした制約に反する状況を放置することは、目標とするまちづくりの現実の障害となるばかりではなく、違反得という意識を蔓延させることとなり、公益の実現という観点からも容認されるべきではない。まちづくり関係法令に定める義務もしくはまちづくり関係法令に基づき発せられた命令に基づく義務を履行しない場合、この義務内容を強制的に実現する手段の一つとして行政代執行制度がある。

　この行政代執行制度は、多くの論者が主張するように、充分に整備された制度とはいい難い。このため、現在の行政代執行の実施に当たっては、様々な課題が生じている。そこで、本章では、自らが担当した行政代執行事例[1]に対する考察を通じて、違法建築物の除却に対する行政代執行の課題について論ずる。

（1）　この事例を紹介するものとしては、岡山市行政代執行研究会編『行政代執行の実務』（ぎょうせい、2002年）、金井利之「岡山市における行政代執行の管理」地方自治696号（2005年）2頁以下、鈴木潔「岡山市における代執行について」日本都市センター編『行政の義務履行確保等に関する調査研究報告書』（日本都市センター、2006年）118頁以下がある。

第2節 事例の概要[(2)]

岡山市は、昭和63年になって、近隣住民からの通報により、市街地調整区域内に事務所等の用に供されている違法建築物（以下、「本件建築物」という）の存在を確認するに至った（図表9−1、図表9−2）。

図表9−1 本件建築物の概要

【所有者】	市内在住の男性A（当時62歳）
【場　所】	岡山市中心部から北東へ約5kmに位置する市街化調整区域内
	＊なお、本件建築物の敷地は市街化区域に近接している。
【用　途】	事務所、ダンスホール、カラオケスナック等
【規　模】	敷地面積約1,700㎡　建築面積約1,600㎡　延床面積約3,400㎡
【構　造】	鉄骨造コンクリートブロック積5階建（所有者個人による設計施工）

図表9−2 本件建築物の位置図

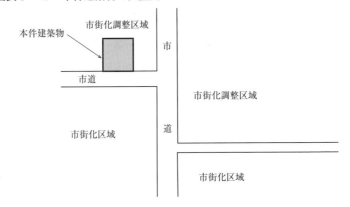

当初、岡山市は、本件建築物の所有者Aに対し、口頭や文書による改善指導といった非権力的な対応のみであったが、その後、平成10年になって増築が進むにつれ、その危険性を懸念する周辺住民からの声が高まり、建築基準法に基づく工事施工停止命令を行うに至った。Aは当該命令に従わず、違法な増築工事は続行されたため、平成11年4月、市長決裁を得て行政代執行により本件建築物の除却を行うことが決定された。

（2）　代執行に至る詳細な経緯については、岡山市行政代執行研究会編・前掲注（1）2頁以下参照。

　本件建築物は、建築士の資格を持たないＡ個人の設計施工によるものであり、また、ダンスホール、カラオケ喫茶等といった不特定多数の者が出入りする用途に供されていたため、周辺住民だけではなく利用者にとっても危険であった。このため、当初は建基法20条に定める構造耐力の不足を理由に全部除却をすることが検討された。しかし、本件建築物が危険な構造であることを具体的に明らかにすることは容易ではないこと、また、建築基準法違反だけでは本件建築物を全部除却することは困難であるとの判断から、市街化調整区域のうち開発許可を受けた開発区域以外の区域で行われる建築物の新築については、許可を必要とする都計法43条１項に違反することを理由に、平成10年12月25日同法81条１項に基づき除却命令がなされた。

　他方、代執行に当たり予想される執行妨害について警察当局の協力を得るために、また、義務履行を間接的に促すために、代執行手続に先行して建築基準法に基づく工事施工停止命令に対する違反、都市計画法に基づく建築物除却命令に対する違反を理由として、男性に対する刑事告発を行った。なお、この告発は、最後まで事件として立件されることはなかった。

　その後、行政代執行法に基づく戒告、代執行令書による通知を経て、平成11年11月18日から翌年１月21日（＝代執行終了宣言日）までの約２か月余りをかけて、代執行による本件建築物の除却が行われた。代執行手続に着手する際、法２条の「著しく公益に反する」か否かが問題とされたが、違反規模が大きいこと、義務者の法令遵守の意識が極めて低いことなどから、この要件に該当すると判断されている。

　執行開始日前日には、執行妨害を目的として暴力団関係者が所有するとみられる外国車など３台が本件建築物内に持ち込まれていたが、建物解体委託業者の臨機応変な対応と県警暴力団対策課の強力なバックアップもあり、執行開始後まもなく関係者による引取りがなされた。また、本件建築物の除却の際、建築物の内外に存置されていた廃物自動車やその他の物件は搬出され、岡山市所有の土地や同市が賃貸した倉庫で保管された。代執行終了後も、Ａは引取請求に応じなかったため、廃物自動車など屋外での存置が可能なものは除却後の敷地へ戻し、屋内での保管が必要と考えられる物件については、岡山市が賃貸し

た民間倉庫等での保管を継続することになった。

　岡山市は、本件建築物の除却を開始するに際し、内部に存置されている物件（以下、「存置物件」という）の搬出・保管は、執行行為の一部であり、これに要した費用は代執行費用として請求している。ただし、代執行終了後（＝代執行終了宣言後）の物件の保管行為は、既に本件建築物の除却行為が終了していることから、民法上の事務管理としている[3]。

　代執行費用として請求した7,300万円余りのうち、回収できたのは男性所有の不動産、動産および債権に対する滞納処分により回収した1,800万円余りであった。他方、代執行終了後の物件の廃棄や保管のために要した費用（代執行終了宣言後のものに限る）については、事務管理費用として、訴訟により債務名義を取得し保管物件の競売手続等を通じて債権の回収を図っている（**図表9－3**）。

図表9－3　代執行費用の内訳および回収状況

	内訳	金額	回収状況 平成19・10・1現在
代執行費用	①建築物解体撤去工事の調査設計業務委託費用 ②建築物解体撤去に伴う近隣家屋事前調査業務委託費用 ③建築物解体工事費用 ④建築物解体撤去に伴う近隣家屋事後調査業務委託費用 ⑤建築物解体撤去工事に伴う搬出動産保管費用	4,591,650円 2,495,850円 64,285,200円 1,915,200円 447,538円 総計73,735,438円	18,320,716円 （回収率約25％）
事務管理費用	代執行終了後の物件の保管および処分費用	2,395,302円	171,297円 （回収率約7.1％）

第3節　「著しく公益に反する」の判断

　本件代執行においても、その実施に当たって、法2条にいう「著しく公益に反する」か否かについて岡山市の組織内において議論されている。この要件の該当性については、どのような基準で判断すべきであろうか。

（3）　岡山市では、できる限り滞納処分が可能で、かつ、その管理が容易である公法上の債権（時効の援用を要することなく、債権を消滅させることができる（自治法236条2項））の範囲が広くなるよう、このように整理している。

　行政代執行は、①義務者がこれを履行しない場合で、②他の手段によってその履行を確保することが困難であり、かつ、③その不履行を放置することが著しく公益に反すると認められるとき、になすことができる（法2条）。このうち、要件①については、義務者が義務内容を履行していない客観的事実をいうものであって特に問題はなかろう。また、要件②についてであるが、仮に民事上の執行の選択が可能[4]であっても、これは行政上の義務を実現するものではないから、他の手段には該当しない。また、刑罰は、行政上の義務を直接に実現するものではないから他の手段には当たらない[5]。なお、行政指導は、行政上の義務の履行を促す手段であるから、他の手段に該当する場合も考えられないわけではない。しかしながら、本件事案にみられるように、行政指導を尽くしたうえで代執行の検討がなされる場合がほとんどであろう。結局のところ、代執行が検討されるようなケースにおいては、どのような「手段」によっても「その履行を確保することが困難」であるといえるから、この要件もさほど意味のあるものではない。

　実務上意味をもつのは、要件③である。このうち「公益に反する」との要件は、公益保護を目的とするまちづくり関係法令に違反していれば、公益に反するのは当然であるから、この要件も無意味といってもよい。結局のところ、問題となるのは、「著しく」という要件のみということになる。この「著しく」という要件があるのは、義務の不履行のうち、特に著しく公益に反するものについてのみ代執行を許す趣旨であるが、どの程度の公益違反が「著しく」に当たるのかは明確ではなく、結局のところ、行政庁の合理的裁量の範囲内で判断するしかない。とはいえ、放置しておくと法の趣旨を没却してしまうような極めて大規模な違反行為であるとか、都市計画事業のようなまちづくりに欠かせない公益性の高い事業を阻害する違法行為や、人の生命財産に対する危険を直接惹起するような違反行為などの場合には、その違反態様は「著しく」に該当

（4）　たとえば、市道の交通に支障を生ずる原因となっている物件を撤去する場合、市道敷地の所有権を有する自治体は、道路法および行政代執行法による撤去だけではなく、道路敷地の所有権に基づきこれを行うことも可能である（第3章第5節）。

（5）　宇賀克也『行政法概説〔第7版〕』（有斐閣、2020年）250頁。

すると判断することができよう。行政庁が行政資源を注ぎ込んで代執行する必要があると判断される事案は、そのほとんどがこうした許し難い違反行為である。

　なお、「著しく公益に反する」との判断は、行政庁の合理的な裁量判断に委ねられることになるとはいえ、全く基準のない状況で判断するのは避けたいという行政庁の職員も多いであろうから、行手法12条に定める処分基準としてあらかじめ定めておく[(6)]、あるいは、代執行要件充足を判定する第三者的機関を臨時に設置することも有効であろう。

第4節　執行対象外物件の搬出と保管

　除却対象建築物内に執行対象外物件である存置物件が多数存在する場合に、代執行の必要性から当該存置物件を搬出し、保管する行為について独立の命令を発し、その代執行として行うことは可能か。

　建基法9条は、特定行政庁が、当該建築物の除却、移転、改築、増築、修繕、模様替、使用禁止、使用制限その他これらの規定または条件に対する違反を是正するために必要な措置をとることを命ずることができる、と定めている。同様の規定が、都計法81条1項、景観法64条1項、土地区画整理法76条4項にもある。これらまちづくり関係法令の解釈からすると、除却対象建築物内の存置物件を搬出し、保管する命令を発出することは困難であろう。

　岡山市は、本件代執行において、執行行為が終了するまでに行われる物件の搬出、保管は執行行為の一部であり、執行行為終了後においては、執行行為がすでに完了していることから、執行行為の一部とはいえず、代執行とは独立した民法上の事務管理として構成するとしている（**図表9－4**、第2章第2節第6）。

（6）　行手法2条8号ハに規定する処分基準には、処分の要件に該当するかどうかといった解釈基準も含まれる（行政管理研究センター『逐条解説　行政手続法〔改正行審法対応版〕』（ぎょうせい、2016年）52頁）。

図表9－4　岡山市の対応

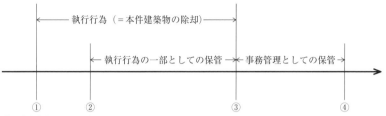

①：執行行為の開始
②：存置物件の搬出＝保管の開始＝引取催告（民法699条の準用）
③：執行行為の終了＝保管義務の消滅＝事務管理による保管の開始＝事務管理開始通知（民法699条）
④：事務管理による保管義務の消滅＝管理をすることができるに至る日（民法700条）

　しかし、岡山市の考え方には問題がある。まず、執行行為は、本件建築物の除却であるから、存置物件の搬出・保管行為が執行行為の一部であるとはいえないであろう。他方で、存置物件を搬出し保管する行為は、執行行為のために必要に応じてなされるものである。よって、執行行為に付随する行為として位置づけることが妥当である。

　次に、保管義務の有無については次のように解すべきである。すなわち、代執行庁は、執行行為に着手した効果として、被命令者の財産である存置物件に対する占有を取得するに至ったものであるから、信義則上、被命令者に対して当該占有の対象となるに至った存置物件についての引渡義務を負うと解すべきである。なぜなら、代執行庁は、一旦代執行を開始した以上、当該代執行の実施に当たっては、比例原則および権利濫用禁止の原則が適用され、代執行という目的を達成するうえで被命令者の財産に対し過剰な執行方法をとってはならず、特に、執行行為を適法に着手した効果として自らの占有下に入った存置物件については、違法行為の原因者である被命令者が占有していた財産であるからといって、懲罰的意図をもって返還を拒むといった対応は許されず、当然に、存置物件を被命令者に引き渡す義務を負うと解することが憲法29条の趣旨にも適うからである。

　このように、代執行庁が信義則上、特定物である存置物件に対する引渡義務を負担することから、当該義務を負う相当期間内にあっては、民法400条に準

じて存置物件の保管義務を負うことになる。保管義務のレベルは、事務管理に準じた善管注意義務である。保管義務は、特定の個人の財産に対する価値の保全を目的とするものであって、国に対して負担する職務遂行における公法上の義務にとどまるものではない。保管義務は、被命令者が保管物件を引き取ることが客観的に可能な状況に至った日、すなわち、相当期間が経過した日以後には、引渡義務とともに消滅する（**図表9－5**、第2章第2節第7）。

図表9－5　存置物件に対する保管義務発生のプロセス

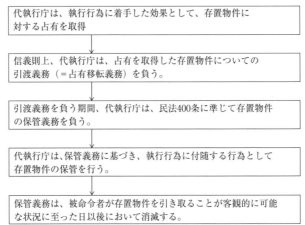

代執行庁は、執行行為に着手した効果として、存置物件に対する占有を取得

信義則上、代執行庁は、占有を取得した存置物件についての引渡義務（＝占有移転義務）を負う。

引渡義務を負う期間、代執行庁は、民法400条に準じて存置物件の保管義務を負う。

代執行庁は、保管義務に基づき、執行行為に付随する行為として存置物件の保管を行う。

保管義務は、被命令者が存置物件を引き取ることが客観的に可能な状況に至った日以後において消滅する。

　ところで、違法建築物を解体により除却した場合には、当該違法建築物は、それを構成していた動産の集合体となる。一般的に、除却は、比例原則の観点から執行費用が高額にならないように破壊的な解体方法が選択されるのが通常であるから、ほぼ全てが廃棄物になると考えられる。しかし、解体物の中には、一定以上の大きさの鉄骨などのように有価物として財産的価値のあるものもあり、こうした解体物に関しては存置物件と同様の処理が必要となる。岡山市においても、売却が見込まれる解体鉄骨については、こうした対応が行われている。

第5節　占有者の退去等

　岡山市の事例では、代執行着手時に現実に占有者がいなかったが、仮に除却の対象となった建物に正当な権原に基づき当該建物の占有をしている賃借人等の第三者がいる場合、当該第三者の退去、同人の所有する物件の搬出、保管を執行行為の付随的行為として行うことができるのか。それとも当該第三者に対して独立の義務を設定したうえで、対処する必要があるか。

　建物収去土地明渡しの民事執行手続では、当該収去義務の対象となっている建物に賃借人等独立の占有を有する者がいる場合には、その者の占有を排除するために、建物所有者に対する債務名義とは別に建物退去土地明渡しの債務名義が必要とされる[7]。仮に行政代執行においても民事執行と同様の考え方をとれば、除却の対象となっている建物を占有している第三者の占有を排除するために、同人に対して、建物退去土地明渡義務の履行を求める必要がある。しかし、この建物退去義務は、仮に命ずることが可能であるとしても、代替的作為義務とはいえないから、行政代執行法に定める代執行の対象とはなりえない。

　この点に関し、広岡隆博士は、行政庁が法規に基づいて公益上の必要性から建物の除却をその所有者に命じたときは、所有者が除却を義務付けられることに加え、第三者たる占有者も所有者の義務履行に協力すべく拘束されるとする。その上で、いよいよ所有者を相手とする代執行の実行段階になると、第三者たる占有者に対して独立の代執行手続をとらずに、建物内に存置されている物件の搬出を執行行為に付随する行為として行い、結果的に占有を排除しうるとする[8]。

　広岡説のように解する場合であっても、第三者たる占有者に不測の損害を与えないように、所有者に対して、聴聞手続や弁明の機会付与の手続、あるいは命令や戒告をしたときには、占有者にもその旨を通知するとともに、立退きを勧告する等の事前手続をとっておくことは不可欠であろう[9]。また、賃借人などの占有者に対しては、公営住宅のあっせんなどの転居支援策を準備すること

（7）　加藤太郎・細野敦『要件事実の考え方と実務〔第2版〕』（民事法研究会、2006年）91頁以下。
（8）　広岡隆『行政代執行法（新版）』（有斐閣、1981年）〔復刻2000年〕181頁以下。

も必要である。

　広岡説を前提にすると、行政代執行手続では、民事執行手続に比較して、賃借人等に対する保護が手続上十分ではないとの反論もあろうが、民事執行手続が私権の実現という性格をもつのに対して、行政代執行手続が公益の実現という性格をもつものであるという性格の違いから、私権に基づく抗弁の制限も止むをえないであろう。なお、建物の除却により当該建物の占有が失われた場合における所有者と賃借人との関係は、民事上の問題として両当事者間で解決されることになる。

第6節　代執行費用の徴収と民事保全手続

　岡山市の事例では利用されてはいないが、代執行費用債権の保全を図るため、民事保全手続（仮差押え）を利用できるであろうか。この点については、国税滞納処分の例により徴収できる債権については、民事手続によりその実現を図ることは許されないとする判例法理が確立されている[10]。したがって、この判例法理を前提にすれば、滞納処分が可能な公法上の債権の確保を図るために仮差押えのプロセスは利用できない。また、代執行費用の徴収については、法5条に規定する納付命令の効力が生じてはじめて具体的な請求権として行使しうるものである[11]。このため、代執行が長期にわたる場合は、効果的な徴収の観点から、現実に自治体が代執行のために支出した費用の全額でなくとも、その一部につき早期に納付命令を発し納付義務を具体的に確定させたうえで、滞納処分を行うなどの工夫をする必要があろう。

第7節　義務違反と刑事告発

　本件において、義務者が除却の措置命令に従わなかったため、都市計画法違反を理由に刑事告発が行われている。岡山市では、過去に、略式で刑事罰が科

（9）　阿部泰隆『行政の法システム（下）新版』（有斐閣、1997年）418頁も、第三者たる占有者に対して独立の代執行手続をとらずに建物除却に伴う占有排除をなしうるとの考え方に立ちつつも、独立して建物を占有する賃借人などに対しても通知が必要ではないかと思われる、とする。

（10）　最大判昭和41・2・23民集20巻2号320頁。

（11）　阿部・前掲注（9）424頁。

されたことにより、義務者が自主的に都市計画違反の建築物の除却を行った例があった。このことから、本件においても、警察権の発動を促すことによって、同様の効果が得られることに大きな期待がもたれていた。

　しかし、告発に先だって行われた所轄の警察署との協議は、スムーズには運ばなかったようである。警察側は、罰金を科しても、違反建築物がなくならなければ問題の根本的な解決にはならないと考え、現実に何らの被害も出ていない以上、事件化の必要性は高くないと判断していたからである。岡山市は、過去の告発事例などを挙げ、刑事告発による義務履行の促進効果を何度も強調したが、告発によって、義務者の自主的撤去の期待可能性を強調すればするほど、警察の理解は得られにくい状況となっていった。警察は、警察を利用して自主的除却をさせようとしているのではないか。本気で代執行をするつもりはないのではないかと考えたからである。

　さらに、早期の代執行を望む住民らの強力な要望に抗しきれなかった岡山市職員が、告発状の不受理が原因で代執行が遅れているとの発言をした[12]ことから、警察と岡山市の信頼関係は崩れ、警察との積極的連携の可能性は絶たれることになった。最終的には、代執行前に告発状は受理されたものの、刑事手続として進められることはなかった。本件建築物が行政代執行により除却されたのち、警察から告発の取下げを求められ、岡山市はこれに応じたという。

　行政庁は、代執行が必要な事案については、告発による違法状態の解消に期待するのではなく、告発とは切り離して、行政代執行の準備を進めることが肝要である[13]。

第8節　積極的対応に向けて

　本章は、岡山市において行われた行政代執行を考察対象として、都市計画法に基づく違法建築物の除却代執行における課題について論ずるものであった。岡山市の代執行過程では、建築基準法、都市計画法といったまちづくり関係法

---

(12)　この発言を耳にした住民らが、警察署に押しかけ、告発状の受理を強く求めたという。

(13)　自治体の法務執行と警察との関係については、宇那木正寛「政策法務と警察」地方自治職員研修638号（2012年）33頁以下参照。

令はもとより、行政代執行法、行政不服審査法、消防法、地方自治法、国税徴収法、民法、民事訴訟法、民事執行法、刑法等多数の法律が関連している。また、法律と並んで、住民への説明、議会への説明、警察との良好な関係の構築、不当要求対応、報道機関に事実を客観的かつ効果的に報道してもらうためのプレス対応、といった法定外の事項についても細かな対応がなされている。このことからわかるように、行政代執行は行政の総力戦ともいえよう。

　代執行が不活発だという傾向は、職員の知識や経験不足による不安が一番の原因である。こうした不安の解決に当たっては、現実の代執行により得られた知識や経験が集約され、必要な時にこれらを利用しうる制度の構築が有効である。

第10章　空家法による行政代執行の課題

第1節　問題の所在

　自治体の空家対策については、平成23年、秋田県大仙市が、独自条例として大仙市空き家等の適正管理に関する条例を制定して以来、多くの自治体がこれに倣った。その後、平成26年の空家等対策の推進に関する特別措置法の制定を受けて、各自治体では、同法を施行するための条例が、また、空家法の対象外の空家を規制対象とする横出し独自条例が、さらには、両者の複合型条例（以下、これらの条例を「空家対策条例」という）が制定されるなどして、現在は、空家法を中心とした空家対策の法体系が形成されている[1]。

　空家対策条例の中には、従来の立法政策ではあまりみられなかった緩和代執行や略式代執行を定めるものが登場するなど、自治体立法政策において新たな展開がみられる[2]。このうち、緩和代執行については、実質的に法2条に定める要件を条例で書き換えるものであり、また、略式代執行については、法1条の反対解釈から条例で定めることはできないと解されてきたものであり、法的に大いに議論のあるところである。

　他方、執行の場面にあっては、抜かれることのない「伝家の宝刀」と揶揄されてきた代執行制度であったが、こうした空家法の施行により、過去に執行経験のない自治体が必要に迫られ除却の代執行を行う例が増えるなどして、その執行プロセスにおける法的課題が明らかになってきた[3][4]。具体的には、①共有物件に対する除却義務の不可分性の問題[5]、②被命令者となるべき共有者の中

（1）　空家法制定後の条例の状況については、北村喜宣「空家法制定後の条例動向」行政法研究24号（2018年）1頁以下参照。

（2）　たとえば、神戸市空家空地対策の推進に関する条例15条は、空家法において代執行の対象となっている「特定空家等」に準ずる「特定類似空家等」について、緩和代執行の規定を置いている。また、東京都板橋区老朽建築物等対策条例19条1項も、空家等以外の「特定老朽建築物」について緩和代執行を、さらに同条2項は、略式代執行を定めている。

に確知できる者と確知できない者が混在する場合の代執行手続の問題[6]、③共有物件の代執行に係る費用徴収の問題[7]、④特定空家等に取り残されている物件（以下、「残置物件」という）の搬出、保管等にかかわる問題、⑤代執行費用回収における範囲の問題[8]、⑥空家代執行後の土地の管理の問題など多岐にわたっている。

　これらの除却代執行における課題のうち、特に問題となるのが財産的価値を有する残置物件の扱いである。財産的価値を有する残置物件については、財産保護の観点から、代執行庁によって事前に搬出されるものである。しかし、代執行庁がこれら財産的価値を有する残置物件に対し保管義務を負担する（第2章第2節第7）にもかかわらず、空家法には保管、処分等のスキームについて

（3）　空家代執行が多数実施されることによって、代執行についての情報や知見なども多数蓄積されるなどして、これらの情報、知見をもとにした空家対策に関する図書が多数出版されている。たとえば、北村喜宣『空き家問題解決のための政策法務——法施行後の現状と対策』（第一法規、2018年）、北村喜宣＝米山秀隆＝岡田博史編『空き家対策の実務』（有斐閣、2016年）などがある。

（4）　現実に代執行を実施した自治体の職員による論考として、吉野智哉＝海老原佐江子「所有者の判明している特定空家等の除却事例——空家等対策の推進に関する特別措置法に基づく行政代執行」判自408号（2017年）91頁以下、下村聖二＝海老原佐江子「葛飾区の空き家対策——行政代執行の事例を中心に」自治実務セミナー660号（2017年）20頁以下、大石貴司「自治体における代執行の例——横須賀市の例」自治実務セミナー660号（2017年）23頁以下などがある。

（5）　複数の共有者がいる特定空家等に対する除却義務は、義務の性質上の不可分な義務であるから、共有者各人が除却などの全部の履行についての義務を負うと解されよう。

（6）　除却対象物件が共有である場合において、略式代執行の手続のみでよいのか、あるいは、一部の被命令者について確知できる場合、当該確知できる者については通常の代執行の手続をとり、できない者については、略式代執行とすべきかという問題である。この点に関しては、確知できない者が1人でもいれば、その偶然の事実により通常代執行よりもハードルが低い略式代執行を実施できるというのは不合理である。各人に対し、代執行適状を生じさせるためには、一部の被命令者が確知できる場合、その者に対しては、通常の代執行の手続をとらなければならないと解される（北村・前掲注（3）『空き家問題解決のための政策法務』241頁参照）。

（7）　当該義務が履行されず、行政庁による行政代執行が行われた場合、金銭債務である代執行費用は、共有者の持分ごとの分割債務となりうるかが問題となる。この場合、個々の義務者（＝共有者）が負う義務内容は、除却などの全部履行にすることから、その対価的費用である代執行費用（＝金銭債務）についても不可分債務と解されよう（林良平（安永正昭補訂）＝石田喜久夫＝高木多喜男『債権総論〔第3版〕』（青林書院、1996年）388頁〔高木多喜男〕参照）。なお、大判昭和11・11・24民集1巻670頁は、賃借権を共同相続した後の賃料債務について、性質上の不可分債務としている。

（8）　費用回収についての最近の論考として、釼持麻衣「特定空家等に対する行政代執行と費用回収」都市とガバナンス30号（2018年）164頁以下がある。

の定めがなく、執行上の大きな課題の一つとなっている。特に相続人不存在などにより義務者が確知できない場合の略式代執行については、特に深刻である。

　そこで、本章では、特定空家等に対する除却の代執行が行われた柏崎市および板橋区の事例に対する考察を通じて、特定空家等の相続人不存在の場合における残置物件に対する有効な対処方法について論ずる。なお、こうした問題とあわせて空家対策条例に定めのある緊急安全措置に要した費用の徴収についても論及する。

第2節　柏崎市の事例[(9)]

第1　特定空家等の認定経緯

　除却対象となった特定空家屋等とは、新潟県柏崎市諏訪町地内に立地する宿泊施設、店舗（居酒屋）および住宅の用に供されていた A、B および C の 3 棟[(10)]が連なる建物（以下、「本件旅館」という。**図表10−1**）であり、その敷地は、市道柏崎 2−68号線および児童の通学路となっている県道黒部柏崎線に接している。なお、本件旅館は、約60年前に営業を開始したが、平成 7 年になって営業を停止し、平成16年には市税滞納によりその敷地が差し押さえられ、平成18年には、所有者が新潟県外へ転出している。

図表10−1　本件旅館位置図

（9）　平成30年 9 月10日、柏崎市都市整備部建築住宅課をヒアリング調査のために訪問した。その際、同課の職員の方々に大変丁寧にご対応いただいた。御礼を申し上げたい。また、同市総合企画部総務課の職員の方には、調査連絡の窓口として、お手数をおかけした。併せて感謝を申し上げたい。

（10）　A 棟（鉄骨コンクリート造・鉄骨造／地下 1 階・地上 3 階建）、B 棟（鉄骨造／地上 3 階建て）、C 棟（鉄骨造／地上 3 階建て）の 3 棟トータルで、敷地面積588.99㎡、建築面積407.12㎡、延床面積1,236.04㎡であった。

　平成20年以降、本件旅館の外壁等が飛散・落下するなどしたことにより、地元町内会から数回にわたり、その対応について相談・要望を受けた柏崎市は、安全対策の観点から、事務管理として、平成20年12月に外壁修繕工事を、また翌年3月から6月までの間にアスベスト除去工事を、さらに、平成23年7月には外壁修繕工事を行っている。

　平成25年、県外に転出していた所有者が死亡し、当該所有者の相続人全てが相続放棄をしたことによって、本件旅館は所有者不在の状態となった。そのため、柏崎市は、事務管理として、平成26年11月に資材ゴミ飛散防止シート等の設置を、また翌月に外壁修繕工事を実施した。その後、平成27年12月、空家法に基づく「特定空家等」に認定したが、平成29年3月にも、事務管理として外壁落下防止工事を行っている[11]。

　なお、除却の代執行に至るまでの間、事務管理に要した費用は未回収で、総額約2,300万円に達していた。

第2　略式代執行の実施

　柏崎市長は、前述のように、外壁の修繕や落下防止工事などを事務管理として実施してきたが、本件旅館が幹線道路である市道柏崎2―68号線や児童の通学路となっている県道黒部柏崎線に接しており、通行の安全に支障が生じたこと、近隣に家屋が密集していること、外壁落下や鉄骨の腐敗による倒壊の危険が非常に高いことなどから、略式代執行に着手することを決定し[12]、空家法14条10項の定めるところにより、平成30年3月13日、**図表10－2**のとおり公告を行った。

---

(11)　平成28年に制定された新潟県柏崎市空家等の適正な管理に関する条例8条は、いわゆる緊急安全措置を定めるものであるが、他の自治体におけるものとは異なり、建物所有者の同意に基づきなされるものである。柏崎市がこのような制度としたのは、相手方の同意のもとでの緊急安全措置を実施するほうが、相手方の任意の支払いが期待され、その費用回収率が高いこと、また、即時執行とするとそれに要した費用請求の根拠がないというのが主な理由である。なお、本件の場合は、所有者が既に死亡していたことから、事務管理による対応がなされている。

(12)　柏崎市は、平成29年に空家法により初めての通常代執行を実施している。

図表10－2　略式代執行に伴う公告の内容

> 1．対象となる特定家屋等の所在地等
> 　（所在地）新潟県柏崎市諏訪町○○番地○○
> 　（構　造）鉄筋コンクリート・鉄骨造亜鉛メッキ鋼板葺・陸屋根
> 2．所有者等に命じる必要な措置の内容
> 　1の特定空家等については、そのまま放置すれば倒壊等著しく保安上危険となるおそれのある状態であり、周辺の住民及び通行人等に対し甚大な被害を与える危険性が高いと判断されることから、内部の動産を搬出し当該特定空家等を除却すること。
> 3．措置の期限　平成30年5月22日
> 　1の特定家屋等の所有者又は管理者は、期限までに必要な措置を行うこと。なお、期限までに必要な措置が行われない場合は、柏崎市長又はその命じた者若しくは委任した者が内部の動産を廃棄し、当該特定空家等を除却する。
> 4．柏崎市役所の掲示板への掲示
> 　この公告の内容は、新潟県柏崎市公告式条例第2条第2項に規定する柏崎市役所前の掲示場において掲示する。

　平成30年7月3日午前10時、執行責任者[13]である都市整備部長による代執行開始宣言の後、本件旅館に対する除却作業が開始された[14][15]。現実の解体（工事名：諏訪町地内特定空家解体工事）については、柏崎市から解体工事を請け負った地元の建設業者が、第2、第4土曜日および日曜日ならびに祝祭日を除く全日午前8時30分から午後5時までの間これを行い、平成30年11月22日をもって除却は終了した。解体に要した費用は、外壁に含まれるアスベスト飛散防止対策費用も含め約6,400万円であった。

　本件除却に当たって、柏崎市は、本件旅館内にある残置物件について、原則全て廃棄物であると考え、すべて撤去し、廃棄する方針を決定した。ただし、除却作業中に財産的価値を有する残置物件を発見した場合は、例外的に、そのつど担当部署内で協議することとした[16]。こうした対応方針としたのは、財

---

(13)　都市整備部長のほか本件代執行を担当する都市整備部建築住宅課の課長ほか7名の職員が執行責任者として市長から任命されている。

(14)　代執行の実施に際し、柏崎市長は、地元町内会である諏訪三丁目町内会に除却工事の協力要請を行うため、その工事内容について平成30年6月25日付け文書により説明している。また、柏崎市市議会議員および柏崎警察署長にも、同日付文書により代執行の概要について通知を行っている。

(15)　代執行の実施に当たっては、北村喜宣＝須藤陽子＝中原茂樹＝宇那木正寛『行政代執行の理論と実践』（ぎょうせい、2015年）が参照されている。

(16)　財産的価値を有する残置物件が発見された場合には、当該残置物件についての搬出リストを作成し、写真の撮影を行い、当該物件の搬出、運搬および保管をすることとされている（柏崎市作成「執行責任者の心得」参照）。

産的価値のあるものとそうではないものとを区別することの対応に、多大な労力と費用を要するからである。

　結局、残置物件の中には保管が必要とされる財産的価値のある物件はなかったのであるが、仮にあった場合には、残置物件の保管を行う予定であったという。というのも、柏崎市は残置物件について代執行庁が当然に保管義務を負うと考えていたからである。こうした考え方を前提に、公告では、「内部の動産を搬出し当該特定空家等を除却すること」と明記したという。

　代執行後、当該旅館の敷地に簡易舗装をするとともに、無断駐車や車両の通抜けができないよう柵等の設置を行い、当該敷地の管理は地元に委ねた。なお、代執行費用6,400万円は、国の社会資本整備総合交付金（約1,700万円）および柏崎市の負担により賄う予定である。

　柏崎市は、相続財産管理制度を利用することも検討したが、本件旅館の敷地については、旧住宅街の不整形な土地であり売却の見込みがないことから、有効に機能しないと考え、その利用を断念している[17]。

第3　柏崎市の略式代執行に対する評価

　一般的に、特定空家等においては、財産的価値を有する残置物件は少ないと考えられる。特に本件旅館は、20年以上にわたりその営業が行われておらず、また、適正な管理もされてこなかったことから、財産的価値を有する残置物件はほぼないであろう。したがって、残置物件は原則全て廃棄物として処分するという柏崎市の方針には合理性があろう[18]。

---

[17]　新潟県柏崎市空家等の適正な管理に関する条例9条1項は、特定空家等の相続人があることが明らかでない場合であって、空家法の目的を達成する必要があると認めるときは、市長は、相続財産管理人の選任に必要な手続をとることができると定める。

[18]　岡山市長は、都市計画法違反の違法建築物の除却の行政代執行に先立って、当該建物内の大量に存置された物件の搬出および保管を行っている（岡山市行政代執行研究会編『行政代執行の実務』（ぎょうせい、2002年）74頁、95頁）。岡山市がこのような対応をとったのは、当該除却対象物件は、特定空家等とは異なり、代執行の数か月前まで、現実に使用されていた建物であり、その内部に存置されている物件についても財産的価値を有するものが多いと考えられたためである。

第3節　板橋区の事例⁽¹⁹⁾

第1　代執行に至る経緯

本件代執行の対象となった特定空家等は、東京都板橋区成増四丁目地内の木造2階建て住宅（以下、「本件住宅」という。**図表10－3**）で、昭和33年に建築され、敷地面積は171㎡、床面積は41㎡と登記されている。

図表10－3　本件住宅位置図

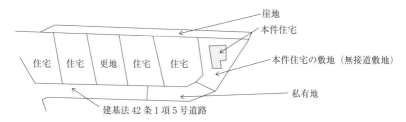

板橋区は、平成7年、近隣住民から本件家屋がごみ屋敷であるとして対応を求める陳情を受け、所有者への指導を行った。

しかし、平成27年3月、本件住宅の所有者が死亡し、相続人全てが相続放棄をしたことにより老朽化が一気に進み、本件住宅の1階建て部分の屋根および窓の一部が喪失し、壁の一部も崩落するなどして内部に雨水が入り大部分が腐食した。その結果、2階部分は著しく傾斜（最大で約11度）し、本件住宅自体では自重を支えきれず、建物内部や周囲にある大量の残置物件が建物を支える状況となった。所有者が処分せずにため込んだ廃棄物の量は、最終的に本件住宅およびその敷地内を含め約430㎡（約130t）に達し、悪臭、蚊など害虫が大量発生することとなった。

(19)　平成30年8月1日に板橋区都市整備部建築指導課を訪問した。調査連絡の窓口として日程等の調整をお願いした同課老朽建築グループ髙橋清次氏をはじめ、田島健課長、伊東龍一郎係長、辻崇成総務部副参事、総務部総務課法規係斉藤一徳氏にもご同席を賜り、貴重なご意見、ご示唆をいただいた。感謝を申し上げる。なお、板橋区の本件代執行については、宇那木正寛監修＝板橋区都市整備部建築指導課編『こうすればできる　所有者不明空家の行政代執行──現場担当者の経験に学ぶ』（第一法規、2019年）も参照。

　また、第三者による本件住宅敷地への不法投棄等による廃棄物の量も増加したことから、第三者による不法投棄対応のため、平成28年3月、板橋区老朽危険建物等に係る緊急安全対策工事実施要綱⁽²⁰⁾の定めるところにより、事務管理として、敷地出入口部分への侵入者防止用仮囲いとして万能鋼板（幅2m×高さ3m）の設置工事が行われた。なお、この事務管理に要した費用約30万円は、同要綱4条の定めるところにより、後に、相続財産管理人に対し代執行費用とともに請求されている。

　本件住宅は、いわゆるごみ屋敷とはいえ、1年数か月前までは現に個人が生活していたことから、本件住宅における残置物件の中には、財産的価値を有する残置物件が存在することが想定されたため、これら残置物件を適法かつ効率的に保管、処分するため、相続財産管理制度を活用し、通常代執行による除却を行うことが決定された。

　こうして、平成28年7月、事務管理として実施された緊急安全対策に要した費用の債権者として、相続財産管理人選任申立て⁽²¹⁾が行われ、同年10月、家庭裁判所での相続財産管理人選任審判により相続財産管理人が選任された⁽²²⁾。なお、この間、本件住宅を状態は悪化の一歩をたどり危険が切迫したこと、相続人全員が相続放棄をしていたことなどから、本件住宅は特定空家等として認定されている。

第2　代執行の実施

(1)　措置命令手続

　板橋区長は、平成28年11月21日、相続財産管理人に対し、空家法14条1項に基づく助言・指導を行い、同月25日、同条2項に基づき勧告を行い、同月29日付けで同条4項に基づき意見書提出機会の付与通知を行った。

　板橋区長は、平成28年12月6日付け措置命令（履行期限：平成28年12月12日⁽²³⁾）により、相続財産管理人に対し、当該住宅が傾き外壁の剥離や瓦の落

---

(20)　この要綱は、板橋区老朽建築物等対策条例および同条例施行規則の制定に伴い廃止されている。
(21)　申立書は、法務担当部署と協議をしながら老朽建築グループの職員が作成したという。なお、板橋区には、弁護士登録をしている任期付職員が勤務している。
(22)　この際の予納金は、100万円であった。

下があるなど、そのまま放置すれば倒壊等著しく保安上危険となるおそれのある状態であること、敷地内に大量に堆積した残置物件により臭気や害虫が発生し、そのまま放置すれば著しく衛生上有害となるおそれのある状態にあること、周辺の生活環境の保全を図るために放置することができない状態であることを理由に、本件住宅の全部除却ならびに本件住宅およびその敷地内における残置物件の撤去[24]を求めた[25]。

(2)　除却代執行に向けた準備とその実施

解体工事[26]は、一般競争入札により業者に委託されている。代執行の実施に当たり、特に庁内における横断的組織は形成されていないが、都市整備部建築指導課老朽建築グループ[27]が主体となり関連部署と随時打合せを行いながら準備が進められている。ガス、電気、水道については、既に供給が停止されていたため、特段の措置はとられなかった。

板橋区長は、相続財産管理人に対し、平成28年12月6日付けで、同年12月12日を措置命令の履行期限とする戒告書を、さらに、同月13日付けで本件住宅の除却ならびに本件住宅内およびその敷地内の残置物件の撤去を、平成29年1月16日から同年3月31日までに行う旨を記載した代執行令書を、それぞれ送付した。

---

(23)　措置命令の履行期限については、行政代執行を年度内に完了することを目標に、相続財産管理人と事前に区の方針や実施時期などについて十分に協議し、了解を得決定されている。

(24)　特定空家等に関し、生活環境保全のための必要な措置をとることができるのであるから（空家法14条1～3項）、本件住宅の除却だけではなく、その敷地に放置されている廃棄物の撤去およびその適正処理についても命じることができる。ただし、板橋区の命令は、文面上「撤去」のみとなっている。「撤去」に廃棄の趣旨も含むというのが板橋区の解釈ではあろうが、「撤去」と「撤去した物件を適正に処分すること」とは、それぞれ独立した別の行為である。よって「撤去せよ」に加えて、「撤去した物件を適正に処分せよ」との命令をすべきであったといえよう。

(25)　措置命令、戒告書は、配達証明付郵便で、また、代執行令書は相続財産管理人に手交により送達されている。

(26)　解体工事に備え、近隣の家屋調査が工事請負者により実施されている。この調査は、解体工事請負契約の設計内容に含まれており、調査に要した費用が代執行費用として請求されている。建物解体工事に伴う近隣家屋の調査は、除却工事に必要なものとして行われることから、代執行費用と解するのは当然である。

(27)　空家対策計画の実施、条例制定、相談件数の増加に伴い、老朽建築物等対策事業をより一層推進するため、平成29年度から監察グループより分離し老朽建築物グループが設置されている。

代執行は、平成29年1月17日、執行責任者である都市整備部建築指導課長が代執行開始宣言を行い、同年3月30日に至るまでの間、本件住宅の除却および残存物の撤去の代執行が実施された[28][29]。なお、除却後は、防草シートおよび木杭が設置されている[30]。この費用は、後に代執行費用として相続財産管理人に請求されている。

第3　残置物件の保管、処分等

板橋区は、代執行現場での対応を考慮し、相続財産管理人と協議の上、残置物件への対処基準として、廃棄物から財産を捜索する際の判断基準（以下、「判断基準」という）[31]を定めている。同判断基準では、まず、タンスの中、金庫、鏡台の引出しが捜索対象とされている[32]。

次に、発見後保管するものとして、①現金（外国紙幣等を含む紙幣、硬貨）、②預金通帳、印鑑、カード等、③有価証券等（小切手、図書カード、商品券等）、④貴金属、宝石、刀剣類（金、宝石、指輪、ネックレス、時計等）、⑤思い出の品（財産捜索の手がかりになる写真、手紙、日記等）などが具体的に挙げられている[33]。

判断基準の定めるところにより、板橋区の施設内に保管された通帳、貴金属類や貴重品が保管されている可能性がある金庫などについては、写真撮影とともに一覧表が作成され、ほぼ全ての残置物件が相続財産管理人との協議の上、同人に引き渡されている。

他方、本件住宅内およびその敷地内に堆積していた残置物件の多くは、一般

---

(28)　平成29年1月13日に行政代執行の実施場所、日時、内容、取材申込みの事前手続などについて報道機関に対して広報連絡が行われている。また、近隣住民に対しては、個別訪問による説明、説明資料を郵便ポストに投函するなどして代執行を行うことや工事内容について周知されている。

(29)　代執行の実施に当たっては、岡山市行政代執行研究会・前掲注（18）、北村ほか・前掲注（15）が参照されている。また、空家法により除却された葛飾区や品川区の例も参考にされている。

(30)　除却後、防草シートおよび木杭の設置を代執行の内容として行うのであれば、命令の内容として具体的に記載すべきであろう。

(31)　判断基準の詳細については、板橋区都市整備部建築指導課編・前掲注（19）77頁参照。

(32)　施錠された引出し、金庫などを切断・開錠する場合には、複数台のカメラ・ビデオ等による撮影により必ず記録するという方針が定められている（板橋区都市整備部建築指導課編・前掲注（19）78頁）。

(33)　板橋区都市整備部建築指導課編・前掲注（19）77頁参照。

廃棄物として、また除却代執行に伴って生じた廃材は産業廃棄物として、それぞれ処分された。これら処分に要した費用は、後に代執行費用として請求されている。

　板橋区は、残置物件のうち、財産的価値を有する残置物件についてはこれを搬出し、保管する義務を代執行庁が負担しなければならず、それに要した費用は代執行費用であると考えている。ただし、本件では、区職員が搬出し、区の施設の一部を利用したため搬出・保管費用は発生しないとする。

第4　費用徴収手続

　板橋区長は、除却の代執行終了後、相続財産管理人に対し、平成29年8月9日付け納付命令書（履行期限：平成29年9月9日[34]）をもって、代執行費用の請求[35]を行った。費用は約2,000万円であった。

　また、平成29年8月9日付け納入通知書（履行期限：平成29年8月28日[36]）をもって緊急安全対策工事（工事名：成増四丁目老朽建築物侵入防止用仮囲い設置工事）に要した事務管理費用の請求を行った。

　その後、板橋区長は、相続財産管理人に対し、代執行費用について、平成29年9月28日付け督促状（履行期限：平成29年10月12日[37]）を発し、また、緊急安全対策工事費用について、平成29年9月28日付け督促状（履行期限：平成29年9月29日[38]）を発している。

---

(34)　代執行費用の納付期限の決定に当たっては、国税通則法施行令8条1項にある「当該告知書を発する日の翌日から起算して1月を経過する日」という規定を参考に履行期限を定めている。

(35)　板橋区は、仮に、業者によらず板橋区の職員のみで代執行を行った場合、代執行費用として職員の人件費、残置物件の処分、運搬費等はこれに含めることができると考えている。

(36)　東京都板橋区会計事務規則28条にある（歳入調定した日から20日以内において納付期限を定めるものとする）の定めるところにより納付期限を定めている。

(37)　東京都板橋区分担金等に係る督促及び滞納処分並びに延滞金に関する条例2条1項の規定（納期限経過後20日以内に板橋区規則で定める督促状を発行して督促する）の定めるところにより督促状を発し、同条2項の規定（督促状の発行の日から15日以内において納付すべき期限を指定する）の定めるところにより督促期限を定めている。

(38)　他方、緊急安全対策工事費用については、東京都板橋区債権管理条例施行規則3条の規定（納期限経過後20日以内に督促状を発行して督促する）の定めるところにより督促状を発行し、同条2項の規定（督促状の発行の日から15日以内において期限を指定する）の定めるところにより納付期限を定めている。

第 5　板橋区の代執行に対する評価

　本件代執行に当たっては、行政執行の実施に必要な方針の検討、行政代執行の実施にむけた区長、議会、他部署への説明や協議、予算確保のための関係部署への説明や協議、行政代執行を実施するための入札や工事実施時期等のスケジュール調整、相続財産管理制度利用のための申立書類の作成、申立てに係る予納金の確保、相続関係の調査、費用回収の手続書類の作成、残置物件への対処など難題は少なくなかった。これらの中で特に残置物件への対処として、「相続財産管理制度＋通常代執行」、「略式代執行」、「相続財産管理制度」のうち、いずれの手法を選択するかが最大の問題であったという。

　板橋区は、最終的に「相続財産管理制度＋通常代執行」を選択したのは、次のような理由による。すなわち、略式代執行は、除却については迅速な対応が可能であるものの、大量に堆積している残置物件について廃棄すべきか、あるいは財産的価値を有する残置物件として保管すべきかを板橋区自身が判断せざるをえず、また、略式代執行に要した費用は、国税滞納処分の例により優先的に徴収することができないというデメリットがある[39]。さらに、相続財産管理制度では、代執行のプロセスを行政庁主体のスケジュールで進めることはできない。このため、裁判所が選任する相続財産管理人が事態の解消に協力的な人物であればよいが、そうでない場合には、特定空家等の除去が早期になされない可能性がある[40]。

　これらに対し、「相続財産管理制度＋通常代執行」は、相続財産管理制度の利用についての費用が必要になるというデメリットはあるものの、何より、残置物件についてどのように対処すべきかについて、その判断を相続財産管理人と協議してすることができるというメリットがある。さらに、代執行費用の徴収においても、他の私債権に優先して相続財産法人から徴収することができる。

---

(39)　略式代執行に要した費用の請求については、民事訴訟を提起し、給付判決を債務名義として民事執行法に基づく強制執行により回収する必要がある（自由民主党空き家対策推進議員連盟編『空家等対策特別措置法の解説』（大成出版社、2015年）162頁。なお、当該費用については、通常の代執行費用のような優先弁済権はない。

(40)　大田区および世田谷区で、不在者財産管理人による特定空家等の除却の例が報告されている（釼持・前掲注（8）172頁注（54）参照）。

　以上の検討を経て、相続財産管理制度＋通常代執行の手法が選択されたものである（**図表10－4**）。残置物件の対応に苦慮する自治体実務にとって大いに参考になる手法といえよう。

図表10－4　板橋区の検討内容

	相続財産管理制度＋通常代執行	略式代執行	相続財産管理制度
残置物件についての最終的判断者	相続財産管理人	板橋区長	相続財産管理人
代執行費用請求	相続財産管理人に請求	現実の請求は困難	
跡地利用	相続財産管理人が行う。	板橋区	相続財産管理人が行う。
メリットおよびデメリット	【メリット】 ・残置物件の保存、処分等について、相続財産管理人と協議ができる。 ・代執行費用を国税滞納処分の例により一般の私債権よりも優先的に徴収できる。 【デメリット】 ・一定の期間を要する。 ・申立てに費用を要する。	【メリット】 ・代執行が短期で終了する。 【デメリット】 ・残置物件の保存、処分等について、板橋区が判断しなければならない。 ・費用回収が困難である。	【メリット】 ・代執行を行う必要がない。 【デメリット】 ・行政庁主体のスケジュールで進めることができない。 ・申立てに費用を要する。
板橋区の最終判断	◎	△	○

出典：宇那木正寛監修＝板橋区都市整備部建築指導課編「こうすればできる　所有者不明空家の行政代執行─現場担当者の経験に学ぶ─」（第一法規、2019年）27頁の図表6を参考に筆者が作成。

第4節　緊急安全措置

第1　措置に要する費用請求の可否

　平成28年に制定された東京都板橋区老朽建築物等対策条例21条1項は、「区長は、老朽建築物等が、人の生命、身体又は財産に危害が及ぶことを避けるため緊急の必要があると認められるときは、当該老朽建築物等の所有者等又は居住者の負担において、これを避けるために必要最小限の措置を自ら行い、又は命じた者若しくは委任した者に行わせることができる」とし、いわゆる緊急安

全措置[41]を定めている。同規定は、講学上の即時執行について定めたものと解されるが、これに要した費用徴収の根拠を条例で定めうるか否かが問題となる。

ところで、地方自治法は、自治体が住民に対して課すことが可能な金銭的負担として、地方税、分担金、使用料、加入金および手数料について定めている（223条以下）。このうち、即時執行に要した費用については、地方税、使用料および加入金ではないことは明らかである。では、手数料あるいは分担金に該当するであろうか。まず、手数料についてである。手数料は、一個人の請求に基づき、主としてその者の利益のために行う事務についてのものであり、専ら自治体の行政上の必要性のためにする事務については、手数料は徴収できないと解される[42]。この点、即時執行に要した費用は、当該原因者からの請求があって徴収するものではないこと、また、即時執行は個人の利益ではなく、主として公益上の必要性から実施されるものであることから、手数料と解することはできない。

次に、自治法224条に定める分担金と解することは可能か[43]。分担金は、自治体が行う特定の事業や施設の設置等により、特定多数人または自治体の一部に利益がもたらされる場合に、特にその利益を享受する者らに対し、その者による受益を理由として、当該受益の限度で、当該事業等に要する費用を負担させることができることとし、もって当該利益を享受しない住民との間の負担の公平等を図るものである[44]。この点、即時執行により周辺住民の公共の危険が回避されるという消極的利益を想定することは不可能ではないが、当該利益は、客観的に明らかなものとはいえないし、また、即時執行の対象となった物件の所有者や占有者ではなく、周辺住民に分担金として課すことの合理性は見

(41)　他に即時執行として緊急安全措置を定めるものとして、神戸市空家空地対策の推進に関する条例16条、岡山市空家等の適切な管理の促進に関する条例12条の規定などがある。いずれの条例も措置に要した費用を所有者等から請求できるとする徴収根拠を定めている。

(42)　昭和24年3月14日自治課長回答参照。

(43)　即時執行に要した費用を分担金として徴収することを提案するものとして、千葉実「空き家対策における即時執行費用の回収と相続財産管理制度の活用等について」自治実務セミナー673号（2018年）38頁以下がある。

(44)　最判平成29・9・14判自427号22頁。

出しえない。

　このように、即時執行に要した費用（その性格は、原因者にその負担を求める原因者負担金と解される）は、地方自治法に定める手数料、分担金のいずれにも当たらないものである。

　では、こうした地方自治法に定めのない負担金の徴収根拠を条例で新たに創設することは認められるであろうか。この点に関し、地方自治法は、住民に対する金銭的負担に関する事項は、法律に留保されているという前提に立ち、法律により住民に対する負担の範囲およびその内容を明確にするとともに、自治体の裁量により住民へ過大な負担がなされないよう、住民に対して課すことができる金銭的負担を地方税、分担金、使用料、加入金および手数料に限定していると解される[45]。

　このように、住民に金銭的負担を課す権限は法律によってのみ自治体に付与しうるという理解は、地方自治法の規定の仕方からも肯定される。すなわち、分担金については、「普通地方公共団体は、政令で定める場合を除くほか、数人又は普通地方公共団体の一部に対し利益のある事件に関し、その必要な費用に充てるため、当該事件により特に利益を受ける者から、その受益の限度において、分担金を徴収することができる」（自治法224条）、また、手数料については、「普通地方公共団体は、当該普通地方公共団体の事務で特定の者のためにするものにつき、手数料を徴収することができる」（同法227条）とし、それぞれ授権規範の形式で定められている。また、憲法94条に定める自主財政権を直接の根拠として金銭的負担を課すとしても、自治体の歳入構造は国の地方に対する財源調整や財源保障の政策と深くかかわっているのである。したがって、自治体の歳入を構成する金銭的負担を国の政策とは無関係に課すことができると解することは合理的とはいえない。

　以上により、即時執行に要した費用は、地方自治法に定めのある手数料や分

（45）　この点について、塩野宏教授は、「税以外の手数料、分担金等についても、具体的規定を自治体に置いている。そこでは、分担金、使用料、加入金、手数料が列挙されており、これ以外の収入（たとえば、原因者負担金、抑止的効果をもつ課徴金）を排除しているように読めるのであって、ここには自治財政権の憲法の保障の見地からして、税の場合と同様の問題がある」（傍点筆者）と指摘する（塩野宏『行政法Ⅲ〔第5版〕』（有斐閣、2021年）194頁）。

担金には該当せず、また、自治体において住民に課す金銭的負担は、地方自治法に定めるものに限定されると解される。よって、即時執行に要した費用の徴収根拠を新たに条例で創設し、これを徴収することについては、消極的に解さざるをえない[(46)(47)]。

　ところで、柏崎市は、緊急安全措置を定めているが、この緊急安全措置は、「所有者等の同意を得て」行うことを要件（新潟県柏崎市空家等の適正な管理に関する条例8条1項）とするものである。この措置を、相手方の同意を前提とする即時執行、すなわち、相手方の同意がなければ行使できない即時執行と解するのか（そもそも、相手方の同意を要件とする即時執行などは理論上ありえないという考えもあろう）、あるいは、緊急安全措置を行うための行政契約と解するかについては、条例の規定から明らかではない[(48)]。ただ、緊急安全措置に要した費用の請求に関しては、「居住者等」による納付についての同意を根拠として請求するものであることから行政契約と解することが合理的であろう[(49)]。

　柏崎市は、即時執行による費用徴収の根拠を条例に定めることが地方自治法

(46)　北村喜宣「即時執行における費用負担のあり方（一）（二）」自治研究97巻6号（2021年）26頁以下、同巻7号49頁以下は、法律ではなく条例限りで即時執行における費用負担を定めることができるかについて、特に言及はないようであるが、これは、条例で費用負担の根拠を定めることができることを前提としているからであろう。また、板垣勝彦『「ごみ屋敷条例」に学ぶ条例づくり教室』（ぎょうせい、2017年）147頁も、即時執行費用徴収の根拠を条例に定めることによりこれを徴収できるとする。これらに対し、即時執行に要した費用の徴収の根拠を条例で定めえないとするものとして、宮﨑伸光＝ちば自治体法務研究会『自治体の「困った空き家」対策』（学陽書房、2016年）132頁以下がある。

(47)　即時執行による費用負担の根拠を定める法律の規定としては、道路法44条の2第1項2号に基づき放置物件を撤去する際に要した費用について、その徴収根拠を定める同条7項の規定、道交法51条2項・3項に基づき違法駐車車両を移動させる際に要した費用についてのその徴収根拠を定める同条15項の規定、各自治体の放置自転車対策条例の定めるところにより行われる放置自転車等の撤去および自転車等の撤去に要した費用についてその徴収根拠を定める自転車の安全利用の促進及び自転車等の駐車対策の総合的推進に関する法律6条5項の規定がある。なお、同項の規定の創設については次のような経緯がある。すなわち、放置自転車撤去条例に基づく撤去に要する費用徴収の根拠を条例で創設的に定められるかどうかについて疑義があったことから、平成5年の「自転車の安全利用の促進及び自転車駐車場の整備に関する法律」を改正する際、放置自転車撤去後の撤去等に要した費用を当該自転車の利用者の負担とする同法6条5項の規定がわざわざ同法に設けられた経緯がある（諸岡昭二編『改正自転車法の解説』（東京経済、1994年）33頁参照）。

(48)　柏崎市では、緊急安全措置制度について、相手方と柏崎市との合意に基づき行うものと解している。

の解釈上困難であると考え、「同意」要件を定め、同意を根拠にその費用を請求しようとするものである。柏崎市のように相手方の同意に基づく措置については、緊急の場合や相手方が確知できない場合の対応が困難であるとの意見もあろう。しかし、将来の紛争を回避でき、かつ、費用徴収の可能性が高まるのであれば、こうした手法の導入も検討に値しよう。

第2　緊急安全措置の限界

　緊急安全措置については、これにより特定空家等の解体または除却までなしうるかという問題がある。現実に緊急安全措置により特定空家等の解体を実施した自治体もある。たとえば、山武市では、令和3年7月、山武市空家等の適正管理に関する条例13条1項に定める緊急安全措置の規定に基づき、「最低限度の措置」として特定空家等に対する建物全部の解体[50]が行われている。確かに、即時執行は、事前に義務を課さないものであることから、代執行以上に比例原則の要請が強く働く行政活動の領域ではある。このため、緊急安全措置の範囲について、東京都板橋区老朽建築物等対策条例21条1項では「最小限の措置」と、新潟県柏崎市空家等の適正な管理に関する条例8条1項では「必要最小限度の措置」と、山武市空家等の適正管理に関する条例13条1項では「最低限度の措置」と、それぞれ行政庁の裁量権を制約する文言が定められている。

　しかし、特定空家等については、そもそも財産としての経済的価値が認められず、また、公共に対して危害を生じさせる物件でもある。このように考えると通常代執行あるいは略式代執行によるのでは重大な結果を招く状態にあり、かつ、全部の解体あるいは除却以外、技術的に選択肢がない場合には、即時執行による特定空家等の解体や除却も許容されると解したい[51][52]。

---

(49)　緊急安全措置の実施に当たっては、「所有者等」から緊急安全措置に関する同意書を徴しなければならないとされ（本条例施行規則9条1項）、この同意書には、「なお、当該措置に要した経費は、私が負担します」との誓約文言が記載されている（本条例施行規則9号様式）。

(50)　本件では、特定空家等が解体され、当該解体により生じた廃材と当該特定空家等の内部に残置されていた物件は廃棄されず、ブルーシートを掛けた状態で土地上に存置されている。

(51)　即時執行を使い、解体あるいは除却することに関し、北村喜宣「即時執行における費用負担のあり方（二）」自治研究97巻7号（2021年）62頁は、「本来は、そこまでの措置を予定していない即時執行という制度に、過度な負担がかけられているようであり、法治主義の観点から疑問が呈されるように思われる」と評している。

第5節　総　　括

　本章では、空家代執行における課題のうち、除却対象空家内の残置物件の対応について、柏崎市および板橋区の代執行を例に、その検討を行った。このうち、柏崎市では、残置物件については、原則、全て廃棄をする方針を定め、略式代執行が選択されている。他方、板橋区では、財産的価値のある残置物件がある可能性を考慮し、残置物件の処理を円滑に行うため、「相続財産管理制度＋通常代執行」が選択されている。

　残置物件への対応については、除却対象空家の物理的状況はもとより、当該空家の過去の利用状況等により大きく異なる。一般的には、財産的価値のある残置物件があることは多くはないであろうが、その可能性も否定できない。特に板橋区の事例のように、独居老人が死亡直前まで居住していた事例においては、財産的価値がある残置物件も存在することを想定した対応が求められよう。

　確かに、相続財産管理制度を利用することには、相続財財産管理人の選任までのある程度の期間を要し、また、申立ての際に予納金などの支出が必要となることから、緊急を要する場合などには略式代執行を行うべき場合もあろう。このため、板橋区が採用した「相続財産管理制度＋通常代執行」を相続人不在の場合における原則的手法として位置づけることはできない。しかし、残置物件への対応に多大な労力を要することが事前に予想されるような場合であれば、有効かつ確実な手法であるといえよう。

　柏崎市および板橋区のいずれも、財産的価値のある残置物件があった場合には、代執行庁はこれを搬出し、保管する義務があり、それに要した費用は代執行費用として徴収できるという立場である。しかし、こうした残置物件の保管、

---

(52)　なお、志賀町空き家等の適正な管理に関する条例10条は、「町長は、空き家等の所有者が、前２条の規定による指導又は勧告並びに命令に従わず、空き家等の老朽化等による倒壊等により、人の生命、身体及び財産に重大な損害を及ぼす等の危険な状態が切迫していると認めるときは、その危険な状態を回避するため、当該空き家等の形状を著しく変形させない限度において、警告の表示、防護網等による当該空き家等に係る部材の飛散防止その他必要な最小限度の措置を講ずることができる」としている。このように、「当該空き家等の形状を著しく変形させない限度において」という限定を付すと、同条例に定める緊急安全措置では、いくら危険な状況が生じても解体または除却をすることは解釈上、困難であろう。

処分等のスキームについての定めは空家法にはなく、見直しを求める自治体は、次の章で紹介する熊本市をはじめ、少なくない。自治体によって問題意識の濃淡はあろうが、残置物件の保管、処分等をいかなる根拠のもとに行うかは、今後、議論すべき空家法の重要な論点の一つであることは間違いないであろう。

第11章　空家等除却代執行における残置物件 等への対応と改正ガイドライン

第 1 節　問題の所在

　熊本市は、平成31年 4 月、空家等対策の推進に関する特別措置法 6 条に基づき、空家等対策に関する基本方針等を示す熊本市空家等対策計画を新たに策定した。同計画の策定に当たり、平成30年 7 月から同年11月までの間、空家等実態調査が実施され、3,698戸の空家等（空家法 2 条 1 項）があることが判明した[(1)]。そのうち特定空家等（同法 2 条 2 項）に該当する可能性のある空家等は105戸であった。

　こうした状況のなかで、平成25年頃から外壁が剥がれ落ちるなどとして、近隣住民からの通報があり、また、平成28年の熊本地震により柱の傾斜が大きく増した熊本市中央区内に所在する空家等（以下、「本件空家等」という）に対し、除却の略式代執行が実施された[(2)]。

　この略式代執行は、熊本市にとって空家法に基づく最初の代執行であったが、その過程で現行法の抱える課題にも直面した。そこで、本章では、熊本市が直面した課題とその対応およびこれらに関連する問題について論ずる。その際、令和 2 年12月25日に改正された「『特定空家等に対する措置』に関する適切な実施を図るために必要な指針（ガイドライン）」（以下、「改正ガイドライン」という）のうち本章に関係する事項についても論及する。

（ 1 ）　水道が使用されていない家屋（井戸水を使用し、もともと水道を使用していない地域にあっては、世帯主が存在しない家屋を含む）22,700戸が空家等調査対象候補とされ、道路からの外観目視による現地調査が実施されている。この際、五段階にわたり老朽度のランク付けがなされている（熊本市空家等対策計画13頁参照 https://www.city.kumamoto.jp/common/UploadFileDsp.aspx?c_id=5&id=23730&sub_id=1&flid=166059、令和 3 年11月15日最終閲覧）。
（ 2 ）　本章の執筆に当たり、令和 2 年10月 9 日、熊本市都市建設局住宅部空家対策課を訪問し調査を行った。調査に際しては、業務多忙にもかかわらず、同課の平石研吾課長および守川勇介主幹にご対応いただいた。また、その後も口頭の照会に対し丁寧にご対応いただいた。感謝を申し上げたい。

第2節　残置物件等への対応と改正ガイドライン

第1　残置物件対応の困難さ

　熊本市は、本件空家等については倒壊の危機が切迫し、また、所有者が死亡し相続人も存在しないことから、除却の略式代執行（以下、「本件略式代執行」という）を実施することを決定し、平成30年12月26日、空家法14条10項の定めるところにより必要事項の公告を行った[(3)]。

　除却の措置期限とされた平成31年2月8日になっても措置がなされなかったため、平成31年3月4日から同月12日にわたり本件略式代執行が実施された。解体工事については、指名競争入札により民間の業者との間で請負契約が締結されている。執行に際しては、改正前のガイドラインや文献[(4)]、葛飾区および明石市の代執行事例も参考にされている。なお、本件略式代執行着手前には、市議会各会派、報道機関、地元町内会に対し事案の概要および略式代執行の内容が説明されている。

　本件略式代執行において、最も苦慮したのは本件空家内に残置されている物件（以下、「残置物件」という）の対応についてであった。熊本市は、こうした残置物件のうち、使用、収益等が可能なものや、使用、収益等の対象とはならなくとも、アルバムや位牌などのように社会通念上処分し難いものを保管対象とし、それ以外の物件については廃棄処分を行った。実務では財産的価値（＝経済的交換価値）の有無で保管対象か否かが判断されることが多い。これに対し、熊本市においては、財産的価値の有無といった判断基準のみでは、財産権保障の観点から十分とはいえないとして、使用可能な物件であるか、あるいは、社会通念上処分し難い物件かどうかで判断したという。なお、この判断基準は、同市の法務部署や顧問弁護士の意見を参考にして決定したという。

　本件略式代執行においては、保管対象とすべき残置物件のあることが想定されたことから、公告中に、「市長等が本件建築物を除却する際、本件建築物の

（3）　平成31年1月31日付け熊本市公報（臨時）1430号。
（4）　北村喜宣＝須藤陽子＝中原茂樹＝宇那木正寛『行政代執行の理論と実践』（ぎょうせい、2015年）。

中及びその敷地に残置されている動産等（以下「動産等」という。）は、当該動産等に相当の価値があると市長等が認めるものを除き、撤去・処分する。動産等について所有権その他の権利を主張する者は、措置の期限までに当該動産等を搬出し、又はその物を指定して動産等を保管し、若しくは引き渡すよう以下の問い合わせ先へ通知すること」と明記された。しかし、残置物件の引取りはなかったため、使用可能と判断された着物、食器棚、食器などの生活用品に加え、社会通念上処し難い物件として信書などが執行着手前に搬出され、熊本市所有の施設において保管された。

　空家法では、こうした残置物件への対応についての定めが全くないため、代執行時に廃棄か保管かの判断が困難であり、少しでも疑義があれば、財産権保護の観点から保管の判断をせざるをえなかったという。また、いったん保管に着手すると、いつまで保管すべきかの判断が困難であり、また、保管期間経過後、当該保管物件を処分する場合、所有者に属する財産を適法に処分しうるかが不明であることから、現在もその対応に苦慮しているという。なお、熊本市は、除却対象空家等における残置物件の搬出・保管について代執行庁には法的義務がないことを前提に、事務管理と解している。令和3年1月末現在も保管が継続しているが、相続財産管理制度を通じて残置物件の処分を検討しているという。

第2　熊本市によるガイドラインの改正要望

　最初に実施した本件略式代執行において、こうした課題に直面した熊本市は、令和元年、国に対して次のような要望をしている。すなわち、「代執行時の特定空家等の中の動産の取扱について、空家等対策の推進に関する特別措置法（以下「法」という）上は規定がなく、ガイドラインにおいても、『いつまで保管するかは、法務部局と協議して定める』とされているにすぎず、保管期間等に係る統一的なルールは明確にされていない。本市においては、本年3月に、法第14条第10項に基づく略式代執行を行い、その際に当該空家の中に残されていた家財道具等の動産は市の所有施設の一室に、一時的に保管することとした。所有施設は普通財産であり、具体的な時期こそ現時点で明確ではないものの、近いうちに取り壊される可能性もあり、いつまでも保管しておけるというわけ

ではない。本団体内の法務部局や本団体の顧問弁護士、市の空家対策協議会にも相談したが、代執行による除却の事例が全国でもまだ少ないこともあり、いずれからも明確な回答は得られなかった。一部の他団体の事例も把握しているが、動産の処分に対して所有者等から損害賠償請求の訴訟を提起された際に、当該処分が正当に行われたことを主張するに足る根拠となるものではないと考えている。以上の支障を解決するため、法上に河川法第75条のような規定を設けるなど、保管期間等の統一的ルールを明確にしていただきたい」とするものであった。

　こうした熊本市の要望に対し、令和元年12月23日、閣議決定「令和元年の地方からの提案等に関する対応方針【国土交通省関係（19ⅱ）】」では、次のような決定がなされている。すなわち、「代執行（14条9項）又は略式代執行（14条10項）により除却の対象となる特定空家等の中の動産の取扱いについては、市町村において、廃棄や保管等の判断を迅速かつ適切に行うことが可能となるよう、その判断に資する考え方を明確化するため、『「特定空家等に対する措置」に関する適切な実施を図るために必要な指針』（平27国土交通省住宅局）を改正し、市町村に令和2年中に周知する。また、動産の取扱いを法で規定することについては、附則2項に基づき、施行後5年を経過した場合において行う検討の際に併せて検討を行う」とされた[5]。

第3　残置物件等に係る改正ガイドラインの内容

(1)　通常代執行

　熊本市の要望を受けて定められた改正ガイドライン[6]では、改正前のガイドライン[7]と同様に動産等の扱いについて通常代執行の場合と略式代執行の場合の両者について改められた。

　まず、通常代執行の場合における残置物件および除却代執行により生ずる廃材への対応については、次の5点が定められた（改正ガイドライン第3章6(5)）。

（5）　内閣府HP（https://www.cao.go.jp/bunken-suishin/doc/k_tb_r1_honbunn.pdf）、令和3年11月15日最終閲覧。

（6）　令和2年12月25日付け国住備107号・総行地190号各都道府県知事・指定都市の長宛て通知（「特定空家等に対する措置」に関する適切な実施を図るために必要な指針（ガイドライン）の一部改正について（令和元年地方分権改革提案事項））。

すなわち、第 1 点目として、代執行をなすべき措置の内容が特定空家等の全部の除却であり、命令で動産等に対する措置を含めている場合は、戒告書または代執行令書において、①対象となる特定空家等の内部またはその敷地に存する動産等については、履行の期限または代執行をなすべき時期の開始日までに運び出し、適切に処分等すべき旨、また、②特定空家等の除却により発生する動産等については、廃棄物の処理及び清掃に関する法律、建設工事に係る資材の再資源化等に関する法律に従って適切に処理すべき旨、さらに、③履行の期限までに履行されない場合、代執行する旨、それぞれの明記が望ましいとされた。

　第 2 点目として、代執行により発生した廃棄物や危険を生ずるおそれのある動産等であって所有者が引き取らないものについては、廃棄物の処理及び清掃に関する法律、建設工事に係る資材の再資源化等に関する法律に従って適切に処理するものとされた。

　第 3 点目として、代執行時に、①相当の価値のある動産等、あるいは、②社会通念上処分をためらう動産等が存する場合は保管し、所有者に期間を定めて引取りに来るよう連絡すること、その場合に、いつまで保管するかは、遺失物法 7 条 4 項、河川法75条 6 項、都園法27条 6 項、屋外広告物法 8 条 3 項、さいたま地判平成16・ 3 ・17訟月51巻 6 号1409頁[8]も参考にしつつ、法務部局と協議して適切に定めることとされた。

　第 4 点目として、現金（定めた保管期間が経過した動産で、民法497条に基づき裁判所の許可を得て競売に付して換価したその代金を含む）や有価証券については供託所への供託も選択肢とされた。

　第 5 点目として、代執行をなすべき措置の内容が特定空家等の全部の除却ではない場合において動産が措置の弊害となるときは、特定空家等の内部または

（ 7 ）　改正前のガイドラインでは、次のように定められていた。すなわち、通常代執行の場合には、「代執行の対象となる特定空家等の中に相当の価値のある動産が存する場合、まず、所有者に運び出すよう連絡し、応じない場合は保管し、所有者に期間を定めて引き取りに来るよう連絡することが考えられる。その場合、いつまで保管するかは、法務部局と協議して適切に定める」とされ、また、略式代執行の場合には、「代執行の対象となる所有者が不明の特定空家等の中に相当の価値のある動産が存する場合、まず、運び出すよう公示し、連絡が無い場合は保管し、期間を定めて引き取りに来るよう公示することが考えられる。その場合、いつまで保管するかは、法務部局と協議して適切に定める」ものと、定められていた。

その敷地内等の適切な場所に移すことが望ましいとされた。

(2)　略式代執行

　次に略式代執行の場合における対応についてである。これについては、次の６点が定められた（改正ガイドライン第3章7(3)）。第１点目として、代執行をなすべき措置の内容が、所有者が不明の特定空家等の全部の除却であり、動産等に対する措置を含める場合は、事前の公告（空家法14条10項）において、①対象となる特定空家等の内部またはその敷地に存する動産等については、履行の期限または代執行をなすべき時期の開始日までに運び出し、適切に処分等すべき旨、また、②特定空家等の除却により発生した動産等については、廃棄物の処理及び清掃に関する法律、建設工事に係る資材の再資源化等に関する法律に従って適切に処理すべき旨、さらに、③履行の期限までに履行されない場合は、代執行する旨の明記が望ましいとされた。

　第２点目として、代執行により発生した廃棄物や危険を生ずるおそれのある動産等であって所有者が引き取らないものについては、廃棄物の処理及び清掃に関する法律、建設工事に係る資材の再資源化等に関する法律に従って適切に処理するものとされた。

　第３点目として、代執行時に、相当の価値のある動産等、社会通念上処分をためらう動産等が存する場合は保管し、期間を定めて引取りに来るよう公示し、その場合、いつまで保管するかは、遺失物法７条４項、河川法75条６項、都園

（８）　本事件は、埼玉県知事が河川法に基づき撤去した違法係留小型船舶の保管義務を十分に尽くさなかったことにより、当該小型船舶が破損したとして、損害賠償請求がなされたものである。同判決は、「代執行により移動・撤去された動産等を保管する行為については、本来、行政代執行の作用に含まれるものではないけれども、行政庁には上記動産等を義務者本人に返還すべき義務があると考えられるから、当該行政庁は、代執行開始前又は終了後に、義務者本人に直ちにそれを引き取るべき旨を通知すれば、原則として保管義務を免れる一方、執行責任者が代執行終了後暫時上記動産等を占有し、所有者自ら直ちに引取りができない場合のような特段の事情がある場合には、当該行政庁には、事務管理者として要求される程度の注意義務をもってそれを保管・管理する義務があると解するのが相当である。もっとも、代執行は、義務者が指示命令、監督処分、戒告及び代執行令により命ぜられた原状回復を履行しない結果行われるものであるから、当該行政庁が本件代執行後に義務者本人に当該動産等を引き取るべき旨を通知し、相当期間が経過した後は、行政庁は保管・管理義務を免れると解せられる（民法700条参照）。義務者において引取りに応じず任意放置している場合において、なお行政庁が一定の保管・管理責任を負うとすることは明らかに不合理と考えられるからである」とした。なお、本判決の分析については、第６章第４節第１(2)(3)参照。

法27条6項、屋外広告物法8条3項、さいたま地判平成16・3・17訟月51巻6号1409頁も参考にしつつ、法務部局と協議して適切に定めるものとされた。

第4点目として、現金（定めた保管期間が経過した動産で、民法497条に基づき裁判所の許可を得て競売に付して換価したその代金を含む）および有価証券の供託の可能性について示された。

第5点目として、特定空家等の所有者等に対して代執行費用に係る債権を有する市町村長が申し立てるなどして、不在者財産管理人（民法25条1項）または相続財産管理人（民法952条1項）が選任されている場合は、当該財産管理人に動産を引き継ぐこととされた。

第6点目として、代執行をなすべき措置の内容が特定空家等の全部の除却ではない場合において動産が措置の弊害となるときは、特定空家等の内部またはその敷地内等の適切な場所に移すことが望ましいとされた。

第4　改正ガイドライン後における自治体の対応

改正ガイドラインが示されたのち、新たに保管のルールを定めた自治体がある。奈良県田原本町は、令和3年3月、田原本町空家等対策の推進に関する特別措置法施行規則において、残置物件につき、次のような定めがなされている。すなわち、町長は、勧告書、命令書、戒告書、代執行令書（略式代執行を行う場合にあっては、空家法に定める公告）における措置について、当該措置の内容が特定空家等の全部または一部の除却であり、動産等（廃棄物を含む）に対する措置を含める場合は、所有者等に対し、当該特定空家等の内部またはその敷地に存する動産等について、当該措置の期限までに運び出し、関係法令の定めるところにより適切に処理するよう通知する（公告における措置については、その旨を公告することをもってこれに代える）とされ（同規則16条1項）、また、町長は、代執行により廃棄物および危険を生ずるおそれのある動産等が発生した場合は、関係法令の定めるところにより適切に処理するものとされ（同条2項）、さらに「町長は、代執行時に相当の価値のある動産等又は社会通念上処分をためらう動産等が存する場合は、関係法令の定めるところにより、期間を定めて当該動産等を保管するものとする」とされている（同条3項）。なお、当該動産等の保管期間は、町長が別に定めるとされる（同条4項）。

　田原本町の規則は、瞥見すると、改正ガイドラインで示された内容を単に規則という規範を用いて明らかにしたものに過ぎないようにもみえる。しかし、代執行時に相当の価値のある物件または社会通念上処分をためらう物件が存する場合、一定の期間、これを保管しなければならないことを規則に定めることにより、こうした保管を代執行庁である町長の職務上の義務として明らかにした点で意義がある。

第3節　熊本市の略式代執行に対する評価

第1　残置物件への対応

⑴　保管行為の根拠

　熊本市は、残置物件を除却対象物件から搬出し、保管する行為を事務管理と考えている。事務管理とは、推測される本人の意思を尊重し同人の利益を図るために、本来許されない他人の財産管理への介入を許容する制度であるが、代執行のプロセスにおける法の欠缺が生じている場合に、公益実現のために、これを補完するものとして事務管理のスキームが利用されることは否定されるべきではない[9]。

　しかしながら、事務管理の成立要件を満たさない以上、これによることができないのは当然である。熊本市の対応は、代執行庁に残置物件に対する保管義務がないことを前提とするものである。私見では、代執行庁は、他人である被命令者の「事務」としてではなく、代執行を開始した代執行庁自身の保管義務に基づく「事務」として保管しなければならない。これにより代執行庁が残置物件を保管する行為を、義務なく、他人の事務を管理することをその成立要件とする事務管理であると解することは困難である。

　代執行庁は、執行行為に着手した効果として、被命令者の財産である残置物件に対する占有を取得するに至ったものであるから、信義則上、当該残置物件を占有していた被命令者に対して残置物件の引渡義務（＝占有移転義務）を負うと解すべきである。なぜなら、代執行庁は、一旦代執行を開始した以上、当該

───────────────
（9）　塩野宏『行政法Ⅰ〔第6版〕』（有斐閣、2015年）48頁。

代執行の実施に当たっては、比例原則および権利濫用禁止の原則が適用され、代執行という目的を達成するうえで被命令者の財産に対し過剰な執行方法をとってはならず、特に、執行行為を適法に着手した効果として自らの占有下に入った残置物件については、違法行為の原因者である被命令者が占有していた財産であるからといって、懲罰的意図をもって、返還を拒むといった対応は許されず、残置物件を被命令者に引き渡す義務を負う(10)と解することが憲法29条の趣旨に適うものだからである。

　このように、代執行庁が、信義則上特定物である残置物件に対する引渡義務を負担することから、当該義務を負う相当期間(11)にわたり、民法400条に準じて当該残置物件の保管義務を負うことになる。保管義務とは、残置物件について自然的または人為的滅失・毀損からの保護を図り、経済的価値、すなわち、客観的な財産的価値を現状のまま維持すべき義務である。この保管義務は、相手方が保管物件を引き取ることが客観的に可能な状況に至った日、すなわち相当期間が経過した日以後には、引渡義務とともに消滅する。こうした代執行庁が負う保管義務は、特定の個人の財産に対する価値の保全を目的とするものであって、国や自治体に対して負担する職務上の義務にとどまるものではない（**図表11－1**、第2章第2節第7）。

---

(10)　こうした残置物件に対して、所有者は所有権に基づく引渡請求権を有するのはもちろんである。しかし、当該引渡請求権の行使がなければ、残置物件に対する代執行庁の返還義務は発生しない（たとえば、遺失物法4条1項は、拾得者が当然に返還義務を負担するものではないことを前提に、「拾得者は、速やかに、拾得をした物件を遺失者に返還し」なければならないという返還義務を創設している）。代執行庁に、相手方（＝代執行の義務者）からの返還請求がなければ返還義務が発生しないと考えることは不合理である。よって、相手方に対する公法上の引渡義務を信義則により創設する必要がある。
(11)　「相当期間」の意義については第2章第4節第1参照。

図表11−1　残置物件に対する保管義務発生のプロセス

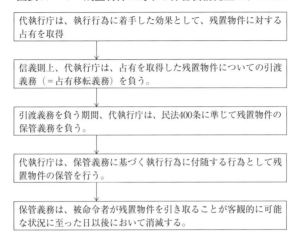

> 代執行庁は、執行行為に着手した効果として、残置物件に対する占有を取得

> 信義則上、代執行庁は、占有を取得した残置物件についての引渡義務（＝占有移転義務）を負う。

> 引渡義務を負う期間、代執行庁は、民法400条に準じて残置物件の保管義務を負う。

> 代執行庁は、保管義務に基づく執行行為に付随する行為として残置物件の保管を行う。

> 保管義務は、被命令者が残置物件を引き取ることが客観的に可能な状況に至った日以後において消滅する。

　残置物件のうち、財産的価値が明らかに認められない物件については、特段の事情がない限り廃棄がなされるため保管の問題は生じない。廃棄の結果、当該残置物件に対する所有権などの物権は、事実上消滅することになる[12]。なお、この廃棄についての性格であるが、執行行為とは完全に独立した事実上の行為または事務管理と解することになろう。

（2）　保管対象物件

　次に、いかなる残置物件を保管対象とするかについて、改正ガイドラインでは、通常代執行、略式代執行のいずれにおいても、「相当の価値のある動産等」と「社会通念上処分をためらう動産等」がその対象とされている。これに対して熊本市は、使用可能かどうか、および社会通念上処分をためらう物件かどうかといった基準により判断している。熊本市の基準により、一般的には財産的価値がない、あるいは著しく低いとされる使用済みの食器についても使用可能であるとして保管されている。

---

[12]　不動産の引渡し等の強制執行においては、換価価値が認められない動産は、特別の事情がない限り、廃棄処分に付される（浦野雄幸編『基本法コンメンタール民事執行法』（日本評論社、1986年）425頁〔小林昭彦〕）、山本和彦＝小林昭彦＝浜秀樹＝白石哲編『新基本法コンメンタール民事執行法』（日本評論社、2014年）420頁〔大濱しのぶ〕）。

確かに、熊本市の対応は、慎重を期すものであり、財産権保障観点からすると評価されるものであろう。しかしながら、こうした考え方のもとでは、残置物件全てについて代執行庁が保管義務を負うことになりかねず妥当とはいえない。財産的価値が著しく低い物件については、その廃棄されるリスクを違反者が負担すべきである。よって、使用可能な物件であれば全て保管義務の対象物件とするのではなく、財産的価値、すなわち、経済的交換価値を有する物件に限定しても問題ないのではなかろうか。

また、財産的価値を有する物件ではないけれど、日記、アルバム、仏具などのように社会通念上処分し難い物件についても保管対象物件とすべきである。それは、こうした物件それ自体、財産的価値はないものであっても、精神的安寧や信仰心を尊重する観点から非財産的権利として保護の対象となりうると考えられるからである。

(3)　代執行と残置物件の保管

改正ガイドラインでは、「代執行をなすべき措置の内容が特定空家等の全部の除却であり、命令で動産等に対する措置を含めている場合」、あるいは「代執行をなすべき措置の内容が所有者が不明の特定空家等の全部の除却であり、動産等に対する措置を含める場合」（いずれも傍点筆者）とあり、行政庁は除去命令のみではなく、代執行庁による除却工事の着手前に残置物件を搬出し、保管し、または処分せよとの命令を併用的に課すことも想定しているように読める。こうした対応は問題ないであろうか[13]。

空家法は、当該特定空家等に関し、除却、修繕、立木竹の伐採その他周辺の生活環境の保全を図るために必要な措置を命ずることができるとする（14条1～3項）。除却を例にとれば、被命令者自らが除却をする場合に、どのような除却方法を選択するかは、違法なものでない限り、被命令者の自由を尊重すべきものであって、残置物件を搬出・保管しないで除却することも当然許容され

---

(13)　北村喜宣「とんだオジャマ虫！？——空家法代執行と残置動産への対応」自治実務セミナー675号（2018年）37頁は、空家法14条1項に基づく助言または指導の段階から、特定空家等に係る措置と併せて、物件の搬出と適正処理をその内容とすれば、当然に動産の管理費用も代執行費用として請求できるとする。

るべきであろう。行政庁が義務者の利益を慮って残置物件の搬出・保管についての命令を発出することは、パターナリスティックな介入となってしまうのではないだろうか。一般的に残置物件を搬出しないで除却しうることが可能であることを考えれば、毒性が極めて高い危険物が除却対象空家等内にあるなど当該残置物件を除却前に搬出しなければ適法かつ安全に除却工事を実施できないといった特別の事情がある場合を除き、搬出や搬出後の保管を除却に併せて命ずることは、比例原則の観点からも妥当とはいえないであろう。このような考えのもと、実務においては、残置物件の搬出・保管について措置命令を発するのではなく、代執行令書等において、除却代執行前に物件の搬出等についての要請（＝行政指導）を行う場合が多いのではなかろうか。

⑷　保　管　期　間

改正ガイドラインは、代執行時に相当の価値のある動産等、社会通念上処分をためらう動産等が存する場合は保管し、所有者に期間を定めて引取りに来るよう連絡あるいは公示し、保管期間については遺失物法7条4項、河川法75条6項、都園法27条6項、屋外広告物法8条3項、さいたま地判平成16・3・17も参考にしつつ、法務部局と協議して適切に定めるものとしている。

熊本市と同様に、改正ガイドラインも代執行庁による保管行為を事務管理と解しているが、そうであれば、保管期間は、遺失物法7条4項、河川法75条6項、都園法27条6項、屋外広告物法8条3項に定める期間のように客観的に定まるものではなく、本人またはその相続人もしくは法定代理人において、残置物件の管理が期待できる状態か否かといった本人側の主観的事情を考慮したうえで、個別に決定されなければならないであろう（民法700条）[14]。

第2　除却後の廃材への対応

空家除却代執行については、代執行の結果生ずる廃材をどのように取り扱うかという問題がある。熊本市は、財産的価値を有し通常解体工事において有価

---

(14)　窪田充見『新注釈民法⒂　債権⑻』（有斐閣、2017年）〔平田健二〕50頁。なお、私見では、残置物件の保管は、代執行を行った行政庁の義務であり、保管期間は、代執行庁が通常人を基準として、当該物件の物理的状況、引取りに必要な費用、労力などを考慮し、客観的に合理性が認められる期間であると解する（第2章第4節）。この点で、本人側の主観的事情を考慮しなければならない事務管理の場合とは異なる。

材として換価が可能な資材については、代執行費用から控除するものとし、その他については、経済的合理性等を踏まえ廃棄をするかどうか判断するとしている。こうした基準で、通常解体工事において有価材として換価が可能なもの以外は全て廃棄されている。

　ところで、除却代執行の過程で生ずる廃材の廃棄について、改正ガイドラインは、廃棄物の処理及び清掃に関する法律や建設工事に係る資材の再資源化等に関する法律に従って適切に処理すべきとされている。

　では、代執行により生ずる廃材の廃棄は法的にいかなる性格を有するものであろうか。考えられるのは、①除却の一部、②執行行為（＝除却）に必要とされる付随的行為、③事実上の行為（＝清掃行為）、④義務者本人のためにする事務管理、⑤除却義務とは別個の廃棄義務に対する代執行、のいずれかである。この点に関し、熊本市は、除却の一部を構成するものではないが、これに付随する行為であると考えている。

　空家等の除却については、除却対象の建物を構成する建築材に財産的価値があるといった特別の事情がある場合を除き、保存的解体ではなく、破壊的解体によりなされる。除却により生ずる廃材については、廃棄物の処理及び清掃に関する法律や建設工事に係る資材の再資源化等に関する法律の定めるところにより適正に処分されなければならないものである。

　確かに、除却とこれによって生じた廃材の廃棄とは解体工事の工法としても、また社会経済的にも一体としてなされるものであるから、除却に廃棄も当然含まれるとの解釈もありえよう。しかし、これら二つの行為は、理論上、独立した行為であるから、除却の一部とはいえない。また、廃棄は、除却をするに当たって必ずしも必要な付随的な行為ともいえない。よって、廃棄は、義務者本人のためにする事務管理、事実上の行為、あるいは、除却義務とは別個の廃棄義務に対する代執行のいずれかとして理解することになろう。このうち、事実上の行為と解した場合には、廃棄に要した費用は請求できず、違法行為の後始末を公費によって賄わなければならない。また、義務者本人のためにする事務管理と解した場合には、行政庁にとって徴収上有利な代執行費用として請求することができないという問題がある。これらの点を考えると、行政庁にとって

は、廃棄を措置命令によって課せられた廃棄義務の代執行と解し、それに要した費用を代執行費用として徴収することが、行政庁にとって最も合理的な解釈であろう。ただし、除却と廃棄は別の行為であるであるから、空家法14条3項の措置命令において、除却を命ずるとともに、併せて、除却から生ずる廃材についても適正に処分することを明確に命ずることが求められる。この際、除却とあわせて廃棄の命令を発出しうるか否かが問題とはなるが、廃材の廃棄は、解体工事に並行して行われるものであり、また廃材については、財産的価値が認められる特別なものを除き、社会通念上廃棄する以外に合理的処理方法は考えられないのである。また、広く「周辺の生活環境の保全を図るために必要な措置」（空家法14条2項）を命ずることができると規定されており、問題はなかろう。

第3　代執行費用の範囲

熊本市は、残置物件を同市の施設で管理していることから、保管費用の発生はないとして請求していない。しかし、将来、民間の倉庫を利用するようなことがあれば、費用請求も必要になるという。こうした保管費用をどのような法律上の根拠に基づき請求するのかという問題がある。

代執行費用について、法2条は、当該行政庁が「自ら義務者のなすべき行為をなし」、または「第三者をしてこれをなさしめ」た場合において、その費用を当該義務者から徴収することができると規定する。これにより、代執行を民間事業者などの第三者に委託した場合はもちろんのこと、行政庁自らが実施した場合であっても、当該行政庁がその費用を一般の行政経費として負担することなく、相手方に請求することができる。

代執行の実施に関連するいかなる範囲の費用が代執行費用に含まれるかについては、行政庁を悩ませる問題である。この点に関し、広岡博士は、行政庁が義務者から徴収すべき金額は、代執行の手数料ではなく、実際に代執行に要した費用であるとしたうえで、人夫の賃金、請負人に対する報酬、資材費、第三者に支払うべき補償料等は含まれるが、義務違反の確認のために要した調査費用は含まれないとしている[15]。改正ガイドラインにおいても広岡説と同様の内容が定められている（改正ガイドライン第3章6(6)）。

　どのような種類の費用を代執行費用とするかについて判断準則を定立することは容易ではないが、次のように解したい。すなわち、代執行費用とは、執行行為に直接の関連を有し、かつ、必要または有益な費用のうち、行政が法令などの定めにより自身で行うことが義務付けられている事務に要する費用を除いたものである。このうち、「執行行為に直接の関連を有し、かつ、必要または有益な費用」とは、違法物件の除去や撤去など直接執行に要した費用のみならず、執行現場の警備費など執行に付随する行為についての費用を含む。また、「行政が法令などの定めにより自身で行うことを義務付けられている事務に要する費用」とは、措置命令や戒告、代執行令書、納付命令など代執行の実施に当たって法令上必要な行政手続に要した費用のほか、自治法234条の定めるところにより行う入札手続など、代執行の事務を第三者に委託する契約を締結するために要した費用、同法234条の2第1項の定めるところによりなされる契約の履行確保のためになされる監督、検査などに要した費用なども含まれる。代執行費用に該当しない費用については、これを請求する法律上の根拠を有するものを除き、一般の行政経費で賄わざるをえない（第2章第5節第1(1)）。

　本章との関係で特に問題となるが、代執行庁が執行行為を開始したことに伴い生ずる保管義務に基づき、一定の期間、残置物件を保管する場合において、当該保管に要した費用を、代執行費用として請求しうるかどうかである[16]。

---

(15)　広岡隆『行政代執行法〔新版〕』（有斐閣、1981年〔復刻2000年〕）191頁。

(16)　学説は、肯定説と否定説に分かれる。肯定説として、阿部泰隆『行政の法システム（下）〔新版〕』（有斐閣、1997年）419頁、同『行政法解釈学Ⅰ』（有斐閣、2008年）573頁は、除却物件・物件類の運搬費・保管費は、義務者が自分で義務を履行する際にもかかる費用であるとし、代執行費用に含めるべきであるとする。また、北村喜宣「行政による事務管理（二）」自治研究91巻4号（2015年）53頁は、「撤去した物件の保管・処分は執行行為の一環とみるべきであり、本来、事務管理という構成ではなく行政代執行費として徴すべきである」とする（なお、北村喜宣「行政代執行の実施と事務管理」自治実務セミナー685号（2019年）54頁も参照）。他方、否定説として、曽和俊文『行政法総論を学ぶ』（有斐閣、2014年）371頁は、「代執行によって撤去・除却した対象物件を代執行庁が保管する場合があるが、保管に要した費用については代執行費用に含まれないために、別途、民事上の請求を行う（民法702条に基づく事務管理費用の償還請求）ことになる」とする。また、雄川一郎＝金子宏＝塩野宏＝新堂幸司＝園部逸夫＝広岡隆『行政強制』ジュリスト増刊（1977年）62頁〔広岡隆発言〕は、「たとえば家屋を解体するのであれば、解体するところまでが代執行であって、解体したあとの資材の保管は代執行の内容ではありませんね。したがって、保管料は代執行費用に含まれませんね」とする。

　私見では、保管行為は執行行為それ自体ではないが、代執行庁が執行行為の必要性から残置物件をその占有下に置くことによって生ずる保管義務に基づいて行うものである。よって、こうした保管行為に要する費用は、「執行行為に直接の関連を有し、かつ、必要または有益な費用」として代執行費用と解される[17]。これに対し、熊本市のように残置物件の保管行為を執行行為とは切り離し、民法に基づく事務管理と解する立場では、これを代執行費用と解することはできず、事務管理に基づく費用償還としてその請求をすることになる（民法702条1項）。この場合、保管費用は私債権であることから、国税滞納処分の例により優先的に徴収することはできない。

　ところで、本章の主たるテーマとは異なるが、行政庁自らが違法物件の除去や撤去などの執行行為を実施した場合における当該執行に従事した職員の給料、手当などの職員給与は代執行費用と解されるであろうか。

　この点に関し、熊本市は、除却に要した業者の請負代金は代執行費用に含まれるが、時間外の勤務手当も含め、代執行事務に従事した職員の給与は、法5条に定める代執行費用には含まれないとする。ただし、仮に職員のみで実施した場合には、解体工事の際の人件費および消耗品に係る費用については代執行費用に含まれるとする。

　こうした熊本市の考え方は妥当である。すなわち、職員のみで代執行を実施した場合における当該職員の給与は代執行費用として請求しうる[18]。他方、措置命令や戒告、代執行令書、納付命令の発出、解体請負業者に対する監督業務などの勤務に係る職員給与は、「行政が法令などの定めにより自身で行うことが義務付けられている事務に要する費用」であるため代執行費用には該当しないのである（第2章第5第1(3)）。

---

(17)　私見のように、残置物件の保管に要した費用が代執行費用であると解する場合、代執行令書において、除却、移動・撤去に必要な費用の概算額に加えて、直ちに引取りを行わない場合には保管費用を要する旨の文言を付記することが必要である（法3条2項）。

(18)　ただ、通常の勤務時間内で解体工事に従事した場合、その算出が技術的に困難である。このため、現実に請求しうるのは、時間外手当や特殊勤務手当といった解体工事との対応関係が明らかで、客観的資料に基づき具体的に算出しうるものに限られよう。

第4節　総　　　括

　熊本市は、空家等除却代執行を実施する上での最大の課題は残置物件への対処であり、河川法7条4項から10項までに定めるようにな残置物件の保管・処分のスキームを具体的に空家法に定めることが望まれるという。また、この保管スキームについては、略式代執行の場合に限らず、義務者が確知できる通常の代執行の場合においても必要であると考えている。特に義務者等が代執行を実施するまでに引取りがなされない物件、あるいは引き取る意思を明確にしない物件については、代執行庁の保管事務についての負担軽減の観点から、即時に処分を可能とする措置を法律で定めておくことが望ましいという。このように考える自治体は少なくないであろう。

　残置物件の対応は現行法の解釈運用でも可能であると解するが、空家等除却代執行を効率的かつ迅速に実施する観点から、自治体が引き取れない残置物件を容易に処分しうるための根拠を空家法に定めるなどの積極的な立法措置が求められている。

第12章　ごみ屋敷対策条例による行政代執行の課題(1)

第1節　問題の所在

近年、ごみなどが建物内やその敷地に堆積されることによる、悪臭や害虫の発生、火災のリスクなど、いわゆるごみ屋敷による生活環境の悪化が大きな社会問題となっている[1]。こうしたごみ屋敷問題は、原因者の収集癖、認知症や高齢化に伴う身体機能の低下、生活意欲の減退、セルフネグレクトなどによるものであるため、その解決に当たっては、これらの者に対する福祉的ケアが重要である。また、一度片付けが行われても、多くの場合、再度ごみ屋敷化するため、その対応に苦慮する自治体も少なくない。

こうしたごみ屋敷に対応するため、自治体では、足立区生活環境の保全に関する条例（平成24年条例39号）[2]の制定を嚆矢として、大阪市住居における物品等の堆積による不良な状態の適正化に関する条例（平成25年条例133号）[3]、京都市不良な生活環境を解消するための支援及び措置に関する条例（平成26年条例20号）[4]、世田谷区住居等の適正な管理による良好な生活環境の保全に関する

（1）　ごみ屋敷問題について福祉および法務の観点からの詳細な研究成果として、日本都市センター編『自治体による「ごみ屋敷」対策──福祉と法務からのアプローチ』（日本都市センター、2019年）がある。また、ごみ屋敷問題について条例立案の視点から解説するものとして、板垣勝彦『「ごみ屋敷条例」に学ぶ条例づくり』（ぎょうせい、2017年）がある。

（2）　条例制定経緯については、島田裕司「足立区『生活環境の保全に関する条例』の条例制定までの流れ」宇賀克也編（著）『環境対策条例の立法と運用』（地域科学研究会、2013年）31頁以下を、また条例の運用状況については、祖傅和美「足立区の『ごみ屋敷』対策」日本都市センター編・前掲注（1）154頁以下を参照。

（3）　条例の制定経緯等については、金箱幸泰「大阪市住居における物品等の堆積による不良な状態の適正化に関する条例」自治体法務研究44号（2016年）69頁以下参照。

（4）　条例を解説するものとして、岡田博史「いわゆる『ごみ屋敷』対策のための条例について──軽微な措置による即時執行に焦点を当てて」自治実務セミナー630号（2014年）46頁以下、木本悟「京都市の『ごみ屋敷』対策」日本都市センター編・前掲注（1）167頁以下がある。

条例（平成28年条例8号）、横浜市建築物等における不良な生活環境の解消及び発生の防止を図るための支援及び措置に関する条例（平成28年条例45号）、豊田市不良な生活環境を解消するための条例（平成28年条例2号）⁽⁵⁾、神戸市住居等における廃棄物その他の物の堆積による地域の不良な生活環境の改善に関する条例（平成28年条例8号）など多数のごみ屋敷対策条例が制定されている⁽⁶⁾⁽⁷⁾。

　こうしたごみ屋敷対策条例は、支援者に対し、医師、保健師などの専門家によるケアサービスの提供といった原因療法的手法を基本とし、これに加えて、建物内部やその敷地内において、生活環境悪化などの原因となっている堆積物の撤去といった対症療法的手法を併用することにより、ごみ屋敷の解消を目指すものである。

　なお、ごみ屋敷対策条例と空家法との関係であるが、前者が人の居住やその使用とは無関係に、生活環境に悪影響を与える建物またはその敷地内の堆積物を規律対象とするものであるのに対し、後者は、建物またはこれに附属する工作物のうち、居住その他の使用がなされていないことが常態であるものおよびその敷地（立木その他の土地に定着する物を含む）を規律対象とするものである（空家法2条1項）⁽⁸⁾。

　本章では、ごみ屋敷の解決手法のうち、対症療法的手法、特に代執行のプロセスに注目し、現実に行われた横須賀市の代執行事例⁽⁹⁾に対する考察を通じて、ごみ屋敷対策条例による行政代執行の課題について考えてみたい。

（5）　条例を解説するものとして、瀧薫子「条例による実効性確保の実際──ゴミ屋敷条例を手がかりとして」自治実務セミナー669号（2018年）16頁以下がある。

（6）　平成29年度に環境省実施の調査では、ごみ屋敷に対応する規定を有する条例を制定している自治体は82団体ある（環境省環境再生・資源循環局廃棄物適正処理推進課「平成29年度『ごみ屋敷』に関する調査報告書」（2018年）http://www.env.go.jp/recycle/report/h30-18.pdf、令和2年8月15日閲覧）。

（7）　世田谷区、横浜市、豊田市、大阪市および神戸市のごみ屋敷対策条例の運用状況については、釼持麻衣「いわゆる『ごみ屋敷条例』の制定自治体の取組み──世田谷区・横浜市・豊田市・大阪市・神戸市へのヒアリング調査をもとに」日本都市センター編・前掲注（1）182頁以下参照。

（8）　空家法の定めるところにより除却対象となる特定空家等には、大量の不要物が残置されていることが多い。たとえば、板橋区が同法により実施した除却代執行の対象となった特定空家等には、大量の不要物が残置されていた（板橋区の代執行事例の詳細については、宇那木正寛監修＝板橋区都市整備部建築指導課編『こうすればできる　所有者不明の空家の行政代執行──現場担当者の経験に学ぶ』（第一法規、2019年）参照）。

第2節　横須賀市条例の制定経緯とその概要

　横須賀市不良な生活環境の解消及び発生の防止を図るための条例（以下、「本条例」という）は、ごみ屋敷による近隣の生活環境の悪化の問題が全国的に顕在化しており、また、同市においても発生件数が増加傾向にあるにもかかわらず、現行の法令では対策が難しいことから、平成29年に議員提案により制定されたものである。なお、条例の立案に当たっては、前述の足立区、京都市、世田谷区および横浜市の各条例が参照されている。

　本条例は、不良な生活環境の解消および発生の防止を図るための措置に関し必要な事項を定めることにより、その状態の解消、予防および再発防止を推進するとともに、堆積者が抱える生活上の諸課題の解決に向けた支援を行い、もって市民が安全で安心して暮らせる快適な生活環境を確保することを目的とするものである（1条）。

　条例中、「建築物等」については、建基法2条1号に規定する建築物およびその敷地（物の堆積または放置（以下、「物の堆積等」という）が当該敷地に隣接する私道その他の土地にわたる場合は、当該私道その他の土地を含む）と、「不良な生活環境」については、物の堆積等に起因する害虫、ねずみまたは悪臭の発生、火災の発生、物の崩落のおそれその他これらに準ずる影響により、当該物の堆積等がされた建築物等またその近隣における生活環境が損なわれている状態と、「堆積者」については、物の堆積等をすることにより、建築物等における不良な生活環境を生じさせている者（事業者を除く）と、「居住者等」については、建築物等の居住者、所有者または管理者と、それぞれ定義されている（2条）。

　市は、地域社会と協力して、堆積者が抱える生活上の諸課題の解決に必要な支援を推進するとともに、不良な生活環境の解消および発生の防止に必要な措置を講ずる責務を負う（3条）。居住者等は、その居住し、所有し、または管

（9）　平成31年3月11日および令和2年3月17日の両日にわたり、横須賀市福祉部福祉総務課を訪問し、ヒアリング調査を実施した。この際、課長の古谷久乃氏、課長補佐の杉山賢一氏、係長の栗原養治氏、稲葉勇人氏から貴重なご意見、ご示唆をいただいた。この場を借りて御礼を申し上げたい。なお、本章は、ご提供いただいた資料や口頭での質疑応答をもとに執筆したものであり、誤りがあるとすれば、全て筆者の責めに帰すものである。

理する建築物等において不良な生活環境を生じさせないように努めなければならず、不良な生活環境を生じさせたときは、自ら、速やかにその状態の解消に努めなければならない責務を負う（4条）。

　市長は、不良な生活環境にありまたはそのおそれがある建築物等について、その堆積者が、自ら当該不良な生活環境を解消することができるよう、当該不良な生活環境の解消に必要な支援を行うことができる（5条1項）。また、市長は、あらかじめ堆積者に対し必要な説明を行い、その同意を得たうえで、自ら解消することが困難であると認める場合は、一般廃棄物（事業活動に伴って生じたものを除く）に該当する堆積物の排出の支援を行うことができる（同条2項）。この際、市長は、排出された堆積物の処分等を行い、手数料条例の定めるところにより手数料を徴収しまたは免除する（同条3項）。

　市長は、支援の実施に必要な限度において、建築物等における物の堆積等の状態、当該建築物等の使用または管理の状況、所有関係その他必要な事項について調査をし、または当該建築物等の居住者等および堆積者の関係者に対して報告を求めることができる（6条1項）。この際、官公署に対し、物の堆積等がされた建築物等の所有関係または堆積者の親族関係、福祉保健に関する制度の利用状況その他の堆積者に関する事項に関して、報告を求めることができる（同条2項）。

　市長は、市と地域住民、関係する行政機関その他の関係者とが協力して支援を行うに当たって必要があると認める場合は、それらの者に対し、当該支援の実施に必要な範囲内で、6条の規定による調査または報告の結果を提供することができる（7条1項）。調査または報告の結果の提供を受けた者またはこれらの者であった者は、正当な理由なく、当該支援の実施に関して知りえた秘密を漏らしてはならない（同条2項）。

　市長は、この条例の施行に必要な限度において、不良な生活環境にありまたはそのおそれがあると思われる建築物等について、その指定する職員またはその委任した者に立入調査をさせ、または堆積者その他の関係者に質問させることができる（8条1項）。

　市長は、5条に規定する支援をした場合において、なお不良な生活環境が解

消していないと認めたときは、堆積者に対して、不良な生活環境を解消するよう指導することができる（9条1項）。また、指導をした場合において、なお不良な生活環境が解消していないと認めるときは、市長は、堆積者に対して、期限を定めて不良な生活環境を解消するための措置をとるべきことを勧告することができる（同条2項）。

市長は、勧告をした場合において、なお不良な生活環境が解消していないと認めるときは、堆積者に対して、期限を定めて不良な生活環境を解消するための措置をとるべきことを命ずることができる（10条1項）。この際、市長は、あらかじめ13条1項により設置される横須賀市生活環境保全審議会（以下、「審議会」という）(10)の意見を聴かなければならない（同条2項）。

市長は、命令を受けた者が、正当な理由なくその命令に係る措置をとらなかったときは、①命令に従わない者の住所および氏名、②命令の対象である建築物等の所在地、③不良な生活環境の内容、④命令の内容、⑤その他市長が必要と認める事項について公表することができる（11条）。

10条1項に基づく、命令の内容について行政代執行法に基づく代執行を行う場合には、あらかじめ審議会の意見を聴かなければならない（12条2項）。

なお、本条例の概要を図式化すると、**図表12－1**の通りである。

---

(10)　審議会は、学識経験者、医師、弁護士、民生委員、町内会長、横須賀市社会福祉協議会役員らで構成されている。

図表12－1　本条例の概要

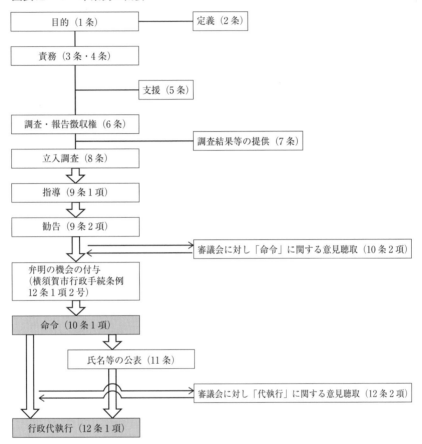

第3節　他の条例との比較

　本条例の制定に当たっては、前述のように、足立区、京都市、世田谷区および横浜市の各条例が参照されている。本条例とこれらの条例との主要な相違点は、**図表12－2**のとおりである。

図表12－2　本条例と各条例との比較

	横須賀市	足立区	京都市	世田谷区	横浜市
福祉支援	○	○	○	○	○
指導	○	○	○	○	○
勧告	○	○	○	○	○
命令	○	○	○	×	○
公表	○	○	○	×	×
罰則	×	×	○	×	×
即時執行	×	×	○	○	×
審議会	○	○	×	○	○

　本条例立案の際に参照された京都市および世田谷区の条例には、即時執行についての定めがある。即時執行とは、義務を命ずる暇のない緊急事態、犯則調査、泥酔者保護などのように義務を命ずることによっては目的を達成しがたい場合に、相手方の義務の存在を前提とせずに、行政機関が直接に身体または財産に実力を行使して行政上望ましい状態を実現する作用である[11]。ごみ屋敷解消のための即時執行は、高い緊急性を前提とするものではないが、私人に対する影響が必ずしも大きいものではないこと、また、行政代執行法の手続によるまでの慎重さを求める必要が乏しく、逆にそこまでの手続を要求すると、かえって時間と経費の無駄になるといった理由から容認されるものである[12]。

　しかし、即時執行を目的として、事前手続なくして、人の居住する敷地内に立ち入ることは、高いレベルでの保護が求められる住居の平穏を享受する権利に対する大きな制約となる。特に、敷地のみならず、人の住居する建物内に立ち入ってする即時執行は、高度の緊急性が認められない限り回避されるべきであり、原則として、事前手続→義務賦課→行政代執行という慎重な手続が選択されるべきであろう。

　即時執行については、ごみ屋敷対策条例において「必置装備」とする考え[13]もあるが、本条例には、即時執行の規定が置かれていない。その理由と

---

(11)　宇賀克也『行政法概説Ⅰ〔第7版〕』（有斐閣、2020年）117頁。

(12)　横浜地判平成12・9・27判自217号69頁参照。

して、即時執行が現場主導の判断とならざるをえず、職員に対する負担が重いこと、また、事前手続→義務賦課のプロセスを経ることなく、相手方の意思に反し堆積物を撤去・廃棄する即時執行は、必要とされる支援者との信頼関係の破壊につながるリスクがあると考えられたからである[14]。本章で取り上げる横須賀市のケースでは、事前手続を通じて相手方に代執行の必要性を理解させたうえで執行に至ったことから、代執行後も相手方との信頼関係は損なわれることなく、支援が継続されているという。

第 4 節　横須賀市の事例

第 1　代執行の実施

(1)　代執行の端緒

横須賀市船越町四丁目地内（第一種住居地域）において、堆積者 A がごみ集積場に排出されている廃棄物を無断で持ち去り、同人が居住する建物内およびその敷地、ベランダならびに複数の私人が共有する私道（以下、「共有地」という）に堆積を行っていた。

平成27年 7 月29日、横須賀市は、こうした状況について民生委員から報告を受け、職員が現地確認を行った。現地確認後、資源循環部の職員らが A に対し、84回にわたり訪問による撤去指導を行った。また、保健師が22回にわたる訪問により健康上の相談に応じた。加えて、親族や同意を得た資源循環部職員により、建物内の堆積物等に対する排出支援も行われた。こうした対応にもかかわらず、堆積等は継続され、不良な生活環境の解消には至らなかった。

(2)　命令発出の経緯

平成30年 4 月10日、横須賀市は、敷地内の堆積物等の状況を把握するため、A の同意を得て、本条例 8 条に基づき立入調査を行った[15]。その結果、A が

---

(13)　北村喜宣「条例によるごみ屋敷対応をめぐる法的課題」日本都市センター編・前掲注（ 1 ）147頁。

(14)　板垣勝彦「空き家条例とごみ屋敷条例」同『地方自治法の現代的課題』（第一法規、2019年）399頁〔初出2019年〕は、即時執行の性格上、命令へと至る事前手続が置かれないので、審議会への諮問もなく、行政権の濫用が懸念されるほか、実務的にも担当部局・職員の現場の判断が優先され、現場に負荷がかかるなど、実務的には使いにくいおそれがあるいった問題点を指摘する。

居住している建物のベランダおよび共有地両側の南北約6.3m、幅0.6mにわたり、また、建物裏手側の南北約12m、幅約0.6mにわたり、さらに、母屋と離れの間の南北3.2m、東西約9.7mにわたって、それぞれ大量の物が堆積等されており、害虫やねずみ、そして悪臭が発生している状況にあった。また、堆積物等の中には、電池やスプレー缶があり、火災のおそれがあることも明らかになった（**図表12－3**）。

図表12－3　物の堆積等の状況

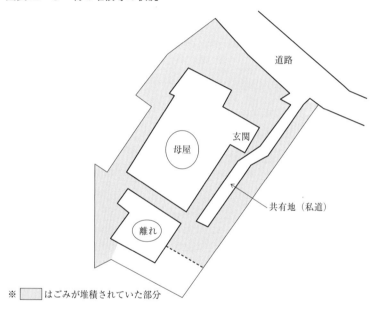

※ □□□ はごみが堆積されていた部分

平成30年5月7日、市長は、本条例9条1項に基づきAに対して文書指導を行い、同月22日、同条2項に基づき文書により勧告を行った。勧告の内容は、①ごみ集積場からごみを収集することの中止、②敷地内に堆積している堆積物を除去し、害虫、ねずみ、悪臭、火災の発生といった不良な生活環境の解消を求めるものであった。その後、市長は、審議会の意見聴取[16]を経たうえで、

(15)　Aは、自身が居住する母屋および離れを除く敷地への立入調査については同意した。しかし、これ以降の立入調査は全て拒否している。

同月23日、10条 1 項の規定に基づき、同年 8 月 6 日を履行期限[17]とし、屋外、ベランダ、共有地に堆積している堆積物の撤去を命じた[18]。

　建物内の堆積物については、A の拒否により立入調査が行われず、不良な生活環境を生じさせている原因物となっているか否かの判断ができなかったことから、命令の対象とはされなかった。履行期限を定めるに当たっては、A にとって履行可能な期間の確保といった主観点要素に加え、近隣における不良な生活環境の受忍限度といった客観点要素も考慮されている。

　命令発出日である 7 月23日、行政の説明責任を果たすこと、近隣住民への周知・抑止効果を目的として、11条に基づき住所、氏名、建物などの所在地、不良な生活環境および命令の内容についての公表が横須賀市のホームページ上で行われている[19][20]。

(3)　戒告および代執行令書

　平成30年 8 月10日、市長は、命令内容が履行されていないとして、同月24日正午を履行期限とし、屋外、ベランダ、共有地に堆積している堆積物の撤去を

---

(16)　本件代執行に関し、次のとおり、 4 回にわたり、審議会の会議が開催されている。すなわち、平成30年 5 月24日開催の第 1 回目の会議では、本件事案についての報告がなされ、同年 7 月 2 日開催の第 2 回目の会議では、命令発出の要件を具備しているか否かについての意見聴取がなされ、同年 8 月 9 日開催の第 3 回目の会議では、代執行の要件を具備しているか否かについての意見聴取がなされ、同年11月 1 日開催の第 4 回目の会議では、終了した代執行および今後の方針についての報告がなされている。

(17)　平成30年 7 月 3 日付け弁明の機会の付与の際には、「 9 月15日までの猶予を求める」旨の弁明がなされたが、従前からの主張の繰返しであり、不良な生活環境の解消にむけた具体的な計画を示すものではないことから、履行期限の延期は認めなかった。

(18)　命令書には、正当な理由なく措置をとらなかったときは、本条例11条に基づき、住所、氏名、命令の内容等を公表することがある旨が付記されている。

(19)　ごみ屋敷の原因者が、収集癖、認知症や高齢化に伴う身体機能の低下、生活意欲の減退、セルフネグレクトなど行政の福祉的支援を要する者であることを考えれば、そのような者らに対して、制裁的公表を行うことについては疑問である。この点に関し、本条例では、公表を義務履行確保のための手段（制裁的公表）としてではなく、情報提供や説明責任を果たすためとして、また、予防的効果も期待してなされるものであるとする。横須賀市の公表がそのような目的でなされるのであれば、具体的な氏名、住所を公表することまで必要とはいえないように思う。また、この公表は、当該被公表者が福祉ケアが必要な者であることを推認させる個人の健康に関わる情報も公にするという点でも問題である。

(20)　代執行前は、具体的な住所、氏名、建築物等の所在地について公表されたが、代執行終了後は、具体的な住所、氏名、建築物等の所在地については削除されている。

　求める戒告を行った。この履行期限を定めるに当たっても、Aにとって履行可能な期間の確保といった主観的要素に加えて、近隣における不良な生活環境の受忍限度といった客観的要素も考慮されている。法2条に定める「著しく公益に反する」という公益要件については、審議会の諮問を経て、①物の堆積等に起因する害虫、ねずみ、悪臭の発生、②火災の発生のおそれがあることをもって、公益要件を充足すると判断された。

　戒告で指定した期日までにAが義務を履行しなかったため、市長は、平成30年8月27日付けで、代執行日を同月28日午前9時から午後5時までとし[21]、代執行費用見積額約60万円、代執行責任者を横須賀市福祉部福祉総務課長とする代執行令書を発した。なお、代執行令書には、戒告書に記載された屋外、ベランダ、共有地に堆積している堆積物のうち廃棄を望まない物件を代執行の前日までにAが居住する建物内に移動することを求める旨の記載がなされている。

　(4)　代執行の準備

　代執行の準備に当たっては、特に庁内の横断組織は作らず、資源循環部および健康部が連携し対応している。執行の最終決定は、審議会の意見を踏まえ、資源循環部、健康部および法務担当部局と協議して市長決裁により行われた。実施に当たっては、ごみ屋敷の代執行経験を有する京都市および郡山市の例が、また、文献として『行政代執行の理論と実践』[22]がそれぞれ参照されている。

　代執行の委託業者との契約締結に当たっては、入札手続に付すのに必要な時間が確保できなかったため、見積り合せにより随意契約として締結されている。なお、代執行当日に先立ち、協力依頼の文書が、平成30年8月16日に船越町三丁目町内会会長へ、また同月27日に近隣住民へ、それぞれ配付されている。

　(5)　代　執　行

　平成30年8月28日、代執行は、**図表12−4**の実施体制により、派遣依頼による5名の警察官立会いのもと午前9時1分から同日午前11時37分までの間、

---

(21)　代執行日の決定に当たっては、近隣住民の見物による混乱を回避するため平日の昼間とされた。
(22)　北村喜宣＝須藤陽子＝中原茂樹＝宇那木正寛『行政代執行の理論と実践』（ぎょうせい、2015年）。

行われた。代執行により搬出された堆積物は、燃やせるごみおよび不燃ごみ1,430kg ならびに金属類280kg の合計1,710kg であり、いずれも一般廃棄物として処理されている。また、代執行にあわせて害虫駆除も行われた。

図表12− 4　代執行実施体制

```
現地本部
  ├── 本部―全体を統轄
  ├── 庶務担当―代執行の進行管理など
  ├── 連絡調整担当―各班との連絡調整など
  ├── 記録担当―作業内容の撮影，記録の作成
  ├── 作業担当―作業員の統轄
  └── 警備担当―執行妨害の排除，交通誘導
```

なお、代執行は、Ａによる執行妨害もなく終了したが、過熱した報道への対応に苦慮したという。

(6)　代執行費用の徴収手続

市長は、平成30年 9 月14日付けで履行期限を同年10月 1 日とする納付命令を発した。代執行費用として請求したのは、①車両費用（ 3 台分）48,000円、②処分費（約1.7t）34,200円、③作業費（ 6 名分）66,000円、④現場管理費30,000円の合計178,200円に加え、消費税分の合計192,456円である[23]。

なお、横須賀市は、害虫、ネズミの駆除費用については、法 2 条にいう代執行費用に該当すると解することは困難であると考え、代執行前にＡの親族に対応を求めた。

第 2　代執行後の状況

Ａが代執行後もごみ集積場からごみを持ち帰り敷地内に再び堆積させたことから、市長は、代執行後の平成30年11月 2 日、本条例 9 条 1 項に基づき、文書で指導を行っている。また、平成30年12月 3 日、同条 2 項に基づき文書による勧告もしている。さらに、平成30年12月27日、Ａの同意を得て、 5 条 2 項に定めるところにより、860kg（パッカー車 1 台分）の排出支援を行っている。この後もＡの親族による排出や横須賀市による排出支援が行われてきたが、令和 2 年 3 月現在、問題の根本的解決には至っていない。

---

(23)　当初、横須賀市が業者と随意契約で締結した委託料は60万円であったが、代執行終了後、当該契約額もこの合計金額に減額変更している。

第5節　横須賀市の事例からみたごみ屋敷対策条例による
　　　　　代執行の課題

第1　建物内部における堆積物の処理

　横須賀市の代執行事例では、建物内部の堆積物は執行対象とはなっていないが、仮に執行対象とした場合には、どのような問題があるか。まず、代執行の際に、本人の意思に反して、現に居住する建物等に立ち入るのであるから、住居の不可侵について定める憲法35条との関係が問題となる。

　憲法35条1項は、「何人も、その住居、書類及び所持品について、侵入、捜索及び押収を受けることのない権利は、第33条の場合を除いては、正当な理由に基いて発せられ、且つ捜索する場所及び押収する物を明示する令状がなければ、侵されない」とし、現行犯逮捕の場合を除き、住居への侵入、捜索・押収についての令状主義を定めている[24]。このうち、「住居」とは、事務所や旅館の居所等も含めおよそ人が私生活の保護について合理的期待を抱く場所であり[25]、「侵入」とは、住居の不可侵性を犯す行為で、住居内に管理者の反対を押し切って、あるいは無断で侵入することをいう[26]。

　憲法35条の規定は、刑事手続を対象とするものであるが、行政手続についても、この規定の保障は及ぶのであろうか。旧所得税法上の質問検査が憲法35条の令状主義に反するか否かが争われた事件において、最大判昭和47・11・22刑集26巻9号554頁（川崎民商税務検査拒否事件上告審判決）は、憲法35条1項の規定について、同規定は、「本来、主として刑事責任追及の手続における強制について、それが司法権による事前の抑制の下におかれるべきことを保障した趣旨であるが、当該手続が刑事責任追及を目的とするものでないとの理由のみで、その手続における一切の強制が当然に右規定による保障の枠外にあると判断す

---

(24)　奥平康弘『憲法Ⅲ』（有斐閣、1993年）326頁、戸松秀典『憲法』（弘文堂、2015年）301頁。

(25)　樋口陽一＝佐藤幸治＝中村睦夫＝浦部法穂『注釈日本国憲法論〔第2版〕上巻』（青林書院、1989年）749頁。このように、「住居」とは「およそ人が私生活の保護について合理的期待を抱く場所」であることから、居住する建物内部だけではなく、その敷地についても保護対象となりうる。特に居住用の建物内部については、保障のレベルが高いといえる。

(26)　樋口ほか・前掲注（25）751頁。

ることは相当ではない」とした。

　さらに、最大判平成 4・7・1 民集46巻 5 号437頁（成田新法に基づく工作物等使用禁止命令取消請求事件上告審判決）は、新東京国際空港の安全確保に関する緊急措置法 3 条 3 項に定める立入調査が、憲法35条の令状主義に反するか否かが争点となった事件において、前記最大判昭和47・11・22の趣旨を述べたうえで、次のように加えた。すなわち、「行政手続は、刑事手続とその性質においておのずから差異があり、また、行政目的に応じて多種多様であるから、行政手続における強制の一種である立入りにすべて裁判官の令状を要すると解するのは相当ではなく、当該立入りが、公共の福祉の維持という行政目的を達成するため欠くべからざるものであるかどうか、刑事責任追及のための資料収集に直接結び付くものであるかどうか、また、強制の程度、態様が直接的なものであるかどうかなどを総合判断して、裁判官の令状の要否を決めるべきである」とした[27]。

　このように、最高裁は、憲法35条の保障が行政手続に及ばないわけではないが、行政手続が刑事手続とはその性格においておのずから差異があるとして、その保障が限定される場合もあるとの法理を示すに至っている。

　ごみ屋敷対策条例に基づく堆積物の撤去命令は、行政手続条例に定めるところにより、弁明の機会の付与などの事前手続を経て発せられるものであり、行政代執行も戒告、代執行令書など慎重な手続が求められている。こうしたプロセスを経て執行される代執行は、客観的に明白な義務違反を前提とし、それを執行するために必要なものであり、原因者である義務者は当然に執行を受忍す

---

(27)　こうした法理を示したうえで、同判決は、「本法 3 条 3 項は、運輸大臣は、同条 1 項の禁止命令をした場合において必要があると認めるときは、その職員をして当該工作物に立ち入らせ、又は関係者に質問させることができる旨を規定し、その際に裁判官の令状を要する旨を規定していない。しかし、右立入り等は、同条 1 項に基づく使用禁止命令が既に発せられている工作物についてその命令の履行を確保するために必要な限度においてのみ認められるものであり、その立入りの必要性は高いこと、右立入りには職員の身分証明書の携帯及び提示が要求されていること（同条 4 項）、右立入り等の権限は犯罪捜査のために認められたものと解釈してはならないと規定され（同条 5 項）、刑事責任追及のための資料収集に直接結び付くものではないこと、強制の程度、態様が直接的物理的なものではないこと（9 条 2 項）を総合判断すれば、本法 3 条 1、3 項は、憲法35条の法意に反するものとはいえない」と結論づけた。

べき立場にある⁽²⁸⁾。さらに、代執行手続は、刑事手続とは関係なく、また、刑事責任追及のための資料収集に直接結び付くものでもない。同様に、国徴法142条に基づく滞納処分のための捜索⁽²⁹⁾においても「住居」への「侵入」については、令状は必要ないと解されている⁽³⁰⁾。

　以上からして、堆積物の撤去・廃棄の代執行のために相手方の意思に反し、「住居」へ「侵入」することになっても、憲法35条の法意に反するとはいえないであろう。ただし、個人の住宅への侵入は、重要な権利に対する重大な制限であることにかわりはないのであるから、代執行に当たっては比例原則を厳格に適用し、執行方法については目的達成のために必要最小限の範囲でこれを行うことが求められる⁽³¹⁾。また、原因者および同居の親族がいずれも不在の場合には、適正執行の保障という観点から、他の法律に準じて警察官等の第三者の立会いを求めるべきであろう⁽³²⁾。

　なお、堆積物の撤去等に当たり、住居の敷地内あるいは建物の内部への立入りが必要な場合において、代執行時に入口が施錠されているケースも想定されよう。このような場合には、まずは居住者にこれを開かせるようにし⁽³³⁾、これに応じない場合には、代執行を実施するために施錠具を解錠あるいは破壊することも止むをえないであろう。こうした施錠具の解錠または破壊をする行為

---

(28)　同様の理由から、民事執行の際における「住居」への「侵入」についても令状は必要とされていない。

(29)　「捜索」とは、徴収職員が滞納処分のために差し押さえる財産の発見または差し押さえた財産の引上げ等をすべく、滞納者等の物または住居等について行う強制処分である（吉国二郎ほか共編『国税徴収法詳解〔第19版〕』（大蔵財務協会、2018年）902頁）。

(30)　吉国ほか・前掲注（29）903頁以下は、この理由として、①刑事上の捜索手続は、犯罪の嫌疑を実体化するための手続であり、客観的事実は当該捜査の当時において不確定の状態にあるから、刑事手続における捜索については人権擁護のための手続を慎重にしておく必要があるが、滞納処分による捜索は滞納の事実が客観的に明白であって、それを実行する手続にすぎないから、その要件を刑事手続のように厳格にする必要がないこと、②刑事上の捜索手続は直接刑罰と結びつくが、滞納処分の捜索手続は租税債権の実現を図ることを目的とするにすぎないから、基本的人権の侵害が異なるものと解されることなどを挙げる。

(31)　民事強制執行の場合は、執行官等は、日曜日その他の一般の休日または午後7時から翌日の午前7時までの間に人の住居に立ち入って職務を執行するには、執行裁判所の許可を受けなければならないとされている（民執法8条1項）。

(32)　国徴法144条は、滞納処分のための捜索において、滞納者などが不在の場合または立会いを拒否した場合には、警察官等が立ち会わなければならないとする。

は、代執行とは独立した即時執行[34]として理解する必要はなく、代執行に付随する行為としてこれを行うことが可能であろう[35]。このうち、施錠具を破壊した場合には、原因者に帰責事由があることにより生ずる負担であるから損失補償の必要はない[36]。ただし、この場合、信義則上、施錠具をその場で同等あるいはそれ以上の機能を備える施錠具に交換する義務を代執行庁が負担すると解される。その場合、施錠具の破壊およびこれに伴う施錠具の交換はいずれも執行行為に付随する行為であるから、これに要した費用については代執行費用として請求しうる。

第2　撤去と廃棄

　敷地内の堆積物は、撤去等の際に財産的価値を有する物件があった場合、どのように対応すべきか。この点に関しては、居住建物外にある堆積物への対応と居住建物内にある堆積物への対応とに分けて考える必要がある。

　まずは、居住建物外の堆積物への対応についてである。居住建物外の堆積物については、代執行時点で財産的価値があると認められるものはほぼないと考えられ、原則として原因者の承諾を得ずに、全ての堆積物について撤去等することは可能であると解される。この点に関し、本件代執行において、横須賀市は、代執行令書に「屋外、ベランダ、共有地に堆積している堆積物のうち、必要な物件は代執行の前日中に屋内に移動してください」と記載するという対応をとっている。これにより、代執行当日、屋外の堆積物の中には、財産的価値

---

(33)　国徴法142条3項は、滞納処分のための捜索に関し、滞納者もしくは第三者に戸もしくは金庫その他の容器の類を開かせ、または自らこれらを開くため必要な処分をすることができると定めている。これに関連して、国税徴収法基本通達142条関係7は、国徴法142条3項に関し、戸もしくは金庫その他の容器の類を徴収職員が自ら開くのは、滞納者などが徴収職員の開扉の求めに応じないとき、不在のとき等やむをえないときに限るとしている。

(34)　即時執行の場合には、法律による行政の原理から条例で別に施錠具を解錠、破壊する根拠を具体的に定める必要がある。

(35)　たとえば、岡山市が行った都市計画法違反の建築物に対する除却代執行の際、当該除却対象建築物内に立ち入るために、解体工事を請け負った業者により施錠具が一旦破壊され、その場で新しい鍵に取り替えられている（岡山市行政代執行研究会編『行政代執行の実務』（ぎょうせい、2002年）72頁参照）。なお、これらの対応に要した費用は、執行行為に付随する行為に要した費用であると解し、代執行費用として請求されている。

(36)　今村成和『損失補償制度の研究』（有斐閣、1968年）20頁参照。

を有するものはないとみなして、撤去された堆積物は全て一般廃棄物として処分されている。原因者との信頼関係に配慮した対応といえよう。

　次に、居住建物内部の堆積物への対応である。措置命令を発出する前提として、原因者が居住している建物内の堆積物が不良な生活環境の原因となっているか否かを確認する必要がある。このためには、居住建物内部に立ち入っての調査を行わなければならない。しかし、条例で定める立入調査権では、相手方の意思に反して適法に立ち入ることはできず、相手方の協力がなければ、建物内の堆積物についての状況を正確に把握することができない。このような事情から、居住建物内部の堆積物については調査ができず、代執行までたどり着けないケースが多いであろう。

　しかし、立入調査を行わなくとも、建物内部の堆積物により不良な生活環境の原因となっていることが外部から明らかな場合もある。このような場合には代執行も可能である。建物内部の堆積物は、建物外部の敷地内にある堆積物と比較すると財産的価値を有する物件が含まれている可能性が高いことから、堆積物を撤去する過程で選別作業を行う必要があろう。分別作業の過程で財産的価値を有する物件を発見した場合には、原因者や同居の親族などの承諾がない限り廃棄をすることは困難である。こうした堆積物の分別作業は、代執行庁に大きな負担を求めるものであり、ごみ屋敷に対する代執行の課題の一つといえよう[37]。

第3　代執行費用の範囲

(1)　害虫駆除費

　横須賀市は、害虫、ねずみの駆除作業に要した費用を代執行費用に含めて請

----

[37]　横須賀市の担当者も、建物内部の堆積物の撤去命令に対する代執行は、原因者が承諾したものを除き、市が処分可能かどうかについて、個々の残置物件ごとの判断が求められることが想定され、代執行自体が容易ではないとする。なお、京都市不良な生活環境を解消するための支援及び措置に関する条例による代執行事例では、堆積物については、全て市有地で一時的な保管が行われ、本人の意思も踏まえながら、ごみとして処分する物とそうでない物との分別が行われていたようである。これは、代執行に当たって、堆積物が建物内部または外部のいずれにあるかを問わず、「その物の性状、排出の状況、通常の取扱いの形態、取引価値の有無、要支援者の意思その他の事情を総合的に勘案し、廃棄物の処理及び清掃に関する法律第2条第1項に規定する廃棄物とその他の物とを分別するものとする」という規定（同条例12条5項により準用される9条2項）に基づく対応である。

求することは困難であると解して、当該費用の負担を事前にAの親族に求めている。こうした害虫駆除費は、代執行費用（法2条）として請求できないのであろうか。

代執行費用として請求できる範囲を明確に定義することは容易ではないが、私見では、執行行為に直接の関連を有し、かつ、必要または有益な費用のうち、行政が法令などの定めにより自身で行うことを義務付けられている事務に要する費用を除いたものであると解する（第2章第5節第1）。

確かに、市長の発した命令書には、屋外、ベランダ、共有地に堆積している堆積物を撤去せよとの記載となっていることから、執行行為は堆積物の撤去であり、撤去中あるいは撤去後に行われる害虫駆除は、命じられた義務に対する執行行為の一部とはいえない。しかし、横須賀市の事例の場合、害虫やねずみが発生し、悪臭も生じ生活環境に支障を生じさせていたのであるから、市長は、生活環境保全のため執行行為に付随して当然に害虫駆除が必要とされるはずである。したがって、同費用は、執行行為そのものに係る費用ではないが、執行行為に直接の関連を有し、かつ、必要または有益な費用（＝代執行費用）として請求することも可能であろう。

なお、横須賀市条例10条1項は、不良な生活環境を解消するための措置を命ずることができるのであるから、堆積物の撤去だけではなく、害虫駆除作業も同項による命令内容とすることができるはずである。よって、屋外、ベランダ、共有地に堆積している堆積物を撤去せよとの命令に加えて、堆積物を撤去後、消毒などにより害虫、ねずみなどの駆除をせよという命令も併せて発したうえで、害虫駆除を市長が代執行し、それに要した費用を代執行費用として請求することも可能である。こうした対応によるほうが義務内容が明確であり、適切であるように思う。

(2)　職員の人件費

職員自らが堆積物の排出を行った場合における人件費は、代執行費用に該当するであろうか。行政庁が自ら代執行を実施した場合における職員の給料、手当などの職員給与については、執行行為に直接の関連を有し、かつ、必要または有益な費用（＝代執行費用）として請求しうると解される。それは、法2条

が、当該行政庁が自ら義務者のなすべき行為をなし、または第三者をしてこれをなさしめた場合において、その費用を当該義務者から徴収することができると規定していることから、行政庁の職員が実施した場合と第三者に委託した場合とで代執行費用の内容が異なるとは考えられないからである。

ただし、通常の勤務時間内で代執行を実施した場合における職員の給料については、その算出が技術的に困難であるため、実務では、時間外手当や特殊勤務手当といった代執行の実施との対応関係が明らかで、客観的資料に基づき具体的に費用の算出が容易なものに限定せざるをえないであろう。このため、横須賀市の例のように、現実に行政庁の職員のみで執行が可能なものであっても、あえて業者に委託し、当該委託費用全額について代執行費用として請求する場合が多い。

第6節　今後の課題

横須賀市の事例では、代執行終了後翌日から更なる堆積等が再開されており、同市は今後、屋内の堆積物への対応や保健師などの訪問によるケアなど、医療機関との更なる連携強化が必要であると考えている。また、今回の代執行事例を踏まえ、同一義務者が再度義務違反を行った場合における指導→勧告→命令というプロセスを簡略化するための条例改正について検討の必要があるとする。

ごみ屋敷に対する代執行の困難さは、収集癖、認知症や高齢化に伴う身体機能の低下、生活意欲の減退、セルフネグレクトなど、精神的あるいは身体的に問題を抱えた要支援者にかかわる問題であり、対症療法的手法である代執行によっては、容易に解決しない点であろう。問題の根本的解決に当たっては、代執行を繰り返すのではなく、本人への粘り強い指導、教育、援助などによる原因療法的手法を中心に対応することが必要である。

ごみ屋敷問題の解決に必要な処方箋は原因者の数だけあるといってもよく、個々の問題解決に当たっては、自治体の臨床的知見の蓄積およびその分析と、それらの情報について自治体間で共有することが重要である。

第13章　ごみ屋敷対策条例による行政代執行 の課題(2)

第 1 節　問題の所在

　近年、全国の自治体において、いわゆるごみ屋敷対策条例の制定が進んでいる[1]。こうしたごみ屋敷対策条例は、ごみ屋敷の居住者に対し、医師、保健師などの医療の専門家による精神的ケアサービスの提供といった原因療法的手法を基本とし、これに加えて、ごみ屋敷地内の堆積物撤去を命じるなどの対症療法的手法を併用することにより、地域の生活環境の保全を目的とするものである。

　このうち、京都市、郡山市、横須賀市では、既に、ごみ屋敷対策条例に基づく堆積物の撤去命令の不履行に対する行政代執行が実施されている。こうしたごみ屋敷対策条例による行政代執行の課題については、前章で横須賀市の代執行事例に対する考察を通じて、その課題を顕出し、検討したところである。

　本章では、ごみ屋敷対策条例に対する代執行の課題について、さらなる課題の顕出とそうした課題に対する検討のため蒲郡市の事例を取り上げ、論ずる。

第 2 節　蒲郡市条例の概要

第 1 　条例制定の経緯

　近年、蒲郡市においても、住居やその敷地に大量のごみを堆積させて不良な生活環境を生じさせるというごみ屋敷の問題[2]が発生していた。ごみ屋敷対策条例制定前においては、ごみ屋敷の居住者等の同意を得て、敷地内へ立ち入り、堆積物の排出支援などを行っていた。しかし、同意を得るまでに多くの労力を要し、

（1）　地方自治研究機構の調査によれば、令和 3 年 9 月14日現在、25の市町村においてごみ屋敷対策に特化した条例が制定されている（http://www.rilg.or.jp/htdocs/img/reiki/014_trashhouse.htm、令和 3 年11月15日閲覧）。
（2）　ごみ屋敷のリアルな現状について報告する近著として、笹井恵理子『潜入・ゴミ屋敷——孤立社会が生む新しい病』中公新書ラクレ（中央公論新社、2021年）がある。

また、同意が得られない場合には対応ができないという問題が生じていた。

　そこで、平成30年3月、蒲郡市は、ごみ屋敷の問題の効果的な解決を目指し、蒲郡市住居等の不良な生活環境を解消するための条例（以下、「本条例」という）を制定し、同年7月1日から施行した。本条例の所管は、ごみ屋敷対策の一次的目的が、不良な生活環境の解消であることから、福祉関係部署ではなく市民生活部環境清掃課とされた[3]。なお、条例の制定に当たっては、特定の条例ではなく先行する自治体の条例全般が参照されている。

第2　条例の概要

　本条例の概要は、次のとおりである。すなわち、本条例は、住居等の不良な生活環境を解消するために必要な事項を定めることにより、その状態の解消を推進し、もって市民の安心かつ安全で快適な生活環境の確保に寄与することを目的とする（1条）。

　本条例では、「住居等」については、市内に所在する建築物またはこれに附属する工作物であって、現に居住の用に供されているもの、その敷地およびこれに隣接する土地である（2条1号）と、「居住者等」については、住居等の居住者、所有者または管理者である（同条2号）と、「不良な生活環境」については、物の堆積または放置、樹木または雑草の繁茂等により、①害虫、ねずみ等または悪臭が発生している状態、②火災の発生、堆積された物品等の崩壊等または不法投棄のおそれがある状態、③景観を著しく毀損している状態、のいずれかの状態が生じ、周辺の生活環境が衛生上、防災上または防犯上支障が生じる程度に不良な状態をいう（同条3号）、とそれぞれ定義されている。

　市長は、住居等が不良な生活環境に該当する、または不良な生活環境に該当するおそれがあると認めるときは、この条例の施行に必要な限度において、当該住居等の所有関係または当該住居等の居住者の親族関係もしくは福祉保健に関する制度の利用状況その他の当該居住者に関する事項について、必要な調査

（3）　こうしたごみ屋敷対策条例については、福祉面に着目し福祉関係部署が所管する自治体（横浜市、京都市、横須賀市など）と、生活環境面に着目し環境・清掃部署が所管する自治体（大阪市、神戸市、郡山市、蒲郡市、世田谷区など）に分類される。いずれの部署が所管するにしても、ごみ屋敷の居住者については、精神的ケアが必要であるからファースト・コンタクトは、一般の行政職員ではなく保健師など専門家によることが必要とされよう。

をし、または当該居住者その他の関係者に対し報告を求めることができる（5条1項）。また、あわせて、市長は、この条例の規定に基づく事務に関し、関係機関に対し照会しまたは協力を求めることができる（同条2項）。

　市長は、住居等が不良な生活環境に該当する、または不良な生活環境に該当するおそれがあると認めるときは、この条例の施行に必要な限度において、市長が指定する職員に、当該住居等に立ち入り、その状態を調査させ、または関係者に質問させることができる（6条1項）。市長は、居住者等が立入調査を拒み、妨げ、もしくは忌避し、または質問に対して陳述をせず、もしくは虚偽の陳述をしたときは、①居住者等の氏名、住所、②立入調査または質問に係る住居等の所在地、③住居等の状態、④その他市長が必要と認める事項、を公表することができる（同条4項）。市長は、公表をしようとするときは、あらかじめ、同項に規定する者にその理由を通知し、弁明および有利な証拠の提出の機会を与えなければならない（同条5項）。

　市長は、住居等の不良な生活環境を解消し、またはその発生を防止するため、居住者等に対し、その解消または発生の防止に資する情報の提供、助言その他の必要な支援を行うことができる（7条1項）。また、住居等の不良な生活環境を生じさせた居住者等が疾病、障害その他の理由により不良な生活環境の解消を自ら行うことができないと認めるときは、当該居住者等の申出に基づき、堆積された物品等の排出その他の必要な支援を行うことができる（同条2項）。それら必要な支援を行う際は、住居等の不良な生活環境を解消するための支援および措置の内容を審議させるため、市長の附属機関として設置される蒲郡市住居等の不良な生活環境を解消するための支援および措置に関する審議会（以下、「審議会」という）の意見を聴くことができる（同条3項）。

　市長は、住居等の不良な生活環境を生じさせた居住者等に対し、不良な生活環境を解消するために必要な措置をとるよう指導を行うことができる（8条1項）。また、この指導にもかかわらず、なお不良な生活環境が解消しないときは、当該指導を受けた者に対し、相当の期限を定めて、不良な生活環境を解消するために必要な措置をとるよう勧告することができる（同条2項）。なお、勧告をしようとするときは、適切な説明を行い、その理解を得るよう努めなけれ

ばならない（同条3項）。

　市長は、勧告を受けた者が正当な理由なく当該勧告に係る措置をとらなかったときは、その者に対し、相当の期限を定めて、当該勧告に係る措置をとるよう命ずることができる（9条1項）。この命令をしようとするときは、あらかじめ、審議会の意見を聴く（同条2項）。さらに、命令を受けた者が当該命令に従わないときは、①命令を受けた者の氏名、住所、②不良な生活環境にある住居等の所在地、③不良な生活環境の内容、④命令の内容、⑤その他市長が必要と認める事項、を公表することができる（同条3項）。なお、公表をしようとするときは、あらかじめ、命令を受けた者にその理由を通知し、弁明および有利な証拠の提出の機会を与えなければならない（同条4項）。

　市長は、必要な措置を命じたにもかかわらず、命令を受けた者がその措置を履行しない場合において、他の手段によってその履行を確保することが困難であり、かつ、その不履行を放置することがこの条例の目的に著しく反すると認められるときは、行政代執行法の規定により、自ら当該命令を受けた者のなすべき行為をなし、または第三者にこれをさせ、その費用を当該命令を受けた者から徴収することができる（10条1項）。なお、市長は、代執行をしようとするときは、あらかじめ審議会の意見を聴く（同条3項）。

　市長は、住居等の不良な生活環境に起因して、人の生命もしくは身体または財産に危険な状態が切迫していると認められるときは、居住者等の同意を得て、必要最小限の措置（以下、「緊急安全措置」という）を自ら行い、またはその命じた者もしくは委任した者に行わせることができる。この場合において、市長は、緊急安全措置に要した費用を当該居住者等に請求することができる（11条1項）。市長は、緊急安全措置を実施するときは、当該居住者等に対し、①緊急安全措置の実施概要、②緊急安全措置の概算費用、③緊急安全措置に係る居住者等の費用負担、④その他市長が必要と認める事項、を通知しなければならない（同条2項）。

　正当な理由がなくて本条例6条1項の立入調査を拒み、妨げ、もしくは忌避し、または同項の規定による質問に対して陳述をせず、もしくは虚偽の陳述をした者は、3万円以下の過料に処せられる（13条1項）。正当な理由がなくて、9条1項の規定による命令に違反した者は、5万円以下の過料に処せられる

（同条2項）。

　なお、本条例の概要を図式化すると**図表13−1**の通りである。

図表13−1　本条例の概要

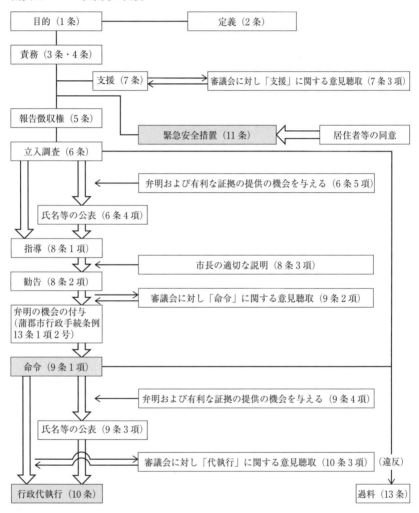

第3　条例の特徴

　京都市や世田谷区のごみ屋敷対策条例では、住居等の不良な生活環境に起因して、人の生命もしくは身体または財産に危険な状態が切迫していると認めら

れるときに、必要最小限の措置をするという、いわゆる緊急安全措置が定められている[4]。こうした緊急安全措置は講学上の即時執行に分類されるものである。即時執行とは、義務を命ずる暇のない緊急事態や犯則調査、泥酔者保護のように、義務を命ずることによっては目的を達成しがたい場合に、相手方の義務の存在を前提とせずに、行政機関が直接に身体または財産に実力を行使して行政上望ましい状態を実現する作用である[5]。ごみ屋敷解消のための即時執行は、高い緊急性を前提とするものではないが、私人に対する影響が必ずしも大きいものではないこと、また、行政代執行法の手続によるまでの慎重さを求める必要が乏しく、反対にそこまでの慎重な手続を要求すると、かえって時間と経費の無駄になるといった理由から容認されるものである[6]。

　即時執行としての緊急安全措置は、事前手続なくして人の居住する敷地内に立ち入ることを許容するものであり、高いレベルでの保護が求められる住居の平穏を享受する権利（憲法35条）に対する大きな制約である。特に、敷地のみならず、人の居住する建物内に立ち入ってする緊急安全措置は、高度の緊急性が認められない限り回避されるべきであり、事前手続→義務賦課→行政代執行という慎重な手続が選択されるべきである。

　なお、即時執行に要した費用請求の根拠を、法律ではなく条例限りで定めうるかどうかについては議論がある[7]が、消極的に解するべきであろう（第10章第4節）[8]。

　ところで、本条例に定める緊急安全措置は、「居住者等の同意を得て」行うことが要件（11条1項）とされている[9]。この措置を、相手方の同意を前提と

（4）　京都市不良な生活環境を解消するための支援及び措置に関する条例13条および14条、世田谷区住居等の適正な管理による良好な生活環境の保全に関する条例11条など。

（5）　宇賀克也『行政法概説Ⅰ〔第7版〕』（有斐閣、2020年）117頁。

（6）　横浜地判平成12・9・27判自217号69頁参照。

（7）　北村喜宣「即時執行における費用負担のあり方（一）（二）」自治研究97巻6号（2021年）26頁以下、同巻7号49頁以下は、法律ではなく条例限りで即時執行における費用負担を定めることができるかについて、特に言及はない。これは、当然に条例で費用負担の根拠を定めることができることを前提としているからであろう。また、板垣勝彦『「ごみ屋敷条例」に学ぶ条例づくり教室』（ぎょうせい、2017年）147頁は、費用徴収の根拠を条例で定めることができるとする。

（8）　同じく消極的に解するものとして、ちば自治体法務研究会『自治体の「困った空き家」対策解決への道しるべ』（学陽書房、2016年）132頁以下がある。

する即時執行、すなわち、相手方の同意がなければ行使できない即時執行と解するのか（そもそも、同意を前提とする即時執行などは理論上ありえないという考えもあろう）、あるいは、緊急安全措置を行うための行政契約であるのかについて条例上は、明らかではない⁽¹⁰⁾。ただ、緊急安全措置に要した費用の請求に関しては、「居住者等」による納付についての同意を根拠として請求するものであることから、行政契約と解することが合理的であろう⁽¹¹⁾。

蒲郡市が、このような同意方式を採用したのは、不良な生活環境を生じさせている居住者等（以下、「原因者」という）の意思に反し、事前手続もなく堆積物を強制的に撤去・廃棄するという権力的手法は本人のプライドを傷つけ、原因者との信頼関係を破壊し、その結果、原因者の堆積行為がかえってエスカレートするリスクがあると考えているからである⁽¹²⁾。

第4　蒲郡市における代執行費用の徴収手続

蒲郡市は、平成28年、代執行費用徴収手続のためのルールとして、蒲郡市行政代執行費用徴収規則（以下、「本規則」という）を定めている⁽¹³⁾。代執行費用の徴収一般に関し、こうした規則を定める自治体は少数である⁽¹⁴⁾が、平等かつ迅速な事務の執行の観点からすると、有益なものといえよう。ここで、本規則の内容を確認しよう。

まず、法5条に定める納付命令、自治法231条の3第1項に定める督促の各様式が定められている（本規則1号様式、2号様式）。また、納付命令書および督

（9）　新潟県柏崎市空家等の適正な管理に関する条例8条にも、同意を得て行う緊急安全措置の制度が定められている。
（10）　蒲郡市では、いずれの解釈で緊急安全措置制度を運用するかについて、特に意識はされていないようである。
（11）　緊急安全措置の実施に当たっては、「居住者等」から緊急安全措置実施同意書を徴しなければならないとされ（本条例施行規則8条）、この同意書には、「緊急安全措置に要した費用については、私が責任を持って納付します」との誓約文言が記載されている（本条例施行規則14号様式）。
（12）　横須賀市のごみ屋敷対策条例では、このような観点から即時執行についての規定はない。
（13）　同規則は、過去に同市土木港湾課が管理する土地の一部が無断で駐車場の用に供されていた事案において、これを原状回復するための代執行を実施する際に制定されたものである。
（14）　同種の規則として、笠間市行政代執行費用徴収規則（平成30年市規則32号）、鹿屋市行政代執行費用徴収規則（平成30年市規則1号）、飯塚市行政代執行費用徴収規則（平成28年市規則58号）、五條市行政代執行費用徴収規則（平成31年市規則6号）がある。

促の納期限について、それぞれ発送日から起算して10日以内とする旨も定められている（本規則3条、4条）。

　さらに、滞納処分の着手前には、法に定める徴収手続にはない差押予告書および差押最終予告書を発する扱いとされており[15]（本規則4条）、その各様式が定められている（本規則3号様式、4号様式）。また、差押予告書および差押最終予告書の納期限をそれぞれ発送日から起算して10日以内とする旨も定められている。

　加えて、市長は、①納入義務者が現に生活保護を受給しているとき、または生活保護を受給することとなったとき、②納入義務者が死亡または所在不明で、今後も所在の確認が見込めないとき、③その他、市長が納入困難と認めるとき、のいずれかに該当する場合に費用の徴収を停止することができる（本規則7条）とされている。

　なお、自治体における代執行費用は、地方税滞納処分の例により徴収する債権であるから（自治法231条の3第3項）、納期限までに納付されない場合には、督促を発したうえで、滞納処分（国徴法47条1項）、あるいは、滞納処分の停止（地方税法15条の7）のいずれかを選択しなければならない。本規則7条は、自治法施行令171条の5に定める徴収停止の規定に倣ったものと解されるが、同条に定める徴収停止は、滞納処分が可能な債権以外の債権についての規定である。滞納処分が可能な代執行費用の徴収に関し、自治体独自の徴収停止制度を創設しうるか否かについては、議論の余地があろう。

第3節　事例の概要[16]

第1　指導、勧告、命令

蒲郡市形原町平谷地内において、60代男性Aがごみ集積場に排出されてい

---

(15)　なお、必ず、督促→差押予告書→差押最終予告書というプロセスを経なくとも、督促に定めた期限を経過した場合には、滞納処分に着手することも可能である（本規則6条）。

(16)　令和3年8月5日、蒲郡市役所本庁舎において訪問調査を行った。この際、蒲郡市市民生活部次長兼環境清掃課長である千賀保幸氏および同課の課長補佐である西浦孝幸氏にご対応いただいた。また、行政課の井川拓也氏には、訪問調査の調整にご配慮をいただいた。この場を借りてお礼を申し上げる。

るごみを持ち帰るなどして、同人が居住する居住建物内およびその敷地などに大量の堆積物を生じさせていた。ごみ屋敷には、居住者自らの排出物を主な原因とする自己排出型、近隣のゴミステーションなどから持ち帰るごみを主な原因とする持帰型、そして双方を原因とする複合型に分類できる。本件は、複合型のごみ屋敷である。

蒲郡市が、近隣住民から当初の通報を受けたのは、平成13年10月22日であった。その後、堆積量が増えたため、平成18年になって、同年7月9日から翌年1月30日までの間、Aの承諾書を得て、市職員による廃棄の補助が7回にわたり行われている。この際、合計で可燃ゴミ9,030kg、不燃ゴミ420kgおよび粗大ゴミ1,050kgが同市環境清掃課のトラックによりクリーンセンターに運搬され、処分された。

この後、再びごみの堆積が開始されたため、本条例に基づくごみ撤去に向けた対応が開始された。すなわち、令和元年7月31日、同年8月9日、同月27日、同年9月26日、同年10月2日、同月24日、同年11月1日の7回にわたり、口頭による指導が行われている。指導の内容は、いずれも、敷地内における全ての堆積物の撤去を求めるものであった。その後、本条例8条1項に基づく堆積物撤去の指導が、令和元年11月18日、令和2年1月23日、同年4月16日、同年8月3日の4回にわたり文書で行われている[17]。

この指導にAが従わなかったため、市長は、令和2年11月24日付けで、本条例8条2項に基づく勧告を行った。勧告の内容は、令和3年1月15日を履行期限とする敷地内の堆積物全ての撤去を求めるものであった。しかし、こうした対応にもかかわらず、堆積行為は継続され、不良な生活環境の解消には至らなかった。

市長は、審議会への意見聴取[18]を行い、弁明書の機会付与の手続を経て、本条例9条1項の規定に基づき、令和3年3月9日付けで、同月22日を履行期

---

(17)　本条例施行規則4条1項は、「条例第8条第1項の規定による指導は、蒲郡市住居等の不良な生活環境を解消するための指導書（第5号様式）により行うものとする」としている。よって、本条例8条1項に定める「指導」であるためには、書面によることが必要であり、口頭による指導は含まれない。

限とする、対象敷地内にある堆積物全ての撤去を命じた[(19)(20)]。この際、居住
建物内の堆積物については、不良な生活環境を生じさせている原因物である可
能性は低いと考え、当初から撤去命令の対象とはされていない。なお、令和3
年4月26日付けで、本条例11条に基づき、命令違反を理由として、①被命令者
の氏名および住所、②不良な生活環境にある住居等の所在地、③不良な生活環
境の内容、④命令の内容、についての公表[(21)]がなされている。

第2　代執行の実施

令和3年4月19日、市長は、命令が履行されていないとして、同年5月5日
を履行期限とする戒告を手交により送達した。なお、法2条に定める「著しく
公益に反する」という公益要件の充足性については、審議会の意見聴取を経た
うえで、①概ね20年の長きにわたり、周辺住民の生活環境を悪化させる状況が
継続していること、②火災の発生により地域の安全安心が損なわれるおそれが
あることをもって、該当すると判断した。

市長は、Aが戒告で指定した期日までに義務を履行しなかったため、令和
3年5月14日付けで、代執行日を同月18日から21日まで、代執行費用見積額を
約400万円、代執行責任者を蒲郡市市民生活部長および同部環境清掃課長とす
る代執行令書を発した[(22)]。なお、代執行令書には、「行政代執行の実施期日ま
でに、あなたが必要とする物品は予め屋内等に移動してください。それ以外の
物については、全て行政代執行の除却対象となることを申し添えます」との文

---

(18)　本件代執行に関し、次のとおり、3回にわたり審議会に対する意見聴取が行われている。すな
　　わち、令和2年11月5日開催の第1回目の会議では、ごみ屋敷解消のための支援について、令和3
　　年2月22日の会議では、命令発出の要件を具備しているか否かについて、同年4月16日開催の第3
　　回目の会議では、代執行の要件を具備しているか否かについて、それぞれ意見聴取がなされている。
(19)　命令書には、正当な理由なく措置をとらなかったときは、本条例9条3項の規定に基づき氏名、
　　住所等を公表することがある旨が付記されている。
(20)　命令書は、職員が現地を訪問し、手交により送達されている。
(21)　ごみ屋敷対策条例では、義務履行確保の手法として公表制度が定められることが少なくない。
　　しかし、ごみ屋敷の原因者が、収集癖、認知症や高齢化に伴う身体機能の低下、生活意欲の減退、
　　セルフ・ネグレクトなど行政の福祉的支援を要する者であることを考えれば、そのような者らに対
　　して、こうした義務履行確保の手段としての制裁的公表が有効に機能するかについては疑問が残る。
　　また、こうした公表は、当該被公表者が福祉ケアが必要な者であることを推認させる、個人の健康
　　に関わるプライバシー情報を提供するという性格も有する点に注意しなければならない。
(22)　手交により送達されている。

言が付記されている。

　代執行に当たっては、特に庁内の横断組織は設置されず、環境清掃課のみの対応となっている。執行の最終決定は、審議会の意見を踏まえ、市長決裁により行われた。実施に当たっては、ごみ屋敷の代執行経験を有する郡山市および横須賀市の例が、また、文献として、拙稿[23]がそれぞれ参照されている。なお、執行に際しての実施マニュアルは作成されてはいない。代執行の実施について、議会および報道機関には文書により、また、地元町内会には文書および電話により、それぞれ通知されている。また、警察官の立会いはなかったが、代執行に先立ち所轄の警察署に連絡したところ、問題が生じた際には、110番通報すること、問題対処のため代執行現場には必ず職員を駐在させるように指導を受けたという。

　堆積物撤去の代執行は、令和3年5月18日午前9時から同月20日午後3時30分まで、委託した業者により実施された。代執行により搬出された堆積物は、可燃ごみ約7t、不燃ごみ33tにも上っている。このうち、可燃ゴミは市のクリーンセンターに搬入・処理され、不燃ゴミについては業者に処理委託された[24]。また、代執行に併せて害虫駆除も行われている。

第3　代執行費用の徴収

　市長は、令和3年6月25日付けで、納付期限を同年7月14日とする納付命令を発した[25]。代執行費用として請求したのは、撤去および廃棄に係る委託費2,948,000円であった。

　蒲郡市は、代執行費用の徴収に当たり、国税滞納処分の例による資産の差押えや本規則7条の規定に基づく徴収の停止、その後の不能欠損も検討していた。しかし、原因者が代執行費用全額についての納付を行ったため、強制徴収の問

---

(23)　宇那木正寛「ごみ屋敷対策条例による行政代執行の課題（上）（下）」判自458号（2020年）88頁以下、459号86頁以下。

(24)　ごみ屋敷の堆積物の撤去および廃棄については、作業に危険が伴うことから、経験のある専門業者による対応が必要である。笹井・前掲注（2）4頁は、笹井自身の撤去作業体験をもとに次のように記述している。すなわち、「作業の過酷さはとても一言では言い表せない。作業員の中にはゴミ屋敷で小さな傷口から雑菌が入り込み、抗生剤を投与するも回復せずに足切断となったり、感染症を発症した人もいた」と、ごみ屋敷清掃の困難さを述べている。

(25)　手交により送達されている。

題は生じなかった。

第4節　蒲郡市の代執行に対する評価

第1　堆積物を「廃棄」するための分別義務

(1)　居住建物外の堆積物に対する分別義務

　ごみ屋敷に対する代執行における課題の一つは、堆積物中にある財産的価値のある物件への対応である。基本的には、堆積物全部が一体となって、周囲の生活環境を悪化させているのであるから、個々の物件の財産的価値の有無とは関係なく、堆積物全体を一団の堆積物として「撤去」の対象とすることに異論はなかろう。

　問題となるのは、「撤去」した物件を直ちに「廃棄」しうるか否かである。この点に関し、代執行庁が、「廃棄」に際して原因者に個々に確認すべきであるとの意見もあろう。また、京都市不良な生活環境を解消するための支援及び措置に関する条例では、堆積物の代執行の際に、「その物の性状、排出の状況、通常の取扱いの形態、取引価値の有無、要支援者の意思その他の事情を総合的に勘案し、廃棄物の処理及び清掃に関する法律第2条第1項に規定する廃棄物とその他の物とを分別するものとする」と職員の分別義務（＝職務上の義務）を定めている。

　しかしながら、代執行の対象となっている堆積物のうち、少なくとも居住建物外の堆積物を構成する個々の物件の多くは、原因者個人が財産的価値が低く盗難や持ち去りの危険性がないとして放置しているものがほとんどであろう。したがって、居住建物外の堆積物については、廃棄の可否についての分別義務を負うことなく、「撤去」および「廃棄」しうると解される。

(2)　居住建物内の堆積物に対する分別義務

　居住建物内の堆積物については、周囲の生活環境悪化の直接原因であると明確に判断できないことから、代執行により撤去対象とされるケースは多くはないであろう。とはいえ、居住建物内における堆積物の撤去についても、代執行の可能性がないわけではない。

　居住建物内の堆積物を構成する物件の中には、財産的価値があるもの、ある

いはアルバムなどのように社会通念上処分が躊躇されるものも少なくないと考えられる。よって、居住建物内の堆積物に対しては、「廃棄」の可否についての判断が必要であり、信義則上、代執行庁が分別義務を負うと解される。

このように、代執行庁に分別義務があることを前提にすると、居住建物内の堆積物に対する代執行の際には、目視による確認あるいは原因者に対する照会により廃棄を決定するという対応が求められる。

(3)　蒲郡市の対応

蒲郡市のケースは、居住建物外の堆積物に対するものではあるが、代執行令書[26]に「行政代執行の実施期日までに、あなたが必要とする物品は予め屋内等に移動してください。それ以外の物については、全て行政代執行の除却対象となることを申し添えます」との文言が付記されている。

前述のように、代執行の対象となっている堆積物のうち、居住建物外に堆積されているものは、代執行庁が分別義務を負うものではないから、こうした事前の通知をする必要はないといえる。ただ、原因者との信頼関係の継続という観点からすると、蒲郡市の対応は推奨されよう[27]。

第2　代執行費用の範囲

(1)　害虫駆除費

蒲郡市は、害虫、ねずみの駆除作業について、本条例による命令の内容となしえないと解し、公費で対応している。これらの害虫駆除費は、代執行費用として請求できないのであろうか。

代執行費用として請求できる範囲を明確に定義することは容易ではないが、私見では、「執行行為に直接の関連を有し、かつ、必要または有益な費用のうち、行政が法令などの定めにより自身で行うことが義務付けられている事務に要する費用を除いたもの」と解する（第2章第5節第1(1)）。このうち、「行政が法令などの定めにより自身で行うことが義務付けられている事務に要する費用」とは、命令や戒告、代執行令書、納付命令の発出に要した費用、執行責任

---

(26)　手交により送達されている。

(27)　この通知により、堆積物のうちの一部が代執行前に居住家屋内に移動されたという。なお、このような事前告知は横須賀市における代執行でもなされている（第12章第4節第1(3)）。

者をはじめ執行関係職員を代執行の現場に派遣するために要した費用など、代執行の実施に当たって法令上必要な行政手続に要した費用のほか、自治法234条の定めるところにより行う入札手続など、代執行の事務を第三者に委託する契約を締結するために要した費用、同法234条の2第1項に従ってなされる契約の履行確保のための監督・検査などに要した費用なども含まれる。他方、代執行費用に該当しない費用については、これを請求する法律上の法的根拠はないから、一般の行政経費で賄わざるをえない。

　確かに、市長の発した命令書には、「上記所在地にある堆積物のすべてを撤去すること」との記載となっており、撤去中あるいは撤去後に行われる害虫駆除は、命じられた義務に対する代執行ではない。しかし、「住居等の不良な生活環境を解消する」という条例の目的を達成するためには、堆積物の撤去およびその廃棄のみでは足りず、害虫駆除が当然に必要となる。したがって、害虫駆除に係る費用は、執行行為の直接の内容ではないが、執行行為に付随する行為に係る費用（＝「代執行行為に直接の関連を有し、かつ、必要または有益な費用」）として請求することが可能と解される(28)。

　(2)　撤去物の廃棄に要した費用

　市長は、本条例8条1項に基づく命令において、撤去を求めるものの、撤去した堆積物を廃棄することについて明示的に求めているわけではない。にもかかわらず、撤去対象となった堆積物の廃棄が行われ、これに要した費用も代執行費用として請求している。こうした蒲郡市の対応に問題はないであろうか。

　市長が撤去を命じたのは、居住建物外の敷地に放置されていた堆積物であり、社会通念上廃棄する以外に合理的な処理方法があるとは考えられないであろう。したがって、撤去命令には、撤去した堆積物を廃棄などにより適正に処分すべしとの内容を当然に包含するものであると解することも不合理とはいえない。しかしながら、廃棄は、撤去とは関連性を有するとはいえ、異なる独立した行

---

(28)　蒲郡市は「不良な生活環境を解消するために必要な措置」を命ずることができる（本条例8条、9条）のであるから、堆積物の撤去だけではなく、害虫駆除作業も同条による命令内容としうるはずである。これにより、害虫駆除を市長が代執行し、それに要した費用を代執行費用として請求することも可能であった。むしろこのような対応によるほうが義務内容が明確であり、適切といえよう。

為であるから、撤去の一部、あるいは、執行行為（＝撤去）に必要とされる付随的行為と解することは困難である。

では、廃棄は、法的にどのような性格を有するものであろうか。考えられるのは、①事実上の行為、②義務者本人のためにする事務管理、③撤去義務とは別個の廃棄義務に対する代執行、のいずれかである。このうち、事実上の行為と解した場合には、廃棄に要した費用は請求できず、違法行為の後始末を公費によって賄わなければならない。また、義務者本人のためにする事務管理と解した場合には、市にとって徴収上有利な代執行費用として請求することができないという問題がある。これらの点を考えると、市にとっては、廃棄を命令によって課せられた廃棄義務の代執行と解し、それに要した費用を代執行費用として徴収することが、市にとって最も合理的な解釈となろう。ただし、前記のように撤去と廃棄は独立した別の行為であるであるから、本条例9条1項により撤去を命ずるとともに、併せて、撤去した堆積物についても適正に処分することを明確に命ずることが求められる。この際、撤去とともに廃棄の命令を発出しうるか否かが問題とはなるが、堆積物については、社会通念上廃棄する以外に合理的な処理方法は考えられない。また、広く、「不良な生活環境を解消するために必要な措置」（本条例8条2項）を命ずることができると定められており、問題はあるまい。

第5節　予防的対応の重要性

ごみ屋敷の原因者は、一時的に堆積状態が解消されたとしても、再び堆積を繰り返す傾向が強い。代執行や支援による堆積物の撤去により生ずる「喪失感」は、以前にも増して大規模な堆積を行う誘因となりうる。ごみ屋敷対策条例による代執行を行った横須賀市においても、代執行後ごみの堆積が再開されている。以前にも増して大規模な堆積となっていることから、同市はその対応に苦慮しているようである。

この点に関し、蒲郡市の事例では、代執行後の対応の手厚さが特徴的である。すなわち、市の担当職員が、原因者宅に、1週間から2週間の間に1度程度の頻度で訪問している。その際、堆積の状態が確認されれば、その都度粘り強く

口頭指導し、本人の了解を得て堆積物を持ち帰り、同市のクリーンセンターで処理しているという。

　堆積が継続し、これを放置すれば、最終的に多くの行政資源を導入し、再度代執行をしなければならない点を考慮すれば、代執行終了直後から定期的な訪問を行うといった予防的対応は、他の自治体においても参照すべき手法である。また、ごみの放置は社会的に許容されないことを理解させるという教育的視点から、さらには、社会的孤立をさせないという福祉的視点からも有益である。

　こうした予防的対応は、代執行終了後だけではなく、ごみ屋敷化へのリスクを有する居住者への対応としても検討すべきであろう。

第6節　今後の課題

　原因者との信頼関係の構築とその継続を基礎としてごみ屋敷対策を行うというのが自治体の基本方針となっている。信頼関係は、原因者と行政組織との間ではなく、原因者と担当職員個人との間で構築されるものである。この点、自治体職員には異動があるから、いったん構築された信頼関係であっても、その継続は容易とはいえないという課題もある。

　そこで、次のような提案をしたい。すなわち、自治体職員として退職した者の中には、在職中、生活保護のケースワーカー、用地買収の担当など住民との個人的信頼関係の構築が必要な部署で経験を重ね、それを得意とするOB職員も少なくないはずである。こうしたOB職員を積極的に任用し、継続的支援を行ってはどうであろうか。加えて、セルフ・ネグレクトへの対応経験を豊富に有するNPO法人との協働や、こうしたNPO法人の育成についても検討してはどうか。

　ごみ屋敷問題の解決手法としては、対症療法的手法である行政代執行が注目されがちであるが、心に病を抱えている住民と地域の中で共生するためには、原因療法的手法がより重要である。高齢化や非婚化により単身世帯が増加し、また、地域コミュニティは弱体化している。これらを起因とした社会的孤立の拡大とともにごみ屋敷の数も増している。対応に限界があることは確かであるが、様々な機関との協働により、解決できるケースも少なくないはずであ

る⁽²⁹⁾。また、ごみ屋敷対策への取組みを通じて、より高次元の課題である社会から孤立した住民に対する支援のヒントも見つかるであろう。ごみ屋敷問題は、今後の社会的孤立への対応を見据え、自治体が取り組まなければならない喫緊の政策課題の一つとなっているのである。

---

(29)　セルフ・ネグレクトを原因とするごみ屋敷問題などの解決について実践事例も交えながら解説するものとして、岸恵美子編『セルフ・ネグレクトの人への支援　ゴミ屋敷・サービス拒否・孤立事例への対応と予防』（中央法規出版、2015年）、岸恵美子編『セルフ・ネグレクトのアセスメントとケア：ツールを拒否したゴミ屋敷・支援拒否・8050問題への対応』（中央法規出版、2021年）がある。

【初出・原題一覧】

第1部　行政代執行の理論

第1章

「行政代執行法2条にいう『当該行政庁』の意義」判例地方自治431号（2018年）

第2章（第2節第5、第5節第2、第6節第4を除く）

「行政代執行における執行対象（外）物件の保管等およびその費用請求の法的根拠（一）（二）（三・完）」自治研究95巻10号・11号・12号（2019年）

第2章（第2節第5、第5節第2、第6節第4）

「行政代執行法における課題——執行対象外動産の管理を中心に」行政法研究11号（2015年）の一部

第3章（第3節第3を除く）

「道路通行妨害排除の手法に関する一考察（一）（二）（三・完）——民事手法の優位的領域の発見」自治研究91巻2号・4号・5号（2015年）

第3章（第3節第3）

「行政上の義務の民事手続による執行」行政法研究40号（2021年）

第2部　代執行の実務と課題

第4章

「急傾斜地法に基づく措置命令の緊急代執行（上）（下）」判例地方自治409号・410号（2016年）

第5章

「廃棄物処理法に基づく代執行——求められるノウハウと課題」判例地方自治423号（2017年）

第6章

「水域管理三法による放置艇等に対する代執行——その実務と課題（上）（下）」自治実務セミナー670号・672号（2018年）

第7章

「港湾法に基づく略式代執行における制度及び運用をめぐる諸課題について」自治実務セミナー678号（2018年）

第8章（第1節、第2節、第3節）

「土地収用法に基づく行政代執行の課題（上）（下）——移転対象物件の保管管理とその費用徴収における法的根拠を中心に」判例地方自治440号・441号（2019年）の一部

第8章（第4節から第7節まで）

「行政代執行に伴う物件の保管」行政法研究31号（2019年）

第 9 章

　「まちづくり関係法令の実効性確保──行政代執行制度を中心に（上）（下）」自治
　　実務セミナー547号・548号（2008年）

第10章

　「空家除却代執行をめぐる法的課題──残存物件への対応を中心に（上）（下）」自
　　治実務セミナー681号・683号（2019年）

第11章

　「空家等除却代執行における残存物件等への対応と改正ガイドライン──熊本市を
　　例に（上）（下）」判例地方自治470号・471号（2021年）

第12章

　「ごみ屋敷対策条例による行政代執行の課題（上）（下）」判例地方自治458号・459
　　号（2020年）

第13章

　「ごみ屋敷に対する行政代執行の課題と予防措置──蒲郡市を例に（上）（下）」判
　　例地方自治479号・480号（2022年）

重要事項索引

（索引の対象とする重要事項は、主に初出箇所または主要箇所での掲出に係るものである。）

判 例 索 引

【著者略歴】

宇那木　正寛（うなぎ　まさひろ）

昭和37年　　　岡山県生まれ

昭和56年3月　岡山県立岡山朝日高等学校卒業

昭和62年3月　広島大学法学部卒業

昭和62年4月　岡山市入庁

　　　　　　　入庁後、市税滞納整理、例規審査、訟務、情報公開・個人情報保護、市長政策秘書、病院総務、政策法務、法務人材の育成、環境総務などの業務を担当

平成21年10月　岡山大学大学院社会文化科学研究科非常勤講師（〜平成26年2月）

平成24年8月　岡山市退職

平成26年4月　鹿児島大学法文学部法政策学科准教授

平成28年4月　鹿児島大学法文学部法政策学科教授

平成29年4月　鹿児島大学学術研究院法文教育学域法文学系教授

令和4年4月　鹿児島大学学術研究院法文教育学域教育学系教授（現在に至る）

【主な業績】

『自治体政策立案入門―実務に活かす20の行政法学理論』（単著、ぎょうせい、2015年）

『行政代執行の理論と実践』（共著、ぎょうせい、2016年）

『行政強制実務提要(1)(2)(3)(4)』（編集代表、ぎょうせい、加除式）

『こうすればできる　所有者不明空家の行政代執行―現場担当者の経験に学ぶ―』（監修、第一法規、2019年）

【委員会等委員歴】

鹿児島県人事委員会委員（委員長職務代理者）

鹿児島市行政不服審査会委員

鹿児島市情報公開・個人情報保護審査会委員

薩摩川内市情報公開・個人情報保護審査会委員

鹿児島県行政財政改革有識者会議会長

霧島市地方創生有識者会議委員

サービス・インフォメーション

――――――――――――――― 通話無料 ―――――

①商品に関するご照会・お申込みのご依頼
　　　　TEL 0120 (203) 694／FAX 0120 (302) 640
②ご住所・ご名義等各種変更のご連絡
　　　　TEL 0120 (203) 696／FAX 0120 (202) 974
③請求・お支払いに関するご照会・ご要望
　　　　TEL 0120 (203) 695／FAX 0120 (202) 973

●フリーダイヤル（TEL）の受付時間は、土・日・祝日を除く
　9：00～17：30です。
●FAXは24時間受け付けておりますので、あわせてご利用ください。

実証　自治体行政代執行の手法とその効果

2022年5月20日　初版発行

著　者　　宇那木　正寛

発行者　　田　中　英　弥

発行所　　第一法規株式会社
　　　　　〒107-8560　東京都港区南青山2-11-17
　　　　　ホームページ　https://www.daiichihoki.co.jp/

自治行政代執行　ISBN 978-4-474-07787-4　C0032　(5)